Inhaltsübersicht.

Texte der Gesetze.

I.

Gesetz, betreffend
die Ordnung des Reichshaushalts und die Tilgung der Reichsschuld.

Vom 3. Juni 1906 (RGBl. Nr. 31 S. 620).

§ 1.

Teile des Gesetzes.

Die anliegenden Vorschriften:

1. wegen Änderung des Brausteuergesetzes,
2. wegen Besteuerung der Zigaretten,
3. wegen Änderung des Reichsstempelgesetzes,
4. wegen Besteuerung der Erbschaften

treten, soweit nicht im § 8 ein anderes bestimmt ist, einheitlich zugleich mit diesem Gesetz in Kraft.

§ 2.

Anteil des Reichs an der Erbschaftssteuer.

Die Reineinnahmen, welche auf Grund der im § 1 dieses Gesetzes unter 1 bis 3 bezeichneten Vorschriften aufkommen, verbleiben der Reichskasse.

Von dem Rohertrage der nach Maßgabe der anliegenden Vorschriften wegen Besteuerung der Erbschaften veranlagten Steuer erhält das Reich zwei Drittel, den einzelnen Bundesstaaten verbleibt ein Drittel ihrer Roheinnahme.

§ 3.*)

Ungedeckte Matrikularbeiträge.

Soweit die nach Artikel 70 der Reichsverfassung von den Bundesstaaten aufzubringenden Matrikularbeiträge in einem Rechnungsjahre den Sollbetrag der Überweisungen um mehr als vierzig Pfennig auf den Kopf der Bevölkerung übersteigen, wird die Erhebung des Mehrbetrags für dieses Rechnungsjahr ausgesetzt.

Soweit sich ein solcher Mehrbetrag auch nach der Rechnung ergibt, findet dessen Erhebung im Juli des drittfolgenden Rechnungsjahrs statt.

§ 4.

Tilgung der Reichsanleiheschuld.

Die Reichsanleiheschuld ist vom Rechnungsjahr 1908 ab alljährlich in Höhe von mindestens drei Fünftel vom Hundert des sich jeweils nach der Denkschrift über die Ausführung der Anleihegesetze ergebenden Schuldbetrags zu tilgen. Eine Absetzung vom Anleihesoll ist einer Tilgung gleichzuachten.

Die zur Schuldentilgung erforderlichen Beträge sind alljährlich durch den Reichshaushalts-Etat bereitzustellen.

§ 5.

Erhebungs- und Verwaltungskosten der Brausteuer.

Die Vorschrift des Artikel 38 Abs. 2 Ziffer 3d der Reichsverfassung wird in Ansehung der Brausteuer aufgehoben. Die den Bundesstaaten zu gewährende Vergütung der Erhebungs- und Verwaltungskosten der Brausteuer wird durch den Bundesrat festgesetzt.

---

*) Aufgehoben durch § 1 des Gesetzes, betreff. Änderung im Finanzwesen.

§ 6.

Übergangs- und Schlußvorschriften.

Die von den Königreichen Bayern und Württemberg, dem Großherzogtume Baden und Elsaß-Lothringen an Stelle der Brausteuer an die Reichskasse zu zahlenden Ausgleichungsbeträge sind für die Rechnungsjahre 1906, 1907 und 1908 nach dem Durchschnitte der Rechnungsjahre 1903, 1904 und 1905 zu entrichten. Vom Rechnungsjahr 1909 ab hat die Zahlung der vollen Ausgleichungsbeträge zu erfolgen.

§ 7.

Bis zum Ablaufe des Rechnungsjahrs 1910 verbleibt den einzelnen Bundesstaaten mindestens der Betrag ihrer Durchschnittseinnahme an Erbschaftssteuer in den Rechnungsjahren 1901 bis 1905. Bei Feststellung der Durchschnittseinnahme bleibt der Rohertrag aus der Besteuerung des Erwerbes der Abkömmlinge und Ehegatten und, soweit in einzelnen Staaten höhere als die in den anliegenden Vorschriften wegen Besteuerung der Erbschaften vorgesehenen Steuersätze in Geltung gewesen sind, der aus dem Unterschiede der Steuersätze sich ergebende Mehrertrag außer Ansatz. Die näheren Anordnungen hierüber trifft der Bundesrat.

§ 8.

Dieses Gesetz tritt hinsichtlich der Vorschriften über die Besteuerung der Personenfahrkarten mit dem 1. August 1906, im übrigen mit dem 1. Juli 1906 in Kraft.

Gesetz, betreffend

Änderung im Finanzwesen.

Vom 15. Juli 1909 (RGBl. Nr. 41 S. 743).

Artikel I.

Allgemeine Vorschriften.

§ 1.

Matrikularbeiträge.

§ 3 des Gesetzes, betreffend die Ordnung des Reichshaushalts und die Tilgung der Reichsschuld, vom 3. Juni 1906 (Reichs-Gesetzbl. S. 620) tritt außer Wirksamkeit.

§ 2.

Für die aus den Rechnungsjahren 1906 bis 1908 herrührenden Matrikularbeiträge, deren Erhebung ausgesetzt ist und die auch nach der Rechnung zu unmittelbaren Lasten der Bundesstaaten verblieben sind, tritt der § 3 Abs. 2 des Gesetzes, betreffend die Ordnung des Reichshaushalts und die Tilgung der Anleihe, vom 3. Juni 1906 außer Wirksamkeit. Diese Matrikularbeiträge sind auf Anleihe zu übernehmen. Das Gleiche gilt für die nach den Rechnungen der Rechnungsjahre 1907 und 1908 vorhandenen Fehlbeträge in der eigenen Wirtschaft des Reichs. Diese Anleihe ist vom Zeitpunkt ihrer Begebung ab jährlich mit mindestens 1,9 vom Hundert unter Hinzurechnung der ersparten Zinsen zu tilgen. Als ersparte Zinsen sind $3^1/_2$ vom Hundert der zur Tilgung aufgewendeten Summen anzusetzen.

Soweit die nach Artikel 70 der Reichsverfassung von den Bundesstaaten aufzubringenden Matrikularbeiträge nach dem Etat für das Rechnungsjahr 1909 den Sollbetrag der Überweisungen um mehr als 48 512 000 Mark übersteigen, wird der Reichskanzler ermächtigt, bis zur Höhe dieses Mehrbetrags Mittel zu dessen Deckung im Wege des Kredits flüssig zu machen. Soweit diese Mittel nach der Rechnung des Rechnungsjahrs 1909 in den Matrikularbeiträgen oder in Überschüssen aus der eigenen Wirtschaft des Reichs keine Deckung finden, hat ihre Abbürdung innerhalb der Rechnungsjahre 1911 bis 1913 aus den bereitesten Mitteln des Reichs zu erfolgen.

§ 3.

Tilgung der Reichsanleiheschuld.

Die Tilgung der Reichsanleiheschuld hat vom 1. April 1911 ab nach Maßgabe der nachstehenden Bestimmungen zu erfolgen:

Die Bestimmungen, welche für die Tilgung der zu werbenden Zwecken bereits ausgegebenen Anleihen gelten, bleiben in Kraft. Zur Tilgung der bis 30. September 1910 begebenen sonstigen Anleihen ist jährlich mindestens 1 vom Hundert des an diesem Tage vorhandenen Schuldkapitals unter Hinzurechnung der ersparten Zinsen zu verwenden.

Zur Tilgung des vom 1. Oktober 1910 ab begebenen Schuldkapitals sind jährlich

a) von dem für werbende Zwecke bewilligten Anleihebetrage mindestens 1,9 vom Hundert,

b) im übrigen mindestens 3 vom Hundert

in beiden Fällen unter Hinzurechnung der ersparten Zinsen zu verwenden.

Als ersparte Zinsen sind 3½ vom Hundert der zur Tilgung aufgewendeten Summen anzusetzen.

Die danach zur Schuldentilgung erforderlichen Beträge sind jährlich durch den Reichshaushalts-Etat bereit zu stellen. Abschreibungen vom Anleihesoll und Anrechnungen auf offene Kredite bis zur Höhe der zur Schuldentilgung zur Verfügung stehenden Beträge sind einer Tilgung gleichzuachten.

§ 4 des Gesetzes, betreffend die Ordnung des Reichshaushalts und die Tilgung der Reichsschuld, vom 3. Juni 1906 tritt mit dem 1. April 1911 außer Kraft.

§ 4.

Der § 2 des Gesetzes, betreffend Verwendung von Mehrerträgen der Reichseinnahmen und Überweisungssteuern zur Schuldentilgung, vom 28. März 1903 (Reichs-Gesetzbl. S. 109) wird aufgehoben.

§ 5.

Zuweisung von Steuererträgen.

Von dem Rohertrage, welcher aus der Besteuerung der Erbschaften aufkommt, erhält das Reich 3/4, den einzelnen Bundesstaaten verbleibt 1/4 ihrer Roheinnahme.

Die Vorschrift im § 82, letzter Satz, des Reichsstempelgesetzes vom 3. Juni 1906 (Reichs-Gesetzbl. S. 695) kommt in Wegfall.

Die Reineinnahme aus der Branntweinsteuer wird den einzelnen Bundesstaaten nach dem Maßstabe der Bevölkerung, mit der sie zu den Matrikularbeiträgen herangezogen werden, überwiesen. Diese Vorschrift kann nur mit Zustimmung der Königreiche Bayern und Württemberg und des Großherzogtums Baden geändert werden.

§ 6.

Beseitigung der Unfallversicherungs-Vorschüsse.

Die Zentralpostbehörden können von jedem Träger der Unfallversicherung einen Betriebsfonds einziehen. Dieser darf den Betrag der Entschädigungen nicht übersteigen, den die Post im laufenden Kalenderjahre für den Versicherungsträger voraussichtlich zu zahlen hat. Der Versicherungsträger hat den Betriebsfonds in vierteljährlichen oder monatlichen Teilbeträgen an die Kasse, welche die Zentralpostbehörde bezeichnet, abzuführen.

Machen die Zentralpostbehörden von dem Rechte

der Einziehung eines Betriebsfonds Gebrauch, so hat die Berufsgenossenschaft, soweit nicht der Kapitalwert der Unfallentschädigungen aufzubringen ist, zur Beschaffung des Betriebsfonds von ihren Mitgliedern Vorschüsse zu erfordern. Die Vorschüsse sind für die einzelnen Mitglieder nach der Höhe der Beiträge zu bemessen, die für das letztvergangene Kalenderjahr auf sie umgelegt sind. Dies gilt entsprechend für Gemeinden und andere öffentliche Verbände, auf die bei Bauarbeiten von nicht mehr als sechs Tagen die Last aus den Unfällen umzulegen ist (§ 23 lit. b, § 32 des Bau-Unfallversicherungsgesetzes). Für neu eintretende Mitglieder der Berufsgenossenschaft werden die Vorschüsse nach dem Betrage bemessen, den sie nach dem Umfang ihres Betriebs zu den Jahreslasten des letztvergangenen Kalenderjahrs hätten beitragen müssen, wenn sie damals schon Mitglieder der Berufsgenossenschaft gewesen wären.

Entschädigungsbeträge, welche die Post im letzten Kalenderjahre vor der Einziehung des Betriebsfonds für den Träger der Unfallversicherung verauslagt hat, sind als dessen schwebende Schuld zu behandeln, die mit $3\frac{1}{2}$ vom Hundert zu verzinsen und mit $3\frac{1}{2}$ vom Hundert zuzüglich der ersparten Zinsen zu tilgen ist. Zwei Fünftel dieser Beträge an Zinsen und Tilgung trägt das Reich, drei Fünftel werden von dem einzelnen Träger der Unfallversicherung im Juli eines jeden Jahres mit dem dann fälligen Teilbetrage des Betriebsfonds an die Post abgeführt. Die Berufsgenossenschaften ziehen, soweit nicht der Kapitalwert der Unfallentschädigungen aufzubringen ist, die drei Fünftel, die ihnen zur Last fallen, von ihren Mitgliedern und den Gemeinden und anderen öffentlichen Verbänden, die zur Leistung der Vorschüsse verpflichtet sind, unter entsprechender Anwendung des Abs. 2 ein.

Die Höhe des Betriebsfonds und des nach Abs. 3 zu zahlenden Betrags stellt für jeden Versicherungsträger die Rechnungsstelle des Reichsversicherungsamts fest und gibt den Versicherungsträgern und den Zentralpostbehörden davon Nachricht. Dabei hat sie die Zahlungen zum Betriebsfonds und die wirklichen Zahlungen der Post an Entschädigungen auszugleichen. Das Reichsversicherungsamt bestimmt das Nähere.

Bleiben Träger der Unfallversicherung mit ihren Leistungen im Rückstande, so unterliegen die Beträge der Zwangsbeitreibung nach denjenigen Vorschriften der Unfallversicherungsgesetze, welche für die Erstattung an die Post gelten.

Artikel II.

Erhöhung des Kaffee- und Teezolls.

§ 1.

Die Nr. 61 des zum Zolltarifgesetze vom 25. Dezember 1902 gehörigen Zolltarifs erhält folgende Fassung:

	Zollsatz für 1 Doppelzentner. Mark
Kaffee, auch Kaffeeschalen (Kirschschalen und Pergamenthülsen):	
roh	60,
gebrannt oder geröstet, auch gemahlen	85.

§ 2.

In Nr. 65 des Zolltarifs wird der Zollsatz für Tee von 25 Mark auf 100 Mark für 1 Doppelzentner erhöht.

§ 3.

Roher und gebrannter Kaffee sowie Tee, die sich am Tage des Inkrafttretens dieses Artikels im freien Verkehre des Zollgebiets befinden, unterliegen nach näherer Bestimmung des Bundesrats der Nachverzollung.

An Nachzoll sind für 1 Doppelzentner zu erheben:

von Kaffee . . . . . 20 Mark,
" Tee . . . . 75 " .

Für Kaffee im Besitze von Haushaltungsvorständen, die weder Kaffee verarbeiten, noch mit Kaffee oder daraus hergestellten Getränken Handel treiben, wird der Nachzoll nicht erhoben, wenn die Gesamtmenge nicht mehr als 10 Kilogramm beträgt.

Die Vorschriften des Abs. 3 finden auf die Nachverzollung von Tee entsprechende Anwendung.

§ 4.

Bei vor dem 1. Juni 1909 im Inlande geschlossenen Lieferungsverträgen über verzollten Kaffee und Tee (Nr. 61 und 65 des Zolltarifs) ist der Verkäufer berechtigt, von dem Empfänger Ersatz des höheren Zollsatzes für nach dem Inkrafttreten der Zollerhöhung gelieferte Ware zu beanspruchen.

Artikel III.

Besteuerung der Beleuchtungsmittel.

Der Text des Artikels ist abgedruckt als Leuchtmittelsteuergesetz auf Seite 13ff.

Artikel IV.

Besteuerung der Zündwaren.

Der Text des Artikels ist abgedruckt als Zündwarensteuergesetz auf Seite 32ff.

Artikel V.

Zuckersteuer.

Der Zeitpunkt für die Herabsetzung der Zuckersteuer (Artikel 1 des Gesetzes, betreffend die Abänderung des Zuckersteuergesetzes, vom 19. Februar 1908 [Reichs-Gesetzbl. S. 27]) wird auf den 1. April 1914 festgesetzt.

Artikel VI.

Schlußbestimmungen.

Dieses Gesetz tritt bezüglich des Artikel I § 5 Abs. 1, 2 mit Wirkung vom 1. April 1909, bezüglich des Artikel I § 6 mit dem 1. Januar 1910, bezüglich des Artikel II (Erhöhung des Kaffee- und Teezolls) mit dem 1. August 1909, bezüglich des Artikel III (Besteuerung der Beleuchtungsmittel) und des Artikel IV (Besteuerung der Zündwaren) hinsichtlich des § 40 (Erhöhung des Zolles für Zündhölzer und Zündstäbchen aus Pappe) mit dem 1. August 1909, sonst mit dem 1. Oktober 1909, im übrigen mit dem Tage der Verkündung in Kraft.

Der Reichskanzler ist ermächtigt, nach Verkündung dieses Gesetzes die darin enthaltenen Vorschriften über die Besteuerung der Beleuchtungsmittel und der Zündwaren als besondere Gesetze mit dem Titel „Leuchtmittelsteuergesetz" beziehungsweise „Zündwarensteuergesetz" mit dem Datum des vorliegenden Gesetzes unter Vornahme der hierdurch erforderlich werdenden Fassungsänderungen im Reichs-Gesetzblatte bekannt zu machen.

II.

Leuchtmittelsteuergesetz.

Vom 15. Juli 1909 (RGBl. Nr. 45 S. 880).

§ 1. Die nachbenannten Beleuchtungsmittel:
elektrische Glühlampen und Brenner für solche,
Glühkörper für Gas-, Spiritus-, Petroleum- und ähnliche Glühlampen,
Brennstifte für elektrische Bogenlampen,
Quecksilberdampflampen und ihnen ähnliche elektrische Lampen

untterliegen, soweit sie zum Verbrauch im Inlande besstimmt sind, einer in die Reichskasse fließenden Stteuer.

Höhe der Steuer.

§ 2. Die Steuer beträgt

A.. für elektrische Glühlampen und Brenner zu solchen:

	a) Kohlenfadenlampen	b) Metallfadenlampen, Nernstlampenbrenner und andere Glühlampen
	für das Stück	
1. bis zu 15 Watt . . .	5 Pfennig,	10 Pfennig,
2. von über 15 bis 25 Watt	10 „ ,	20 „

3. von über 25 bis 60 Watt 20 Pfennig, 40 Pfennig,
4. „ „ 60 „ 100 „ 30 „ , 60 „
5. „ „ 100 „ 200 „ 50 „ , 1 Mark,
6. für solche von höherem Verbrauche zu a) je 25 Pfennig, zu b) je 40 Pfennig mehr für jedes weitere angefangene Hundert Watt;

B. für Glühkörper zu Gasglühlicht- und ähnlichen Lampen: 10 Pfennig für das Stück;

C. für Brennstifte zu elektrischen Bogenlampen:
1. aus Reinkohle: 60 Pfennig für das Kilogramm,
2. aus Kohle mit Leuchtzusätzen und für alle übrigen Brennstifte: 1 Mark für das Kilogramm;

D. für Brenner zu Quecksilberdampf- und ähnlichen Lampen bis 100 Watt: 1 Mark für das Stück, für solche von höherem Verbrauche je 1 Mark mehr für jedes weitere angefangene Hundert Watt.

Entrichtung und Stundung der Steuer.

§ 3. Die Steuer ist vom Hersteller der Beleuchtungsmittel mittelst Verwendung von Steuerzeichen an den Packungen zu entrichten, bevor die fertigen verpackten Erzeugnisse aus den Räumen des Herstellungsbetriebs entfernt werden. Bei eingeführten Erzeugnissen der bezeichneten Art hat die Versteuerung durch den Einbringer bei der Zollabfertigung oder wo eine solche nicht stattfindet, innerhalb einer Frist von drei Tagen nach dem Empfange zu geschehen.

Die näheren Bestimmungen über die Wertbeträge der Steuerzeichen, über ihre Form, ihre Anfertigung, ihren Vertrieb und die Art ihrer Verwendung trifft der Bundesrat. Er stellt die Voraussetzungen fest, unter denen für verwendete oder unverwendbar gewordene Steuerzeichen ein Ersatz der bezahlten Steuerbeträge gewährt werden darf. Steuerzeichen, die nicht in der vorgeschriebenen Weise verwendet worden sind, werden als nicht verwendet angesehen.

Die Verwendung von Steuerzeichen ist nicht erforderlich, wenn die steuerpflichtigen Beleuchtungsmittel zur Ausfuhr unter amtlicher Aufsicht vor der Entnahme aus den Räumen des Herstellungsbetriebs angemeldet werden.

Die Steuer kann ohne Sicherheitsleistung auf drei Monate gestundet werden; gegen Sicherheitsstellung ist sie auf sechs Monate zu stunden. Ein unter Steuerverschluß befindliches Lager kann als Sicherheit angesehen werden.

§ 4. Für versteuerte Beleuchtungsmittel, die dem Hersteller vom Empfänger als unbrauchbar zur Verfügung gestellt werden, erhält der Hersteller eine Vergütung der Steuer. Diese kann in einer Pauschsumme gewährt werden, die nach dem Steuerwerte der im Laufe des Jahres vom Hersteller verwendeten Steuerzeichen berechnet wird.

Verjährung der Steuer.

§ 5. Ansprüche auf Zahlung oder Erstattung der Steuer verjähren in einem Jahre von dem Tage des Eintritts der Steuerpflicht oder der Steuerentrichtung ab. Der Anspruch auf Nachzahlung eines hinterzogenen Steuerbetrags verjährt in drei Jahren.

Die Verjährung wird durch jede von der zuständigen Behörde zur Geltendmachung des Anspruchs gegen den Zahlungspflichtigen gerichtete Handlung unterbrochen.

Verpackungszwang.

§ 6. Steuerpflichtige Beleuchtungsmittel dürfen aus den Herstellungsbetrieben und aus dem Auslande nur in vollständig geschlossenen und ohne erkennbare Spuren nicht zu öffnenden Packungen in den freien Verkehr des Inlandes gebracht werden. Die vorschriftsmäßige Verpackung hat vor dem Eintritte der Steuerpflichtigkeit zu erfolgen und gilt als ein Teil der Herstellung.

Die Art der Verpackung und die Größe der zulässigen Packungen bestimmt der Bundesrat. Auf jeder Packung ist der Inhalt, und zwar bei elektrischen Glühlampen, Brennern zu solchen und Quecksilberdampf- und ähnlichen Lampen nach Stückzahl und Wattverbrauch, bei Glühkörpern nach der Stückzahl, bei Bogenlampenstiften nach ihrem Eigengewichte, die Steuerklasse (§ 2), die

Benennung der verpackten Beleuchtungsmittel (Handelsmarke) und eine Bezeichnung, aus welcher der Steuerpflichtige (§ 3) von der Steuerbehörde mit Sicherheit festgestellt werden kann, anzugeben.

Im Falle der Einfuhr kann zugelassen werden, daß die Verpackung unter besonderen Sicherungsmaßnahmen erst im Inlande vorgenommen wird.

Der Bundesrat ist befugt, für den Einzelverkauf von steuerpflichtigen Beleuchtungsmitteln besondere Sicherungsmaßnahmen zu treffen.

Befreiung vom Verpackungszwange.

§ 7. Im Falle nachgewiesenen Bedürfnisses kann der Bundesrat die Versteuerung steuerpflichtiger Beleuchtungsmittel nach den Sätzen des § 2 durch den Hersteller unter Befreiung vom Verpackungszwang und von der Verwendung von Steuerzeichen auf Grund einer besonderen Buchführung und der sonst erforderlichen Sicherungsmaßnahmen gestatten.

Ebenso kann von der Verwendung von Steuerzeichen und dem Verpackungszwange bei der Einfuhr von steuerpflichtigen Beleuchtungsmitteln, die nicht zum Handel bestimmt sind, abgesehen werden.

Anmeldepflicht.

§ 8. Wer gewerbsmäßig steuerpflichtige Beleuchtungsmittel herstellen will, hat dies vor der Eröffnung des Betriebs unter Bezeichnung der Erzeugnisse, deren Herstellung beabsichtigt ist, der Steuerbehörde schriftlich anzuzeigen und gleichzeitig eine Beschreibung der Betriebs- und Lagerräume sowie der damit in Verbindung stehenden oder unmittelbar daran angrenzenden Räume vorzulegen.

Die Herstellung von steuerpflichtigen Beleuchtungsmitteln darf nur in den angemeldeten Betriebsräumen erfolgen.

Wer neben der Herstellung steuerpflichtiger Beleuchtungsmittel deren Verkauf im kleinen betreiben will, hat dies unter genauer Beschreibung der Räume für den Kleinverkauf der Steuerbehörde anzuzeigen. Die Betriebe unterliegen den von dieser Behörde zur Sicherung der Steuer anzuordnenden Maßnahmen.

Anzeige von Änderungen.

§ 9. Jede Änderung in den angemeldeten Verhältnissen ist der Steuerbehörde binnen einer Woche anzuzeigen.

Betriebsinhaber, die den Betrieb nicht selbst leiten, haben der Steuerbehörde diejenige Person zu bezeichnen, die als Betriebsleiter in ihrem Namen handelt.

Die im folgenden für den Betriebsinhaber gegebenen Vorschriften gelten mit Ausnahme derjenigen im § 15 Satz 2 auch für den Betriebsleiter.

Vorschriften für Fabriken.

§ 10. Steuerpflichtige Beleuchtungsmittel sowie

die zu ihrer Herstellung bestimmten Rohstoffe und Halbfabrikate dürfen nur in den angemeldeten Räumen (§ 8) gelagert und verpackt werden. Die Lagerung hat in geordneter Weise derart zu erfolgen, daß die Aufsichtsbeamten jederzeit in der Lage sind, die Bestände festzustellen. Über Zu- und Abgang der Erzeugnisse sind Anschreibungen zu führen, die nach näherer Bestimmung der Steuerbehörde aufzubewahren und den Beamten zugänglich zu halten sind.

Die Bestände sind von Zeit zu Zeit amtlich festzustellen und mit den Anschreibungen zu vergleichen. Von der Erhebung der Steuer für Fehlmengen ist abzusehen, wenn und soweit dargetan wird, daß die Fehlmengen auf Umstände zurückzuführen sind, die eine Steuerschuld nicht begründen.

Steueraufsicht.

§ 11. Gewerbebetriebe, die sich mit der Herstellung steuerpflichtiger Beleuchtungsmittel befassen, stehen unter Steueraufsicht. Die Steuerbeamten sind befugt, die Betriebs- und Lagerräume, solange sie geöffnet sind oder darin gearbeitet wird, zu jeder Zeit, anderenfalls während der Tagesstunden, zu besuchen. Die Aufsichtsbefugnis erstreckt sich auf alle an die Betriebs- und Lagerräume unmittelbar angrenzenden und damit in Verbindung stehenden Räume. Die Zeitbeschränkung fällt weg, wenn Gefahr im Verzug ist.

Hilfeleistung bei der Steueraufsicht.

§ 12. Der Betriebsinhaber hat den Steuerbeamten jede für die Steueraufsicht oder zu statistischen Zwecken erforderliche Auskunft über den Betrieb zu erteilen und bei den zum Zwecke der Steueraufsicht stattfindenden Amtshandlungen die Hilfsmittel zu stellen nud die nötigen Hilfsdienste zu leisten.

Den Oberbeamten der Steuerverwaltung sind die auf die Herstellung und Abgabe der steuerpflichtigen Erzeugnisse sich beziehenden Geschäftsbücher und Geschäftspapiere auf Erfordern zur Einsicht vorzulegen.

Halberzeugnisse.

§ 13. Der Bundesrat kann für die Versendung solcher Erzeugnisse, die als fertige, der Steuer unterworfene Beleuchtungsmittel noch nicht anzusehen sind, Sicherungsmaßnahmen anordnen.

Verkaufsstellen.

§ 14. Wer sich gewerbsmäßig mit dem Verkaufe von steuerpflichtigen Beleuchtungsmitteln befassen will, hat dies vorher der Steuerbehörde anzuzeigen. Er ist verpflichtet, den Beamten der Steuerverwaltung seine Vorräte an Waren der bezeichneten Art zum Nachweise, daß sie mit den vorgeschriebenen Steuerzeichen versehen sind, zu den üblichen Geschäftsstunden auf Verlangen vorzuzeigen.

§ 15. Sind Hersteller oder Verkäufer steuerpflichtiger Beleuchtungsmittel wegen Steuerhinterziehung bestraft worden, so kann der Betrieb besonderen Aufsichtsmaßnahmen unterworfen werden. Die Kosten fallen dem Betriebsinhaber zur Last.

Behandlung der Steuerzeichen.

§ 16. Die Steuerzeichen sind an den Packungen so lange unverletzt zu erhalten, bis diese zur Vornahme des stückweisen oder Kleinverkaufs geöffnet werden müssen oder an den Käufer abgegeben werden. Geöffnete, ganz oder teilweise entleerte Packungen dürfen mit steuerpflichtigen Beleuchtungsmitteln nicht nachgefüllt werden. Der Einzelverkauf darf nur mit oder aus den zugehörigen Umschließungen erfolgen. Geleerte Umschließungen dürfen ohne vorherige Beseitigung der Steuerzeichen weder an Fabrikanten und Händler zurückgegeben noch von diesen angenommen oder wieder verwendet werden.

Wer als Verkäufer steuerpflichtige Beleuchtungsmittel empfängt, die nicht in der vorgeschriebenen Weise verpackt, bezeichnet und mit Steuerzeichen versehen sind, hat innerhalb dreier Tage der Steuerbehörde Anzeige zu erstatten.

Strafvorschriften.

Steuerhinterziehung.

§ 17. Wer es unternimmt, dem Reiche die in diesem Gesetze vorgesehene Steuer vorzuenthalten, macht sich der Hinterziehung schuldig.

§ 18. Der Tatbestand des § 17 wird insbesondere dann als vorliegend angenommen,

1. wenn mit der Herstellung steuerpflichtiger Beleuchtungsmittel begonnen wird, bevor die Anzeige des Betriebs (§ 8) in der vorgeschriebenen Weise erfolgt ist;
2. wenn steuerpflichtige Beleuchtungsmittel vom Hersteller in anderen als den hierfür angemeldeten Räumen aufbewahrt werden;
3. wenn, abgesehen vom Falle des § 7, steuerpflichtige Beleuchtungsmittel aus der Erzeugungsstätte oder aus dem Ausland in den Inlandsverkehr gebracht werden, ohne daß sie in der vorgeschriebenen Weise verpackt und mit den im § 6 bezeichneten Angaben und den zutreffenden Steuerzeichen versehen sind;
4. wenn Verkäufer steuerpflichtige Beleuchtungsmittel in Gewahrsam haben, die der Vorschrift dieses Gesetzes zuwider mit den erforderlichen Steuerzeichen nicht versehen sind;
5. wenn geöffnete, mit Steuerzeichen versehene Packungen der Vorschrift des § 16 zuwider nachgefüllt werden;
6. wenn vorgeschriebene Anschreibungen (§ 10) vom Hersteller oder Bezieher unrichtig geführt werden.

Der Hinterziehung wird es gleichgeachtet, wenn

jemand steuerpflichtige Beleuchtungsmittel, von denen er weiß oder den Umständen nach annehmen muß, daß hinsichtlich ihrer eine Hinterziehung der Steuer stattgefunden hat, erwirbt oder in Verkehr bringt, bevor die Abgabe entrichtet ist.

Wird in den Fällen der Abs. 1 und 2 festgestellt, daß eine Vorenthaltung der Steuer nicht stattgefunden hat oder nicht beabsichtigt worden ist, so findet nur eine Ordnungsstrafe nach § 27 statt.

§ 19. Wer eine Hinterziehung begeht, wird mit einer Geldstrafe in Höhe des vierfachen Betrags der Steuer, mindestens aber in Höhe von fünfzig Mark für jeden einzelnen Fall bestraft. Außerdem ist die Steuer nachzuzahlen.

Soweit der Betrag der Steuer nicht festgestellt werden kann, tritt eine Geldstrafe bis zu fünfzigtausend Mark ein.

Liegt eine Übertretung vor, so werden die Beihilfe und die Begünstigung mit Geldstrafe bis zu einhundertfünfzig Mark bestraft.

§ 20. Im Falle der Wiederholung der Hinterziehung nach vorausgegangener Bestrafung werden die im § 19 vorgesehenen Strafen verdoppelt.

Jeder fernere Rückfall zieht Gefängnis bis zu zwei Jahren nach sich, doch kann nach richterlichem Ermessen mit Berücksichtigung aller Umstände und der vorangegangenen Fälle auf Haft oder auf Geldstrafe nicht unter dem Vierfachen der im § 19 vorgesehenen Strafen erkannt werden.

Die Rückfallstrafe tritt ein, auch wenn die frühere Strafe nur teilweise verbüßt oder ganz oder teilweise erlassen worden ist; sie bleibt dagegen ausgeschlossen, wenn seit der Verbüßung oder dem Erlasse der früheren Strafe bis zur Begehung der neuen Straftat drei Jahre verflossen sind.

§ 21. Die Vorschriften über die Hinterziehung der Steuer finden Anwendung auf die Erwirkung einer Steuerbefreiung, Steuervergünstigung oder Steuervergütung, die überhaupt nicht oder nur in geringerem Betrage zu beanspruchen war. Der zu Ungebühr empfangene Betrag ist zurückzuzahlen.

Einziehung.

§ 22. Steuerpflichtige Beleuchtungsmittel, die nicht vorschriftsmäßig verpackt und bezeichnet, oder deren Packungen mit den erforderlichen Steuerzeichen nicht versehen sind, unterliegen, abgesehen von dem Falle des § 7, der Einziehung, gleichviel, wem sie gehören und ob gegen eine bestimmte Person ein Strafverfahren eingeleitet wird.

Fälschung von Steuerzeichen.

§ 23. Mit Gefängnis nicht unter drei Monaten wird bestraft, wer unechte Steuerzeichen (§ 3) in der Absicht anfertigt, sie als echt zu verwenden, oder echte Steuerzeichen in der Absicht verfälscht, sie zu einem höheren Werte zu verwenden, oder wissentlich von falschen oder verfälschten Steuerzeichen Gebrauch macht.

Neben der Strafe kann auf Verlust der bürgerlichen Ehrenrechte erkannt werden.

§ 24. Wer wissentlich schon einmal verwendete Steuerzeichen verwendet, wird mit Geldstrafe bis zu sechshundert Mark bestraft.

§ 25. Mit Geldstrafe bis zu einhundertfünfzig Mark oder mit Haft wird bestraft, wer ohne schriftlichen Auftrag einer Behörde

1. Stempel, Siegel, Stiche, Platten oder andere Formen, die zur Anfertigung von Steuerzeichen dienen können, anfertigt oder an einen anderen als die Behörde verabfolgt;
2. den Abdruck der in Nr. 1 bezeichneten Stempel, Siegel, Stiche, Platten oder Formen unternimmt oder Abdrucke an einen anderen als die Behörde verabfolgt.

Neben der Strafe kann auf Einziehung der Stempel, Siegel, Stiche, Platten oder anderen Formen sowie der Abdrucke erkannt werden, ohne Unterschied ob sie dem Verurteilten gehören oder nicht.

§ 26. Mit Geldstrafe bis zu einhundertfünfzig Mark wird bestraft, wer wissentlich schon einmal verwendete Steuerzeichen veräußert oder feilhält.

Ordnungsstrafen.

§ 27. Zuwiderhandlungen gegen die Vorschriften dieses Gesetzes und die dazu erlassenen und öffentlich oder den Beteiligten besonders bekanntgemachten Verwaltungsbestimmungen werden, sofern sie nicht nach §§ 19 ff. mit einer besonderen Strafe bedroht sind, mit einer Ordnungsstrafe von einer Mark bis zu dreihundert Mark bestraft.

Haftung für andere Personen.

§ 28. Inhaber der unter Steueraufsicht stehenden Betriebe (§ 11) haften für die von ihren Verwaltern, Geschäftsführern, Gehilfen und sonstigen in ihrem Dienste oder Lohne stehenden Personen sowie von ihren Familien- oder Haushaltungsmitgliedern verwirkten Geldstrafen und Kosten des Strafverfahrens sowie für die nachzuzahlende Steuer im Falle des Unvermögens der eigentlich Schuldigen, wenn nachgewiesen wird,

1. daß die Zuwiderhandlung mit ihrem Wissen verübt ist, oder
2. daß sie bei Auswahl und Anstellung der Verwalter, Geschäftsführer, Gehilfen und sonstigen in ihrem Dienste oder Lohne stehenden Personen oder bei Beaufsichtigung dieser sowie der bezeichneten Hausgenossen nicht mit der Sorgfalt eines ordentlichen Geschäftsmanns zu Werke gegangen sind.

Wird weder das eine noch das andere nachgewiesen, so haften sie, auch soweit sie nicht ohnehin zur Errichtung der Steuer verpflichtet sind, für die Steuer.

Läßt sich die Geldstrafe von dem Schuldigen

nicht beitreiben, so kann die Steuerbehörde davon absehen, den für die Geldstrafe Haftenden in Anspruch zu nehmen und die an Stelle der Geldstrafe tretende Freiheitsstrafe an dem Schuldigen vollstrecken lassen.

Umwandlung der Geldstrafen in Freiheitsstrafen.

§ 29. Bei Umwandlung der nicht beizutreibenden Geldstrafen in Freiheitsstrafen darf die Freiheitsstrafe bei einer Hinterziehung im ersten Falle sechs Monate, im ersten Rückfall ein Jahr und im ferneren Rückfalle zwei Jahre, bei einer mit Ordnungsstrafe bedrohten Zuwiderhandlung drei Monate nicht übersteigen. Im Falle des § 19 Abs. 2 bleibt ein Fünftel der Geldstrafe bei der Umwandlung außer Betracht.

Zwangsmaßregeln.

§ 30. Neben der Festsetzung von Ordnungsstrafen kann die Steuerbehörde die Beobachtung der auf Grund dieses Gesetzes getroffenen Anordnungen durch Androhung und Einziehung von Geldstrafen bis zu fünfhundert Mark erzwingen, auch, wenn eine vorgeschriebene Einrichtung nicht getroffen wird, diese auf Kosten der Pflichtigen herstellen lassen. Die Einziehung der Kosten und Geldstrafen erfolgt nach den Vorschriften über das Verfahren für die Beitreibung der Zölle und mit dem Vorzugsrechte der letzteren.

Verjährung der Strafverfolgung.

§ 31. Die Strafverfolgung von Hinterziehungen verjährt in drei Jahren, von den mit Ordnungsstrafe belegten Zuwiderhandlungen in einem Jahre.

Strafverfahren.

§ 32. In Ansehung des Verwaltungsstrafverfahrens, der Strafmilderung und des Erlasses der Strafe im Gnadenwege sowie in Ansehung der Strafvollstreckung kommen die Vorschriften zur Anwendung, nach denen sich das Verfahren wegen Zuwiderhandlung gegen die Zollgesetze bestimmt.

Der Erlös aus eingezogenen Gegenständen und die Geldstrafen fallen dem Staate zu, von dessen Behörden die Strafentscheidung erlassen ist. Im Falle des § 19 Abs. 2 ist von dem Betrage der Geldstrafe der fünfte Teil an Stelle des nicht festgestellten Steuerbetrags an die Reichskasse abzuführen.

§ 33. Ein im Strafverfahren eingegangener Geldbetrag ist zunächst auf die Steuer zu verrechnen.

Sonstige Vorschriften.

Abfindung.

§ 34. Für die außerhalb der Zollgrenze liegenden Teile des Reichsgebiets kann auf Antrag der Landesregierungen an Stelle der in diesem Gesetze vorgesehenen Steuern durch den Bundesrat die Zahlung einer Abfindung an die Reichskasse zugelassen werden.

Zollanschlüsse.

§ 35. Steuerpflichtige Beleuchtungsmittel, die aus den dem Zollgebiet angeschlossenen Staaten und Gebietsteilen eingehen, sind spätestens beim Eintritt in das Inland mit dem Steuerzeichen (§ 3) zu versehen.

Vereinbarungen mit fremden Staaten.

§ 36. Der Reichskanzler kann unter Zustimmung des Bundesrats wegen Herbeiführung einer den Vorschriften dieses Gesetzes entsprechenden Besteuerung in den dem Zollgebiet angeschlossenen Staaten und Gebietsteilen, wegen Überweisung der Steuer für die im gegenseitigen Verkehr übergehenden Erzeugnisse oder wegen Begründung einer Steuergemeinschaft mit den fremden Regierungen Vereinbarungen treffen.

Erhebung und Verwaltung der Steuer.

§ 37. Die Erhebung und Verwaltung der in diesem Gesetze vorgesehenen Steuern erfolgt durch die Landesbehörden. Inwieweit außerdem eine Steueraufsicht durch besondere technisch vorgebildete Beamte zu erfolgen hat, bestimmt der Bundesrat. Für die erwachsenden Kosten wird den Bundesstaaten nach den vom Bundesrate zu erlassenden Bestimmungen Vergütung gewährt. Diese sind dem Reichstag innerhalb dreier Jahre mitzuteilen und außer Kraft zu setzen, wenn er sie nicht genehmigt.

Die Reichsbevollmächtigten für Zölle und Steuern und die ihnen unterstellten Aufsichtsbeamten haben in bezug auf die Ausführung der Bestimmungen dieses Gesetzes dieselben Rechte und Pflichten wie bezüglich der Erhebung und Verwaltung der Zölle.

Übergangs- und Schlußvorschriften.

§ 38. Von den bestehenden Betrieben zur Herstellung oder zum Verkaufe steuerpflichtiger Beleuchtungsmittel sind die nach diesem Gesetz erforderlichen Anzeigen zur Vermeidung der im § 27 angedrohten Ordnungsstrafen spätestens drei Monate vor dem Inkrafttreten des Gesetzes zu erstatten.

§ 39. Hersteller von Beleuchtungsmitteln der im § 1 bezeichneten Art haben die am Tage des Inkrafttretens dieses Gesetzes außerhalb der Räume des angemeldeten Herstellungsbetriebs vorhandenen, in ihrem Besitze befindlichen steuerpflichtigen Beleuchtungsmittel innerhalb einer Woche dem Steueramt anzumelden und, soweit sie nicht ausgeführt oder auf ein Zoll- oder Steuerlager gebracht werden, nach Maßgabe des § 2 zu versteuern.

Zur Veräußerung bestimmte Beleuchtungsmittel und andere Vorräte von solchen, die sich am Tage des Inkrafttretens dieses Gesetzes außerhalb eines Herstellungsbetriebs oder einer Zollniederlage befinden, unterliegen, soweit sie nicht dem eigenen

Haushalte des Besitzers dienen, nach näherer Bestimmung des Bundesrats der Steuer in Form einer Nachsteuer.

Die Nachsteuer kann ohne Sicherheitsbestellung auf drei Monate gestundet werden, gegen Sicherheitsbestellung ist sie auf sechs Monate zu stunden.

Soweit beim Inkrafttreten dieses Gesetzes Verträge über Lieferung von Beleuchtungsmitteln bestehen, ist der Lieferer berechtigt, vom Abnehmer einen um den Betrag der Steuer erhöhten Preis zu fordern, falls nichts anderes vereinbart ist.

§ 40. Dieses Gesetz tritt mit dem 1. Oktober 1909 in Kraft.

III.

Zündwarensteuergesetz.

Vom 15. Juli 1909 (RGBl. Nr. 44 S. 814).

Gegenstand der Steuer.

§ 1. Zum Verbrauch im Inlande bestimmte Zündwaren unterliegen einer in die Reichskasse fließenden Verbrauchsabgabe (Zündwarensteuer). Zündwaren im Sinne dieses Gesetzes sind Zündhölzer, Zündspänchen, Zündstäbchen aus Strohhalmen oder Pappe und Zündkerzchen aus Stearin, Wachs oder ähnlichen Stoffen.

Höhe der Steuer.

§ 2. Die Zündwarensteuer beträgt:

1. für Zündhölzer, für Zündspänchen und für Zündstäbchen aus Strohhalmen oder aus Pappe
   a) in Schachteln oder anderen Behältnissen mit einem Inhalte von weniger als 30 Stück 1 Pfennig und mit einem Inhalte von 30 bis 60 Stück $1^1/_2$ Pfennig für jede Schachtel oder jedes Behältnis;
   b) in Schachteln oder anderen Behältnissen

mit einem Inhalte von mehr als 60 Stück 1½ Pfennig für 60 Stück oder einen Bruchteil davon.

2. für Zündkerzchen aus Stearin, Wachs oder ähnlichen Stoffen
   a) in Schachteln oder anderen Behältnissen mit 20 oder weniger Zündkerzchen 5 Pfennig für jede Schachtel oder jedes Behältnis;
   b) in größeren Packungen für je 20 Zündkerzchen oder einen Bruchteil davon 5 Pfennig.

Die höheren Steuersätze treten nicht ein, wenn die vorstehend angegebenen Stückzahlen um nicht mehr als zehn vom Hundert überschritten werden.

§ 3. In den ersten fünf Jahren nach dem Inkrafttreten dieses Gesetzes tritt eine Erhöhung der Zündwarensteuer um zwanzig vom Hundert ein:

1. für Zündwaren, welche in Fabriken hergestellt sind, die erst nach dem 1. Juni 1909 betriebsfähig hergerichtet worden sind;
2. für Zündwaren aus den vor dem 1. Juni 1909 in Betrieb gewesenen Fabriken, soweit deren Jahreserzeugung die nachweisliche Durchschnittserzeugung der letzten drei Betriebsjahre vor dem 1. Juni 1909, oder, falls die Fabriken noch nicht volle drei Betriebsjahre vor dem 1. Juni 1909 bestanden haben, die nachweisliche jährliche Durch-

schnittserzeugung der vor dem 1. Juni 1909 liegenden Betriebszeit übersteigt.

Die näheren Bestimmungen zur Ausführung dieser Vorschrift erläßt der Bundesrat.

Zeit der Entrichtung der Steuer.

§ 4. Für im Inlande hergestellte Zündwaren ist die Zündwarensteuer zu entrichten, bevor die Zündwaren aus den Räumen des Herstellungsbetriebs oder den Zündwarensteuerlagern (§ 11) in den freien Verkehr des Inlandes übergehen.

Für die aus dem Ausland eingehenden Zündwaren ist die Steuer neben dem Eingangszoll und zugleich mit diesem zu entrichten.

Verpflichtung zur Entrichtung der Steuer.

§ 5. Für die im Inlande hergestellten Zündwaren ist die Steuer vom Hersteller, für die vom Ausland eingeführten Zündwaren vom Einbringer zu entrichten.

Haftung für die Steuer.

§ 6. Die steuerpflichtigen Zündwaren haften ohne Rücksicht auf die Rechte Dritter für den Betrag der darauf ruhenden Steuer und können, solange deren Entrichtung nicht erfolgt ist, von der Steuerbehörde mit Beschlag belegt und zurückgehalten werden.

Stundung der Steuer.

§ 7. Die Zündwarensteuer kann ohne Sicherheitsbestellung auf drei Monate gestundet werden; gegen Sicherheitsbestellung ist sie auf sechs Monate zu stunden. Ein unter Steuerverschluß befindliches Lager ist als Sicherheit anzunehmen.

Verjährung der Steuer.

§ 8. Ansprüche auf Zahlung oder Erstattung der Steuer verjähren in einem Jahre von dem Tage des Eintritts der Steuerpflicht (§ 4) ab. Der Anspruch auf Nachzahlung eines hinterzogenen Steuerbetrags verjährt in drei Jahren.

Die Verjährung wird durch jede von der zuständigen Behörde zur Geltendmachung des Anspruchs gegen den Zahlungspflichtigen gerichtete Handlung unterbrochen.

Befreiung von der Steuer.

§ 9. Zündwaren, die unter Steueraufsicht ausgeführt oder vernichtet werden, bleiben von der Zündwarensteuer frei.

Bei der Ausfuhr von Zündwaren aus dem freien Verkehre findet eine Vergütung der Zündwarensteuer nicht statt.

Verpackung der Zündwaren und Bezeichnung des Herstellers.

§ 10. Steuerpflichtige Zündwaren dürfen aus den Herstellungsbetrieben, den Zündwarensteuerlagern und dem Auslande nur verpackt in den freien Verkehr des Inlandes gebracht werden. Die Art der Verpackung und die Größe der zulässigen Packungen bestimmt der Bundesrat.

Auf den Packungen sowie auf den einzelnen

Umschließungen der Zündwaren (Schachteln oder anderen Behältnissen) ist der Name und Wohnort des Herstellers oder eine bei der Steuerbehörde anzumeldende Marke, die die Bezeichnung des Herstellers vertritt, anzugeben.

Zündwarensteuerlager.

§ 11. Hersteller von Zündwaren und solchen Personen, die damit Großhandel treiben, können für die von ihnen hergestellten, aus inländischen Fabriken bezogenen und aus dem Ausland eingeführten verzollten Zündwaren Privatlager unter amtlichem Mitverschlusse (Zündwarensteuerlager) bewilligt werden, in denen die Zündwaren unversteuert niedergelegt werden dürfen.

Für die Bewilligung dieser Lager, ihre Einrichtung, für die Abfertigung der Zündwaren zu und von dem Lager, die Art der Lagerung und die Haftung des Lagerinhabers sind, soweit vom Bundesrate nicht besondere Bestimmungen erlassen werden, die für die Lagerung ausländischer unverzollter Gegenstände gegebenen Vorschriften maßgebend.

Den im Abs. 1 genannten Personen kann die steuerfreie Lagerung von Zündwaren auch in öffentlichen Zollniederlagen unter Wahrung der Inlandseigenschaft inländischer Zündwaren gestattet werden.

Anmeldung des Betriebs und der Räume.

§ 12. Wer Zündwaren herstellen will, hat dies vor Eröffnung des Betriebs unter Bezeichnung der

Erzeugnisse, deren Herstellung beabsichtigt ist, der Steuerbehörde schriftlich anzuzeigen und gleichzeitig eine Beschreibung der Betriebs- und Lagerräume sowie der damit in Verbindung stehenden oder unmittelbar daran angrenzenden Räume vorzulegen. Befinden sich die Betriebsräume an verschiedenen Orten, so ist für jeden Ort eine besondere Anmeldung einzureichen.

§ 13. Die Steuerbehörde ist ermächtigt, auch Angaben über die Verpackungsart der Waren sowie gegen entsprechende Entschädigung die Hinterlegung von Proben der einzelnen Packungen zu verlangen.

Bei jeder Änderung der angemeldeten Verhältnisse (§§ 12, 13) hat spätestens innerhalb einer Woche eine Berichtigung oder Ergänzung der Angaben zu erfolgen.

Bezeichnung des Besitzers und Betriebsleiters.

§ 14. Jeder Wechsel im Besitz eines auf die Herstellung von Zündwaren gerichteten Betriebs ist der Steuerbehörde binnen einer Woche vom neuen Besitzer anzuzeigen.

Betriebsinhaber, die den Betrieb nicht selbst leiten, haben der Steuerbehörde diejenigen Personen zu bezeichnen, die als Betriebsleiter in ihrem Namen zu handeln befugt sind.

Die in diesem Gesetze für den Betriebsinhaber gegebenen Vorschriften gelten mit Ausnahme derjenigen im § 20 Satz 2 auch für den Betriebsleiter.

Der Betriebsinhaber kann die strafrechtliche Verantwortlichkeit auf den Betriebsleiter übertragen.

Lagerung der fertigen Zündwaren; Buchführung.

§ 15. Fertige unversteuerte Zündwaren dürfen nur in den angemeldeten Räumen (§ 12) gelagert und verpackt werden. Über Zu- und Abgang der Zündwaren sind Anschreibungen zu führen, die der Bestimmung der Steuerbehörde entsprechend aufzubewahren und den Beamten zugänglich zu halten sind.

Bauliche Einrichtungen zur Sicherung des Steueraufkommens.

§ 16. Die Zündwarenfabriken müssen baulich so eingerichtet sein, daß eine ständige steueramtliche Bewachung und Abschließung der Räume, in denen die fertigen Zündwaren verpackt und aufbewahrt werden, durchzuführen ist und daß die Steuerbehörde den Gang der Herstellung und den weiteren Verbleib der Zündwaren innerhalb der Fabrik verfolgen kann.

Auch liegt den Fabrikinhabern ob, auf Verlangen zur Erleichterung der Überwachung des Betriebs Wachräume für die Aufsichtsbeamten innerhalb oder außerhalb der Fabrikräume herzustellen.

Die näheren Bestimmungen über den steuerlichen Abschluß der Räume oder die Zulässigkeit anderweiter Sicherungsmaßregeln trifft der Bundesrat.

Für die beim Inkrafttreten dieses Gesetzes bereits im Betriebe befindlichen Zündwarenfabriken werden die erstmaligen Kosten der für die steuerliche Überwachung des Betriebs und der Lagerung erforderlichen baulichen Anlagen sowie der Verschlußanlagen den Betriebsinhabern aus der Reichskasse erstattet.

Wird von der Steuerbehörde in bezug auf eine Zündwarenfabrik, für welche die Reichskasse die erstmaligen Kosten der sichernden baulichen Einrichtungen zu tragen hatte, demnächst eine Abänderung oder Vervollständigung der ursprünglich angeordneten Einrichtungen gefordert, ohne daß dazu durch vorgenommene bauliche Veränderungen der Fabrik ein Anlaß gegeben war, so sind auch die neu entstandenen Kosten dem Fabrikinhaber aus der Reichskasse zu ersetzen. Der Ersatz kann jedoch versagt werden, wenn die Anforderung gestellt ist, nachdem gegen den Fabrikinhaber oder eine von ihm subsidiarisch zu vertretende Person eine Strafe wegen Hinterziehung der Zündwarensteuer erkannt worden war.

Steueraufsicht.

§ 17. Gewerbebetriebe, in denen Zündwaren der im § 1 bezeichneten Art hergestellt werden, sind, solange ein Betrieb stattfindet, unausgesetzt durch Steuerbeamte zu überwachen. Der Bundesrat ist ermächtigt, an Stelle der ständigen Überwachung andere geeignete Aufsichtsmaßregeln anzuordnen.

Die Steuerbeamten sind befugt, die Räume, in denen Zündwaren hergestellt oder aufbewahrt werden, solange sie geöffnet sind oder darin gearbeitet wird, zu jeder Zeit, anderenfalls während der üblichen Geschäftsstunden zu besuchen. Die Zeitbeschränkung fällt weg, wenn Gefahr im Verzug ist.

§ 18. Innerhalb der der Steueraufsicht unterliegenden Räume dürfen keine Einrichtungen getroffen werden, welche die Ausübung der gesetzlichen Aufsicht hindern oder erschweren.

§ 19. Der Betriebsinhaber hat den Steuerbeamten auf Verlangen die Vorräte an steuerpflichtigen Zündwaren vorzuzeigen und jede für die Steueraufsicht oder zu statistischen Zwecken erforderliche Auskunft über den Betrieb zu erteilen. Ferner hat er bei den zum Zwecke der Steueraufsicht und Abfertigung stattfindenden Amtshandlungen die Hilfsmittel (Wagen, Gewichte, Beleuchtung usw.) zu stellen und die nötigen Hilfsdienste zu leisten.

Den Oberbeamten der Steuerverwaltung sind die auf die Herstellung und den Verkauf der Zündwaren bezüglichen Geschäftsbücher und Schriftstücke auf Erfordern zur Einsicht vorzulegen.

§ 20. Ist der Betriebsinhaber wegen Steuerhinterziehung bestraft worden, so kann der Betrieb besonderen Aufsichtsmaßnahmen unterworfen werden. Die Kosten fallen dem Betriebsinhaber zur Last.

§ 21. Die Steuerbeamten sind befugt, bei Händlern mit Zündwaren zu prüfen, ob auf den Packungen und Umschließungen der Zündwaren Name und Wohnort des Herstellers angegeben ist, und in Zweifelsfällen behufs Prüfung der Herkunft der Zündwaren Proben gegen Bezahlung zu entnehmen.

Gebührenerhebung für steuerliche Abfertigungen.

§ 22. Amtliche Abfertigungen an ordentlicher Amtsstelle, in den Fabriken oder den Zündwarensteuerlagern erfolgen kostenfrei, falls sie an Wochentagen innerhalb der ordentlichen Dienststunden stattfinden.

Inwieweit und in welcher Höhe für sonstige Amtshandlungen Gebühren oder Verwaltungskostenbeiträge erhoben werden dürfen, bestimmt der Bundesrat.

Strafvorschriften.

§ 23. Wer es unternimmt, dem Reiche die Zündwarensteuer vorzuenthalten, macht sich der Hinterziehung schuldig.

§ 24. Der Tatbestand des § 23 wird insbesondere als vorliegend angenommen:

a) wenn mit der Herstellung von der Zündwarensteuer unterliegenden Waren begonnen wird, bevor die Anzeige des Betriebs in der vorgeschriebenen Weise erfolgt ist (§ 12);

b) wenn Zündwaren aus den Betriebs- und Aufbewahrungsräumen einer Zündwarenfabrik oder aus einem Zündwarensteuerlager (§ 11) unbefugterweise entfernt werden oder sonst über unter Steueraufsicht stehende Zündwaren unbefugterweise verfügt wird;

c) wenn Zündwaren ohne die vorgeschriebene Verpackung oder ohne die vorgeschriebene Bezeichnung des Herstellers (§ 10) in den freien Verkehr gebracht werden;

d) wenn die Anschreibungen über die Zündwaren (§ 15) unrichtig geführt oder den Steuerbeamten unrichtige Angaben über die Buchführung gemacht werden;

e) wenn Zündwaren ohne eine die Angabe des Herstellers tragende Umschließung feilgehalten oder wenn zum Zwecke des Verkaufs die Bezeichnung einer Zündwarenfabrik tragende Umschließungen mit Zündwaren befüllt werden, die nicht in dieser Zündwarenfabrik hergestellt sind.

§ 25. Der Hinterziehung wird es gleichgeachtet, wenn jemand Zündwaren, von denen er weiß oder den Umständen nach annehmen muß, daß hinsichtlich ihrer eine Hinterziehung der Zündwarensteuer verübt worden ist, erwirbt oder in Verkehr bringt, bevor die Abgabe entrichtet ist.

§ 26. Wird in den Fällen der §§ 24, 25 festgestellt, daß eine Vorenthaltung der Abgabe nicht stattgefunden hat oder nicht beabsichtigt worden ist, so findet nur eine Ordnungsstrafe nach § 30 statt.

§ 27. Wer eine Hinterziehung begeht, wird mit einer Geldstrafe in Höhe des vierfachen Betrags der Steuer, mindestens aber in Höhe von dreißig Mark für jeden einzelnen Fall bestraft. Außerdem ist die Steuer nachzuzahlen.

Soweit der Betrag der Abgabe nicht festgestellt werden kann, tritt eine Geldstrafe bis zu zwanzigtausend Mark ein.

§ 28. Liegt eine Übertretung vor, so werden die Beihilfe und die Begünstigung mit Geldstrafe bis zu einhundertfünfzig Mark bestraft.

§ 29. Im Falle der Wiederholung der Hinterziehung nach vorausgegangener Bestrafung wird die im § 27 vorgesehene Strafe verdoppelt.

Jeder fernere Rückfall zieht Gefängnis bis zu zwei Jahren nach sich, doch kann nach richterlichem Ermessen mit Berücksichtigung aller Umstände und der vorangegangenen Fälle auf Haft oder auf Geldstrafe nicht unter dem Vierfachen der in dem § 27 vorgesehenen Strafe erkannt werden.

Die Rückfallstrafe tritt ein, auch wenn die frühere Strafe nur teilweise verbüßt oder ganz oder teilweise erlassen worden ist; sie bleibt dagegen ausgeschlossen, wenn seit der Verbüßung oder dem Erlasse der früheren Strafe bis zur Begehung der neuen Straftat drei Jahre verflossen sind.

§ 30. Zuwiderhandlungen gegen die Vorschriften dieses Gesetzes und die dazu erlassenen und öffentlich oder den Beteiligten besonders bekannt gemachten Verwaltungsbestimmungen werden, soweit sie nicht nach §§ 27 ff. mit einer besonderen Strafe bedroht sind, mit einer Ordnungsstrafe von einer Mark bis zu dreihundert Mark bestraft.

§ 31. Inhaber der unter Steueraufsicht stehenden Betriebe (§ 17) haften für die von ihren Verwaltern, Geschäftsführern, Gehilfen und sonstigen in ihrem Dienste oder Lohne stehenden Personen sowie von ihren Familien- oder Haushaltungsmitgliedern verwirkten Geldstrafen und Kosten des Strafverfahrens sowie für die nachzuzahlende Steuer im Falle des Unvermögens der eigentlichen Schuldigen, wenn nachgewiesen wird,

1. daß die Zuwiderhandlung mit ihrem Wissen verübt ist oder
2. daß sie bei Auswahl und Anstellung der Verwalter, Geschäftsführer, und sonstigen in ihrem Dienste oder Lohne stehenden Personen oder bei Beaufsichtigung dieser sowie der bezeichneten Hausgenossen nicht mit der Sorgfalt eines ordentlichen Geschäftsmanns zu Werke gegangen sind.

Wird weder das eine noch das andere nachgewiesen, so haften sie, auch soweit sie nicht ohnehin zur Entrichtung der Steuer verpflichtet sind, für die Steuer.

§ 32. Läßt sich eine Geldstrafe von dem Schuldigen nicht beitreiben, so kann die Steuerbehörde davon absehen, den für die Geldstrafe Haftenden in Anspruch zu nehmen, und die an Stelle der Geldstrafe tretende Freiheitsstrafe an dem Schuldigen vollstrecken lassen.

§ 33. Bei Umwandlung der nicht beizutreibenden Geldstrafen in Freiheitsstrafen darf die Feiheitsstrafe bei einer Hinterziehung im ersten Falle sechs Monate, im ersten Rückfall ein Jahr und im ferneren Rückfalle zwei Jahre, bei einer mit Ordnungsstrafe bedrohten Zuwiderhandlung drei Monate nicht übersteigen. Im Falle des § 27 Abs. 2 bleibt ein Fünftel der Geldstrafe bei der Umwandlung außer Betracht.

Zwangsmaßregeln.

§ 34. Neben der Festsetzung von Ordnungsstrafen kann die Steuerbehörde die Beobachtung der auf Grund dieses Gesetzes getroffenen Anordnungen durch Androhung und Einziehung von Geldstrafen bis zu fünfhundert Mark erzwingen; auch wenn eine vorgeschriebene Einrichtung nicht getroffen wird, diese auf Kosten der Pflichtigen herstellen lassen. Die Einziehung der hierdurch erwachsenen

Auslagen erfolgt nach den Vorschriften über das Verfahren für die Beitreibung der Zölle und mit dem Vorzugsrechte der letzteren.

Einziehung.

§ 35. Nach diesem Gesetze steuerpflichtige Zündwaren, die im Handel ohne die vorgeschriebene Bezeichnung des Herstellers angetroffen werden, unterliegen der Einziehung, gleichviel wem sie gehören und ob gegen eine bestimmte Person ein Strafverfahren eingeleitet wird.

Verjährung der Strafverfolgung.

§ 36. Die Strafverfolgung von Hinterziehungen verjährt in drei Jahren, von den mit Ordnungsstrafen belegten Zuwiderhandlungen in einem Jahre.

Strafverfahren.

§ 37. In Ansehung des Verwaltungsstrafverfahrens, der Strafmilderung und des Erlasses der Strafe im Gnadenwege sowie in Ansehung der Strafvollstreckung kommen die Vorschriften zur Anwendung, nach denen sich das Verfahren wegen Zuwiderhandlungen gegen die Zollgesetze bestimmt.

Der Erlös aus eingezogenen Gegenständen und die Geldstrafen fallen dem Staate zu, von dessen Behörden die Strafentscheidung erlassen ist. Im Falle des § 27 Abs. 2 ist von dem Betrage der Geldstrafe der fünfte Teil an Stelle des nicht festgestellten Abgabebetrags an die Reichskasse abzuführen.

§ 38. Ein im Strafverfahren eingegangener Geldbetrag ist zunächst auf die Steuer zu verrechnen.

Verwaltung der Zündwarensteuer und Abfindung.

§ 39. Die Erhebung und Verwaltung der Zündwarensteuer erfolgt durch die Landesbehörden. Für die erwachsenden Kosten wird den Bundesstaaten nach den vom Bundesrate zu erlassenden Bestimmungen Vergütung gewährt. Diese sind dem Reichstag innerhalb dreier Jahre mitzuteilen und außer Kraft zu setzen, wenn er sie nicht genehmigt.

Die Reichsbevollmächtigten für Zölle und Steuern und die ihnen unterstellten Aufsichtsbeamten haben in bezug auf die Ausführung dieses Gesetzes dieselben Rechte und Pflichten wie bezüglich der Erhebung und Verwaltung der Zölle.

Die außerhalb der gemeinschaftlichen Zollgrenze liegenden Teile des Reichsgebiets zahlen nach den für die Zölle maßgebenden Vorschriften an Stelle der Zündwarensteuer eine entsprechende Abfindung an die Reichskasse.

Zoll.

§ 40. Die Nummer 367 des Zolltarifs vom 25. Dezember 1902 erhält folgende Fassung:

Zündhölzer, Zündstäbchen aus Pappe 30 Mark.

Behandlung der Zollanschlüsse.

§ 41. Der Zündwarensteuer unterliegende Zündwaren, die aus den dem Zollgebiet angeschlossenen Staaten und Gebietsteilen eingehen, werden hinsichtlich der Zündwarensteuer wie ausländische behandelt. Der Reichskanzler kann unter Zustimmung des Bundesrats mit den fremden Regierungen wegen Einführung einer den Vorschriften dieses Gesetzes entsprechenden Steuer in den dem Zollgebiet angeschlossenen Staaten und Gebietsteilen, wegen Überweisung der Steuer für die im gegenseitigen Verkehr übergehenden Zündwaren der im § 1 bezeichneten Art oder wegen Begründung einer Steuergemeinschaft Vereinbarungen treffen.

Übergangs- und Schlußvorschriften.

§ 42. Hersteller von Zündwaren der im § 1 bezeichneten Art haben die am Tage des Inkrafttretens dieses Gesetzes außerhalb der Räume des angemeldeten Fabrikbetriebs vorhandenen, in ihrem Besitze befindlichen Zündwaren der bezeichneten Art innerhalb einer Woche dem Steueramt anzumelden und, soweit sie nicht ausgeführt oder auf ein Zoll- oder Steuerlager verbracht werden, nach Maßgabe des § 2 zu versteuern.

Zündwaren, die sich am Tage des Inkrafttretens dieses Gesetzes außerhalb einer Zündwarenfabrik oder einer Zollniederlage im Besitze von

Händlern, Wirten, Konsumvereinen, Kasinos, Logen und ähnlichen Vereinigungen befinden, unterliegen nach näherer Bestimmung des Bundesrats der Zündwarensteuer in Form einer Nachsteuer. Von Zündkerzchen (§ 2 Abs. 1 Ziffer 2), die sich zur Zeit des Inkrafttretens dieses Gesetzes im Besitze von Straßenhändlern oder ähnlichen Kleinhändlern befinden, ist nach näherer Bestimmung des Bundesrats ein angemessener Vorrat von der Nachsteuer freizulassen.

Die Nachsteuer kann für drei Monate gegen Sicherheitsbestellung gestundet werden.

Der Bundesrat ist ermächtigt, Bestimmungen zu treffen, die die Weiterverwendung der beim Inkrafttreten des Gesetzes vorhandenen Vorräte an Packmaterial und Etiketten ermöglichen.

§ 43. Von den bestehenden Betrieben zur Herstellung der im § 1 bezeichneten Zündwaren sind die nach diesem Gesetz erforderlichen Anzeigen bei Vermeidung der im § 30 angedrohten Ordnungsstrafe spätestens 4 Wochen vor Inkrafttreten dieses Gesetzes zu erstatten.

§ 44. Die im § 35 angedrohte Einziehung ist im ersten Jahre nach dem Inkrafttreten dieses Gesetzes nur dann zuläßig, wenn nachgewiesen wird, daß die ohne Bezeichnung des Herstellers angetroffenen Zündwaren erst nach dem Inkrafttreten dieses Artikels aus einer Zündwarenfabrik, einem Zündwarensteuerlager oder einer Zollniederlage in den freien Verkehr gebracht worden sind.

§ 45. Soweit beim Inkrafttreten dieses Gesetzes Verträge über Lieferung von Zündwaren bestehen, ist der Lieferer berechtigt, vom Abnehmer einen um den Betrag der Steuer erhöhten Preis zu fordern und die bare Zahlung der Steuer bei der Lieferung zu verlangen, falls nichts anderes vereinbart ist.

§ 46. Dieses Gesetz tritt hinsichtlich des § 40 (Erhöhung des Zolles für Zündhölzer und Zündstäbchen aus Pappe) mit dem 1. August 1909, sonst mit dem 1. Oktober 1909 in Kraft.

IV.

Branntweinsteuergesetz.

Vom 15. Juli 1909 (RGBl. Nr. 39 S. 661).

Erster Abschnitt.

Branntweinverbrauchsabgabe.

Gegenstand.

§ 1. Der im Inlande hergestellte Branntwein unterliegt einer in die Reichskasse fließenden Verbrauchsabgabe.

Höhe.

§ 2. Die Verbrauchsabgabe beträgt von der innerhalb des Kontingents (§§ 24 bis 41 hergestellten Alkoholmenge 1,05 Mark, von der außerhalb des Kontingents hergestellten Menge 1,25 Mark für das Liter Alkohol.

Obstbrennereien (§ 12) und Brenner der im § 41 bezeichneten Art entrichten für Branntwein, den sie aus selbsterzeugtem Obst, Wein, Most oder aus Rückständen davon (Trester, Hefe) oder aus Beeren und Wurzeln herstellen, bei einer Jahreserzeugung von nicht mehr als 30 Liter Alkohol eine um zwei Zehntel ermäßigte Verbrauchsabgabe. Die Vorschriften im § 40 Abs. 1 und § 41 sind entsprechend anzuwenden.

Befreiung.

§ 3. Von der Verbrauchsabgabe befreit bleibt:

1. Branntwein, der ausgeführt wird;
2. Branntwein, der zu gewerblichen Zwecken einschließlich der Essigbereitung, zu Putz-, Heizungs-, Koch- oder Beleuchtungszwecken verwendet wird, nach näherer Bestimmung des Bundesrats;
3. der Schwund bei der unter amtlicher Überwachung erfolgten Reinigung, Lagerung und Versendung von Branntwein.

Die Befreiung von der Verbrauchsabgabe tritt nach näherer Bestimmung des Bundesrats auch dann ein, wenn durch elementare Ereignisse oder unverschuldete Vorgänge Branntwein vernichtet worden oder unbrauchbar geworden ist, sowie in allen Fällen, in denen überwiegende Gründe der Billigkeit für eine Befreiung sprechen.

Der Bundesrat wird ermächtigt, auch solchen Branntwein von der Verbrauchsabgabe freizulassen, der in öffentlichen Kranken-, Entbindungs- und ähnlichen Anstalten oder in öffentlichen wissenschaftlichen Lehranstalten verwendet wird.

Vergütung.

§ 4. Bei der Ausfuhr von Trinkbranntweinen aus dem freien Verkehre sowie von Erzeugnissen, zu deren Herstellung Branntwein aus dem freien Verkehre verwendet worden ist, wird nach näherer Bestimmung des Bundesrats eine Vergütung der Verbrauchsabgabe gewährt.

Fälligkeit.

§ 5. Die Verbrauchsabgabe ist zu entrichten, sobald der Branntwein aus der amtlichen Überwachung in den freien Verkehr tritt.

Person des Zahlungspflichtigen.

§ 6. Zur Entrichtung der Abgabe ist verpflichtet, wer den Branntwein zur freien Verfügung erhält.

Stundung.

§ 7. Die Abgabe kann gegen Sicherheitsbestellung auf sechs Monat, ohne Sicherheitsbestellung auf drei Monate gestundet werden.

Als Sicherheit ist auch die Verpfändung von Branntwein anzusehen, der sich in einem Branntweinlager unter amtlichem Mitverschlusse befindet.

Haftung des Branntweins.

§ 8. Der Branntwein haftet ohne Rücksicht auf die Rechte Dritter für die darauf ruhende Verbrauchsabgabe und kann, solange diese nicht entrichtet ist, von der Verwaltungsbehörde mit Beschlag belegt oder zurückbehalten werden.

Verjährung.

§ 9. Ansprüche auf Zahlung und Erstattung von Verbrauchsabgabe verjähren in einem Jahre von dem Tage des Eintritts der Zahlungspflicht oder der Zahlung ab. Der Anspruch auf Nachzahlung hinterzogener Gefälle verjährt in drei Jahren.

Die Verjährung wird durch jede von der zuständigen Behörde zur Geltendmachung des Anspruchs gegen den Zahlungspflichtigen gerichtete Handlung unterbrochen.

Landwirtschaftliche Brennereien.

§ 10. Als landwirtschaftliche Brennereien gelten Brennereien, die ausschließlich Kartoffeln oder Getreide verarbeiten und bei deren Betriebe die sämtlichen Rückstände in einer oder mehreren den Eigentümern oder Besitzern der Brennerei gehörenden oder von ihnen betriebenen Wirtschaften verfüttert werden und der erzeugte Dünger vollständig auf dem den Eigentümern oder Besitzern der Brennerei gehörenden oder von ihnen bewirtschafteten Grund und Boden verwendet wird.

In den nach dem 1. September 1902 betriebsfähig hergerichteten Brennereien müssen außerdem die zur Verarbeitung kommenden Rohstoffe an Kartoffeln und Getreide, mit Ausnahme von Roggen, Weizen, Buchweizen, Hafer und Gerste, in der Hauptsache von den Eigentümern oder Besitzern der Brennerei selbst gewonnen sein. Bei Genossenschaftsbrennereien, die als solche nach dem 1. September 1902 entstanden sind, müssen ferner die so gewonnenen Rohstoffe in der Hauptsache von den einzelnen Teilnehmern nach Verhältnis ihrer Beteiligung an der Brennerei geliefert und außerdem die sämtlichen Betriebsrückstände von den Teilnehmern in diesem Verhältnisse verfüttert werden. Der Bundesrat wird ermächtigt, im Falle von Mißernten und für Genossenschaftsbrennereien, die vor dem 1. September 1907 als solche bestanden haben, Ausnahmen zu gestatten.

§ 11. Nach näherer Bestimmung des Bundesrats kann der Brennereibetrieb als landwirtschaftlicher auch dann behandelt werden, wenn Schlempe oder Dünger vorübergehend veräußert oder wenn neben Kartoffeln und Getreide im Zwischenbetriebe nichtmehlige Stoffe allein verarbeitet werden.

Obstbrennereien.

§ 12. Als Obstbrennereien gelten Brennereien, die ausschließlich Obst, Beeren oder Rückstände davon verarbeiten.

Die für Obstbrennereien gegebenen Vorschriften sind in gleicher Weise auf Brennereien anzuwenden, die Wein, Weinhefe, Most, Wurzeln oder Rückstände davon oder von der Bierbereitung ausschließlich oder neben Obst, Beeren oder Rückständen davon verarbeiten.

Gewerbliche Brennereien.

§ 13. Als gewerbliche Brennereien sind alle Brennereien, welche Hefe erzeugen, sowie diejenigen anzusehen, welche weder zu den landwirtschaftlichen Brennereien noch zu den Obstbrennereien und den diesen gleichgestellten Brennereien gehören. Jedoch gelten solche Brennereien, die bereits vor dem 1. April 1909 als landwirtschaftliche Brennereien mit Hefenerzeugung betrieben sind, auch fernerhin als landwirtschaftliche Brennereien, solange sie die Bedingungen der §§ 10, 11 erfüllen.

Verschlußbrennereien.

§ 14. Die Brennereien sind gemäß den §§ 82 bis 88 einzurichten (Verschlußbrennereien), soweit nicht in den §§ 15, 17 Ausnahmen vorgesehen sind.

Abfindung der Brennereien.

§ 15. Brennereien, die in einem Betriebsjahre nicht mehr als 10 Hektoliter Alkohol herstellen (Kleinbrennereien), können abgefunden werden, sofern sie vor dem Inkrafttreten dieses Gesetzes betriebsfähig hergerichtet sind; auf sie finden alsdann die Vorschriften der §§ 5, 6, 82 bis 93 keine Anwendung. Die Verbrauchsabgabe ist nach näherer Bestimmung des Bundesrats von derjenigen Alkoholmenge, welche aus dem angemeldeten Maischbottichraum oder der zur Verarbeitung auf Branntwein angemeldeten Stoffmenge hergestellt oder welche während der erklärten Abtriebszeit mit der zum Gebrauche bestimmten Brennvorrichtung nach ihrer Leistungsfähigkeit gewonnen werden kann, im voraus durch die Verwaltungsbehörde bindend festzusetzen und, soweit nicht Stundung eintritt, drei Monate nach Herstellung des Branntweins vom Brennereibesitzer zu entrichten. Die sofortige Einziehung ist zulässig, wenn der Zahlungspflichtige in Vermögensverfall gerät.

In gleicher Weise können nach näherer Bestimmung des Bundesrats auf Antrag vor dem Inkrafttreten dieses Gesetzes betriebsfähig hergerichtete Brennereien abgefunden werden, die in einem Betriebsjahre mehr als 10 Hektoliter, aber nicht mehr als 30 Hektoliter Alkohol erzeugen.

§ 16. Die Landesregierung kann gestatten, daß der in einer abgefundenen Brennerei erzeugte Branntwein unter Abstandnahme von der Erhebung der Verbrauchsabgabe unter amtliche Überwachung gestellt wird.

§ 17. In besonderen Fällen ist Abfindung mit der Maßgabe zulässig, daß die Mindestmenge des zur Abfertigung vorzuführenden Alkohols (§§ 97, 98) festgesetzt wird.

Amtliche Überwachung.

§ 18. Der Branntwein und seine Herstellung unterliegen zum Zwecke der Erhebung der Verbrauchsabgabe der amtlichen Überwachung.

§ 19. Unter amtlicher Überwachung stehender Branntwein darf mit Begleitschein versendet, in amtlich zu verschließende Lager aufgenommen und in amtlich überwachten Anstalten gereinigt werden. Der Bundesrat ordnet die Ausführung und bestimmt auch die Bedingungen und Überwachungsmaßnahmen, unter denen der Branntwein zum Zwecke der Ausfuhr weiter bearbeitet werden darf.

§ 20. Die amtliche Überwachung der Brennereien, Lager, der Reinigungsanstalten und sonstigen Gewerbsanstalten, in denen unter amtlicher Überwachung stehender Branntwein verarbeitet wird, erfolgt, unbeschadet der Vorschriften in den §§ 103 bis 105, gebührenfrei.

Für die Überwachung der Arbeiten in einem Branntweinlager unter amtlichem Mitverschlusse werden Gebühren nicht erhoben.

Vergällung des Branntweins.

§ 21. Die Vergällung (Denaturierung) des Branntweins erfolgt unter amtlicher Überwachung; sie ist entweder vollständig, d. h. eine solche, die an sich als genügend erachtet wird, den Branntwein zum Trinkgebrauch unverwendbar zu machen, oder unvollständig, d. h. eine solche, neben der weitere Maßnahmen zur Verhütung der mißbräuchlichen Verwendung des Branntweins zu treffen sind.

Übergangsabgabe.

§ 22. Von dem aus dem freien Verkehre derjenigen Teile des deutschen Zollgebiets, welche nicht zur Branntweinsteuergemeinschaft gehören, eingehenden Branntweine werden, soweit er nicht nachweislich verzollt worden ist, an Übergangsabgabe 1,50 Mark für das Liter Alkohol erhoben. Die Abgabe wird nicht gestundet.

Verwaltungskosten.

§ 23. Für die Erhebung und Verwaltung der Verbrauchsabgabe wird den Bundesstaaten nach näherer Bestimmung des Bundesrats eine Vergütung von 8 Hundertteilen der Gesamteinnahme gewährt.

Zweiter Abschnitt.

Kontingent.

Gesamtkontingent.

§ 24. Das im Brennereibetriebsjahre 1907/08 nach den Vorschriften des bisherigen Branntweinsteuergesetzes festgesetzte Gesamtkontingent bleibt bis zum 30. September 1918 in Geltung. Anderweit festgesetzt wird das Gesamtkontingent zuerst im Betriebsjahre 1917/18 und demnächst in jedem zehnten Jahre für die folgenden zehn Betriebsjahre (Kontingentsabschnitt) nach dem Durchschnitte der Branntweinmengen, die innerhalb der letzten drei Jahre in den verbrauchsabgabenpflichtigen Inlandsverbrauch übergegangen sind.

§ 25. Übersteigt in einem Betriebsjahre die Menge des unter Anrechnung auf das Kontingent hergestellten Branntweins die Menge des gegen Entrichtung der Verbrauchsabgabe in den Inlandsverbrauch gelangten Branntweins, so kann der Bundesrat das Gesamtkontingent für das folgende Betriebsjahr, erforderlichenfalls auch je für ein weiteres Betriebsjahr desselben Kontingentsabschnitts, auf die zuletzt bezeichnete Branntweinmenge herabsetzen.

§ 26. Von der nach §§ 24, 25 zum niedrigeren Abgabensatze zugelassenen Jahresmenge Branntwein (Gesamtkontingent) wird der Anteil, der im Königreiche Bayern, im Königreiche Württemberg, im Großherzogtume Baden und in den Hohenzollernschen Landen hergestellt werden darf, in der Weise ermittelt, daß jedem der bezeichneten Staaten und Landesteile auf den Kopf seiner Bevölkerung zwei Drittel derjenigen Litermenge Alkohol zugeteilt werden, welche sich auf den Kopf der Gesamtbevölkerung der Branntweinsteuergemeinschaft ergibt, wenn das Gesamtkontingent nach der Kopfzahl der letzteren verteilt wird. Bei den hiernach erforderlichen Berechnungen sind die bei der letzten Volkszählung ermittelten Bevölkerungsziffern zugrunde zu legen.

Die Festsetzung der Jahresmenge, die von der einzelnen Brennerei zu dem niedrigeren Abgabensatze hergestellt werden darf (Einzelkontingent), erfolgt durch die Landesbehörden.

Einzelkontingente.

1. Allgemeine Vorschriften.

§ 27. Landwirtschaftliche Brennereien und Obstbrennereien, die zum gewerblichen Betriebe (§ 13) übergehen, dürfen Branntwein zu dem niedrigeren

Abgabensatze nicht herstellen. Bei landwirtschaftlichen Brennereien, die zur Hefenerzeugung übergehen, tritt jedoch nur eine Kürzung des Kontingents (§§ 33, 39) ein.

§ 28. Landwirtschaftliche Brennereien und Obstbrennereien, die in einem Betriebsjahre nicht mehr als 10 Hektoliter Alkohol herstellen, werden zum Kontingente nicht veranlagt und dürfen ihr gesamtes Erzeugnis zum niedrigeren Abgabensatze herstellen.

2. Festsetzung der Einzelkontingente.

§ 29. Die im Betriebsjahre 1907/08 nach den Vorschriften des bisherigen Branntweinsteuergesetzes festgesetzten Kontingente bleiben, unbeschadet der Vorschriften in den §§ 25, 39, bis zum 30. September 1918 in Geltung. Für den folgenden Kontingentsabschnitt erfolgt die Neufestsetzung im Betriebsjahre 1917/18. Demnächst werden von zehn zu zehn Jahren für die einzelnen am Kontingente bereits beteiligten Brennereien und für die inzwischen entstandenen landwirtschaftlichen Brennereien (§ 10) und Obstbrennereien (§ 12), mit Ausnahme der Kleinbrennereien, die Jahresmengen Branntwein, die sie zu dem niedrigeren Abgabensatze herstellen dürfen, neu bemessen. Die Neufestsetzung erfolgt im Laufe des letzten Jahres des jeweiligen Kontingentsabschnitts für die folgenden zehn Betriebsjahre.

Regelmäßiges Verfahren.

§ 30. Für die am Kontingente bereits beteiligten Brennereien werden die von ihnen in den letzten zehn Betriebsjahren durchschnittlich zum niedrigeren Abgabensatze hergestellten Alkoholmengen in Rechnung gestellt.

§ 31. Bei Brennereien, die in einem oder mehreren der zehn Jahre ihre Kontingente überhaupt nicht oder nicht vollständig hergestellt haben, werden für diese Jahre gleichwohl die vollen, den Kontingenten entsprechenden Alkoholmengen als hergestellt angenommen, wenn wenigstens in zwei von den zehn Jahren die Kontingente vollständig hergestellt worden sind.

§ 32. Bei Obstbrennereien werden die ihren Kontingenten entsprechenden Alkoholmengen auch dann als hergestellt angenommen, wenn diese in den letzten zehn Betriebsjahren überhaupt nicht oder nicht vollständig hergestellt worden sind.

§ 33. Die für die einzelne Brennerei in Rechnung zu stellende Alkoholmenge wird,

1. wenn eine dickmaischende Getreidebrennerei während der letzten zehn Betriebsjahre zur Hefenerzeugung nach dem Wiener Verfahren übergegangen ist, um drei Siebentel, wenn sie zur Hefenerzeugung nach dem Würzeverfahren (Lüftungsverfahren) übergegangen ist, um zwei Drittel,

2. wenn eine Brennerei, die zuvor andere Stoffe als Getreide verarbeitet hat, in dieser Zeit zur Hefenerzeugung nach dem Wiener Verfahren übergegangen ist, um die Hälfte, wenn sie zur Hefenerzeugung nach dem Würzeverfahren übergegangen ist, um zwei Drittel, und wenn sie zur Getreideverarbeitung ohne Hefenerzeugung übergegangen ist, um ein Achtel,
3. wenn eine Brennerei in dieser Zeit von der Hefenerzeugung nach dem Wiener Verfahren zur Hefenerzeugung nach dem Würzeverfahren übergegangen ist, um die Hälfte

gekürzt. Hat der Übergang nur teilweise stattgefunden, so erfolgt Kürzung zu einem entsprechenden Teile. Bei Wiederholung eines Betriebswechsels derselben Art findet eine nochmalige Kürzung nur insoweit statt, als die Änderung der Betriebsart bei der früheren Kürzung noch nicht berücksichtigt ist.

Veranlagung zum Kontingente.

§ 34. Die Veranlagung zum Kontingente findet statt:

1. für die bis zum Beginne des letzten Jahres des jeweiligen Kontingentsabschnitts neu entstandenen und betriebsfähig hergerichteten landwirtschaftlichen Brennereien und Obstbrennereien;

2. für diejenigen am Kontingente bereits beteiligten landwirtschaftlichen Brennereien, deren wirtschaftliche Lage durch Verringerung oder Vergrößerung der regelmäßig beackerten oder sonst landwirtschaftlich genutzten Fläche während der letzten zehn Betriebsjahre eine wesentliche Veränderung erfahren hat;
3. für diejenigen landwirtschaftlichen Brennereien, welche als dickmaischende Getreidebrennereien am Kontingente beteiligt waren und im Laufe der letzten zehn Jahre dauernd zur Verarbeitung von Kartoffeln übergegangen sind;
4. für diejenigen landwirtschaftlichen Brennereien, bei deren früherer Veranlagung wesentliche Veränderungen der landwirtschaftlich genutzten Fläche unberücksichtigt geblieben sind;
5. auf Antrag des Brennereibesitzers für diejenigen landwirtschaftlichen Brennereien, deren Kontingent in einem besonders starken Mißverhältnisse zu ihrer landwirtschaftlich genutzten Fläche, zu dem wirtschaftlichen Bedürfnis und zu dem Kontingente wirtschaftlich gleichgestellter Brennereien, welche in demselben Verwaltungsbezirke gelegen sind, steht.

§ 35. Für die im § 34 bezeichneten Brennereien ist nach dem Umfang ihrer Betriebseinrichtungen, bei landwirtschaftlichen Brennereien unter Berücksichtigung der beackerten oder sonst landwirtschaftlich genutzten Fläche und der gesamten wirtschaftlichen Verhältnisse sowie des Betriebsumfanges anderer am Kontingente beteiligter Brennereien, nach Anhörung von zwei Sachverständigen aus den Kreisen der Besitzer landwirtschaftlicher Brennereien diejenige Alkoholmenge zu ermitteln, deren jährliche Herstellung als angemessen zu erachten ist. Von dieser Menge ist derjenige Teil in Rechnung zu stellen, welcher dem Verhältnis entspricht, das in den ohne Veranlagung am Kontingente zu beteiligenden Brennereien derselben Art zwischen ihrer Gesamterzeugung und der von ihnen zum niedrigeren Abgabensatze hergestellten Alkoholmenge während der letzten zehn Jahre durchschnittlich bestanden hat.

§ 36. Falls die auf Grund der §§ 30 bis 35 in Rechnung zu stellende Alkoholmenge 150 000 Liter übersteigt, wird sie um ein Zehntel, falls sie 100 000 Liter übersteigt, wird sie um ein Zwanzigstel, jedoch nicht unter den Betrag von 100 000 Liter herabgesetzt. Bei landwirtschaftlichen Genossenschaftsbrennereien, die als solche bereits am 1. April 1895 bestanden haben, wird die in Rechnung zu stellende Alkoholmenge, auch wenn sie 150 000 Liter übersteigt, nur um ein Zwanzigstel, jedoch nicht unter den Betrag von 100 000 Liter herabgesetzt.

§ 37. Die auf Grund der §§ 34, 35 in Rechnung zu stellende Alkoholmenge darf im Falle einer Neubeteiligung am Kontingent oder einer Kontingentserhöhung für eine landwirtschaftliche Brennerei 40 000 Liter, für eine Obstbrennerei 6 000 Liter nicht überschreiten.

§ 38. Die auf Grund der §§ 33 bis 37 neu zugeteilten Kontingente sind bei der nächsten Neubemessung auch für das letzte Jahr des vorangegangenen Kontingentsabschnitts in Rechnung zu stellen.

§ 39. Die im § 33 für den Fall der Neufestsetzung der Einzelkontingente vorgesehenen Kontingentsminderungen sind, unbeschadet der endgültigen Festsetzung der Kontingente am Schlusse jedes Abschnitts, nach den dort bezeichneten Grundsätzen schon am Schlusse jedes Betriebsjahrs vorzunehmen.

§ 40. Obstbrennereien, denen ein Kontingent überhaupt nicht oder nur in Höhe von 10 Hektoliter Alkohol zugewiesen ist, dürfen für jedes Jahr des Kontingentsabschnitts bis zu 10 Hektoliter Alkohol zum niedrigeren Abgabensatz in beliebigen Jahren dieses Abschnitts herstellen.

Obstbrennereien der im § 12 Abs. 1 angegebenen Art, die ein Kontingent von mehr als 10, aber nicht mehr als 50 Hektoliter Alkohol haben, dürfen diejenige Kontingentsmenge, welche sie in einem Betriebsjahre nicht abgebrannt haben, im nächsten oder nächstfolgenden Betriebsjahr innerhalb des Kontingentsabschnitts mitabbrennen. Ebenso dürfen Obstbrennereien dieser Art das Kontingent eines Jahres mit dem der folgenden zwei Jahre innerhalb desselben Kontingentsabschnitts, unbeschadet der Vorschrift im § 25, im voraus abbrennen.

Branntweinerzeugung auf einer fremden Brennvorrichtung.

§ 41. Wollen Besitzer von selbsterzeugtem Obste, Weine oder von selbstgewonnenen Trestern sowie von Beeren und Wurzeln diese Stoffe auf einer fremden Brennvorrichtung verarbeiten, weil sie eine eigene Brennvorrichtung nicht haben, so darf ihnen dazu nach näherer Bestimmung des Bundesrats gestattet werden, für jedes Jahr des Kontingentsabschnitts bis zu 50 Liter Alkohol zum niedrigeren Verbrauchsabgabensatz in beliebigen Jahren dieses Abschnitts herzustellen.

Dritter Abschnitt.

Betriebsauflage.

Höhe.

§ 42. Außer der Verbrauchsabgabe wird von der erzeugten Alkoholmenge eine Betriebsauflage erhoben und zwar für die Erzeugung:

	bis zu		50	Hektoliter	4,00	Mark
über	50	bis	100	"	4,50	"
"	100	"	150	"	5,00	"
"	150	"	200	"	5,50	"
"	200	"	300	"	6,00	"
"	300	"	400	"	6,50	"
"	400	"	600	"	7,00	"
"	600	"	800	"	7,50	"
"	800	"	1000	"	8,00	"
"	1000	"	1200	"	8,50	"
"	1200	"	1400	"	9,00	"
"	1400	"	1600	"	9,50	"
"	1600	"	1800	"	10,00	"
"	1800	"	2000	"	10,50	"
"	2000	"	2200	"	11,00	"
"	2200	"	2400	"	11,50	"
"	2400	"	2600	"	12,00	"
"	2600	"	2800	"	12,50	"
"	2800	"	3000	"	13,00	"
"	3000	Hektoliter		. . .	14,00	"

vom Hektoliter Alkohol.

§ 43. Die Betriebsauflage (§ 42) erhöht sich:

1. während der Monate, in denen eine Brennerei mit Hefenerzeugung betrieben wird, um 3 Mark,
2. bei landwirtschaftlichen Brennereien, die im Laufe des Betriebsjahrs Kartoffeln oder Mais verarbeiten, für den in der Zeit vom 16. Juni bis einschließlich 15. September

hergestellten Branntwein, unbeschadet der Vorschrift in Nr. 1, um 3 Mark,

3. bei gewerblichen Brennereien, unbeschadet der Vorschrift in Nr. 1, um 4 Mark

für das Hektoliter Alkohol;

4. bei solchen am Kontingente beteiligten Brennereien, die Rübenstoffe (Melasse, Rüben oder Rübensaft) oder Zellstoffe verarbeiten, sofern sie in einem Betriebsjahr eine Alkoholmenge herstellen, die das im Betriebsjahr 1894/95 innegehabte Kontingent um mehr als ein Fünftel übersteigt, unbeschadet der Vorschriften in Nr. 1 und 3, um 3 Mark für jedes weitere Hektoliter Alkohol;

5. bei den nach dem 30. Juni 1895 betriebsfähig hergerichteten und den neu entstehenden Brennereien, die Rüben- oder Zellstoffe verarbeiten, unbeschadet der Vorschriften in Nr. 1 und 3, um 5 Mark für das Hektoliter Alkohol.

§ 44. Vor dem 1. Oktober 1908 betriebsfähig hergerichtete Kleinbrennereien sind für eine Jahreserzeugung von nicht mehr als 10 Hektoliter, die im § 41 bezeichneten Brenner sind für eine Jahreserzeugung von nicht mehr als 50 Liter Alkohol, nach dem 30. September 1908 betriebsfähig hergerichtete Kleinbrennereien, die in einem Betriebsjahre nicht mehr als 30 Liter Alkohol erzeugen, sind für diese Jahreserzeugung von der Betriebsauflage befreit.

§ 45. Die in den §§ 42, 43 vorgesehene Betriebsauflage wird ermäßigt:

1. für die vor dem 1. Oktober 1908 betriebsfähig hergerichteten Brennereien mit einer Jahreserzeugung
   von mehr als 10, aber nicht mehr als 50 Hektoliter Alkohol auf ein Zehntel,
   von mehr als 50, aber nicht mehr als 100 Hektoliter Alkohol auf zwei Zehntel,
   von mehr als 100, aber nicht mehr als 200 Hektoliter Alkohol auf drei Zehntel,
   von mehr als 200, aber nicht mehr als 300 Hektoliter Alkohol auf acht Zehntel;
2. für die vor dem 1. Oktober 1908 betriebsfähig hergerichteten Brennereien, die ausschließlich Roggen, Weizen, Buchweizen, Hafer oder Gerste verarbeiten, bei einer Jahreserzeugung von mehr als 300, aber nicht mehr als 600 Hektoliter auf acht Zehntel;
3. für landwirtschaftliche Genossenschaftsbrennereien, die als solche bereits vor dem 1. April 1895 bestanden haben, für den Umfang des damaligen Betriebs auf acht Zehntel.

§ 46. Die im § 43 unter Nr. 2 vorgesehene Erhöhung findet auch statt, soweit der Betrieb vom 16. September bis einschließlich 15. Juni $8^1/_2$ Monate überschreitet.

§ 47. Die im § 43 unter Nr. 4 vorgeschriebene Erhöhung tritt auch bei solchen vor dem 1. Juli 1895 betriebsfähig hergerichteten Rübenstoff- und Zellstoff-Brennereien ein, die ein Kontingent nicht erhalten haben, soweit ihre Erzeugung der besonderen Brennsteuer nach § 43a Abs. 5 des bisher geltenden Branntweinsteuergesetzes unterlegen hat.

Geht eine dieser Brennereien zur Erzeugung von Hefe über, so wird von dem betreffenden Betriebsjahr ab die Alkoholmenge, welche der um 3 Mark erhöhten Betriebsauflage nicht unterliegt, um die Hälfte gekürzt.

Überbrand.

§ 48. Für den außerhalb des Durchschnittsbrandes (§§ 61 ff.) hergestellten Branntwein (Überbrand) erhöht sich die auf Grund der §§ 42, 43 und 45 bis 47 für die einzelne Brennerei berechnete Betriebsauflage um fünf Zehntel, jedoch

1. bei den gewerblichen Brennereien mindestens auf 22 Mark,
2. bei den übrigen Brennereien, mit Ausnahme derjenigen, welche ausschließlich Wein, Weinhefe, Weintrester, Zwetschen oder Kirschen verarbeiten, mindestens auf 18 Mark,

3. während der Monate, in denen eine Brennerei mit Hefenerzeugung betrieben wird, mindestens auf 25 Mark

für das Hektoliter Alkohol.

Wird der Durchschnittsbrand auf Grund des § 69 gekürzt, so erhöht sich die Betriebsauflage für den Überbrand für jedes Hundertteil, um das gekürzt wird, auf die Dauer der Kürzung um 1 Mark, jedoch im ganzen um nicht mehr als 6 Mark für das Hektoliter Alkohol.

§ 49. Kleinbrennereien und die im § 41 bezeichneten Brenner haben eine Betriebsauflage von 0,20 Mark für das Liter Alkohol zu entrichten, soweit sie Branntwein herstellen, der dem höheren Verbrauchsabgabensatz unterliegt.

Fälligkeit.

§ 50. Die Betriebsauflage ist zu entrichten, sobald die erzeugte Alkoholmenge in der Brennerei amtlich festgestellt (§§ 97, 98) oder die abgabenpflichtige Alkoholmenge berechnet ist (§ 15).

§ 51. Zur Entrichtung der Betriebsauflage ist der Brennereibesitzer verpflichtet. Eine Stundung findet nicht statt.

Verwaltung und Verwendung der Betriebsauflage.

§ 52. Die Einnahmen aus der Betriebsauflage sind für sich zu verwalten und nach Maßgabe der §§ 54 ff. zu verwenden.

§ 53. Für die Erhebung und Verwaltung der Betriebsauflage wird eine besondere Vergütung nicht gewährt.

Vergütung der Betriebsauflage.

§ 54. Aus den Einnahmen an Betriebsauflage und dem daraus angesammelten Geldbestande (§ 59) werden für vollständig vergällten, für den mit anderen Mitteln als Essig unvollständig vergällten und für ausgeführten Branntwein Vergütungen gezahlt.

§ 55. Der Vergütungssatz für vollständig vergällten Branntwein ist doppelt so hoch zu bemessen wie für den mit anderen Mitteln als Essig unvollständig vergällten Branntwein. Im Falle der Ausfuhr soll der Vergütungssatz den Satz für unvollständig vergällten Branntwein nicht übersteigen; sofern indessen im Ausland eine höhere Vergütung gewährt wird, kann er nach näherer Bestimmung des Bundesrats für die Dauer dieser Begünstigung entsprechend erhöht werden.

Die Vergütungssätze sind vom Bundesrate mindestens einmal im Jahre nachzuprüfen und gegebenenfalls dergestalt zu erhöhen oder zu ermäßigen, daß die Ausgaben nicht über die verfügbaren Geldmittel hinausgehen.

Für das Betriebsjahr 1909/10 werden die Vergütungssätze für vollständig vergällten Branntwein auf 18 Mark und für unvollständig vergällten Branntwein auf 9 Mark festgesetzt.

§ 56. Der Bundesrat wird ermächtigt, den Vergütungssatz für vollständig vergällten Branntwein zu gewähren:

1. für Branntwein, der zur Herstellung von Bleiweiß und essigsauren Salzen mit einem anderen Mittel als Essig unvollständig vergällt wird;
2. bei der Ausfuhr von Likör und aus Zwetschen oder Kirschen hergestelltem Branntwein in Flaschen bis zu einem Liter oder in Fässern bis zu 100 Liter Raumgehalt.

§ 57. Bei der Ausfuhr von Trinkbranntweinen aus dem freien Verkehre sowie von Erzeugnissen, zu deren Herstellung Branntwein, auch unvollständig vergällter Branntwein, verwendet worden ist, kann nach näherer Bestimmung des Bundesrats eine Vergütung aus der Betriebsauflage in gleicher Höhe wie bei der Ausfuhr von Branntwein gewährt werden.

§ 58. Für Branntwein, der unter amtlicher Überwachung durch Verdunstung oder sonst durch natürliche Einflüsse verloren geht, kann nach näherer Bestimmung des Bundesrats eine Vergütung in derselben Höhe wie für vollständig vergällten Branntwein gewährt werden.

§ 59. Aus den Einnahmen an Betriebsauflage kann ein Geldbestand angesammelt werden, der 40 Millionen Mark nicht überschreiten soll. Die näheren Bestimmungen trifft der Bundesrat.

§ 60. Die in den §§ 9, 18 und im siebenten Abschnitte hinsichtlich der Branntweinverbrauchsabgabe gegebenen Vorschriften sind auf die Betriebsauflage entsprechend anzuwenden.

Vierter Abschnitt.

Durchschnittsbrand.

1. Bestehende Brennereien. Regelmäßiges Verfahren.

§ 61. Für die vor dem 1. Oktober 1907 betriebsfähig hergerichteten gewerblichen Hefebrennereien wird die ihren Betriebsumfang darstellende Jahresmenge nach dem Durchschnitte der von ihnen in den Betriebsjahren 1902/03 bis 1906/07 erzeugten Alkoholmengen ermittelt und nach Minderung um 10 Hundertteile als Durchschnittsbrand festgesetzt.

Bei solchen am Kontingente beteiligten Brennereien, welche Rübenstoffe verarbeiten, und bei den vor dem 1. Juli 1895 betriebsfähig hergerichteten Brennereien dieser Art, die am Kontingente nicht beteiligt sind, wird der Durchschnittsbrand in Höhe derjenigen Menge abzüglich 10 Hundertteile festgesetzt, welche diese Brennereien bisher auf Grund der Vorschriften des § 43a Abs. 5 des bisher geltenden Branntweinsteuergesetzes als der besonderen Brennsteuer nicht unterliegend herstellen durften.

Für alle übrigen vor dem 1. Oktober 1907

betriebsfähig hergerichteten Brennereien, mit Ausnahme der Kleinbrennereien, wird die ihren Betriebsumfang darstellende Jahresmenge nach dem Durchschnitte der von ihnen in den Betriebsjahren 1897/98 bis 1906/07 erzeugten Alkoholmengen unter Weglassung der höchsten und der geringsten Jahresziffer, auf Antrag unter Weglassung der beiden höchsten und der beiden geringsten Jahresziffern, ermittelt und, soweit nicht in den §§ 62 ff. Ausnahmen vorgesehen sind, als Durchschnittsbrand festgesetzt.

Jahre, in denen ein Betrieb nicht stattgefunden hat, bleiben in den Fällen des Abs. 1 und 3 außer Ansatz.

§ 62. Für landwirtschaftliche Brennereien, die an den Betriebseinschränkungen der Mehrzahl der Brennereien in den Betriebsjahren 1902/03 und 1906/07 teilgenommen haben, werden bei Berechnung des Durchschnittsbrandes (§ 61) die erzeugten Alkoholmengen dieser beiden Jahre mit einer Erhöhung um je 10 Hundertteile in Ansatz gebracht.

Veranlagung.

§ 63. Für landwirtschaftliche, vor dem 1. Oktober 1907 betriebsfähig hergerichtete Brennereien,

1. deren wirtschaftliche Lage durch Verringerung oder Vergrößerung der regelmäßig beackerten oder sonst landwirtschaftlich ge-

nutzten Fläche während der Betriebsjahre 1897/98 bis 1906/07 eine wesentliche Veränderung erfahren hat, oder

2. die erst nach dem 30. September 1897 betriebsfähig hergerichtet worden sind,

ist die den Durchschnittsbrand darstellende Jahresmenge nach dem Umfang ihrer Betriebseinrichtungen unter Berücksichtigung der beackerten oder sonst landwirtschaftlich genutzten Fläche und der gesamten wirtschaftlichen Verhältnisse sowie des Betriebsumfanges anderer auf Grund der Vorschriften in den §§ 61, 62 am Durchschnittsbrande zu beteiligender Brennereien nach Anhörung von zwei Sachverständigen aus den Kreisen der Besitzer landwirtschaftlicher Brennereien zu ermitteln. Im Falle der Vergrößerung der Ackerfläche erfolgt die Veranlagung nur auf Antrag. Der Durchschnittsbrand soll die Jahresmenge nicht überschreiten, die durchschnittlich in den Jahren, in denen ein Betrieb stattgefunden hat, erzeugt worden ist.

Eine wesentliche Veränderung der wirtschaftlichen Lage der Brennerei ist nur in den Fällen anzunehmen, in denen eine solche bei der Veranlagung zum Kontingent in den Jahren 1902/03 oder 1907/08 berücksichtigt worden ist.

Die Grundsätze für die Veranlagung bestimmt der Bundesrat.

§ 64. Für Brennereien, denen auf Grund des bisher geltenden Branntweinsteuergesetzes ein Kontingent zugeteilt ist, wird der Durchschnittsbrand mindestens in Höhe dieses Kontingents festgesetzt.

Bei den nach dem 30. September 1902 betriebsfähig hergerichteten landwirtschaftlichen Brennereien soll der Durchschnittsbrand über 1400 Hektoliter Alkohol nicht hinausgehen.

§ 65. Für gewerbliche Brennereien, die ihren Betrieb erst nach dem 30. September 1905, aber vor dem 1. Oktober 1908 aufgenommen haben, wird der Durchschnittsbrand unter Berücksichtigung ihrer gewerblichen Anlagen und ihres Gewerbebetriebs sowie des für andere gewerbliche Brennereien festgesetzten Durchschnittsbrandes nach Anhörung von Sachverständigen aus den Kreisen der Besitzer gewerblicher Brennereien festgesetzt.

§ 66. Ergeben sich für einzelne Brennereien aus der Bemessung des Durchschnittsbrandes nach den Vorschriften in den §§ 61 bis 65 besondere Härten, so kann der Bundesrat zu ihrer Beseitigung eine Erhöhung des Durchschnittsbrandes vom 1. Oktober 1911 ab eintreten lassen. Der Gesamtbetrag der Erhöhungen darf 50000 Hektoliter Alkohol nicht übersteigen; auch dürfen nur Anträge berücksichtigt werden, die vor dem 1. Oktober 1910 bei der zuständigen Verwaltungsbehörde eingegangen sind.

§ 67. Der Bundesrat wird ermächtigt, für die nach dem 30. September 1907, aber vor dem Inkrafttreten dieses Gesetzes betriebsfähig hergerichteten Brennereien aus Gründen der Billigkeit einen Durchschnittsbrand festzusetzen. Gründe der Billigkeit sind in der Regel nicht als vorliegend zu erachten, wenn die Verträge über den Bau des Brennereigebäudes sowie über die Lieferung der erforderlichen Maschinen und Brenngeräte erst nach dem 31. März 1908 rechtsverbindlich abgeschlossen oder wenn das Brennereigebäude erst nach dem 30. September 1908 fertiggestellt oder die Maschinen und Brenngeräte erst nach diesem Tage geliefert worden sind.

§ 68. Der Durchschnittsbrand wird in den Fällen der §§ 61 bis 67 ohne zeitliche Begrenzung festgesetzt.

§ 69. Der Bundesrat kann unter Berücksichtigung der angesammelten Branntweinbestände und des Verbrauchs an Branntwein im Vorjahre festsetzen, um wieviel Hundertteile der Durchschnittsbrand der einzelnen Brennereien für die Dauer des Betriebsjahrs zu erhöhen oder unbeschadet des Kontingents zu kürzen ist.

2. Neu entstehende Brennereien.

§ 70. Nach dem 30. September 1907 betriebsfähig hergerichtete Brennereien haben, unbeschadet eines auf Grund der §§ 65, 67 für sie festgesetzten Durchschnittsbrandes, für allen außerhalb des

Kontingents (§§ 24 ff.) hergestellten Branntwein die Betriebsauflage für den Überbrand (§ 48) zu entrichten. Sofern indessen der gemäß §§ 61 bis 67 festgesetzte Durchschnittsbrand auf Grund des § 69 in den einzelnen Jahren über 100 Hundertteile hinaus erhöht wird, nehmen sie an der Erhöhung in demselben Verhältnisse teil, wie die älteren Brennereien.

Wechsel im Betriebe.

§ 71. Landwirtschaftliche Brennereien und Obstbrennereien, die zum gewerblichen Betrieb übergehen, verlieren ihren Durchschnittsbrand zur Hälfte.

Vergällungspflicht.

§ 72. Vollständig zu vergällen ist:

1. bei den Brennereien, die Hefe nach dem Würzeverfahren herstellen, derjenige Teil ihrer Erzeugung, welcher über 35 Hundertteile des Durchschnittsbrandes hinausgeht;
2. bei den übrigen Brennereien derjenige Teil der Erzeugung, welcher über 70 Hundertteile des Durchschnittsbrandes hinausgeht.

Bei den am Kontingente beteiligten Brennereien ist jedoch mindestens der Branntwein von der Vergällungspflicht freizulassen, der innerhalb des Kontingents erzeugt worden ist.

Bei den Brennereien, die ihr Erzeugnis ganz oder zum überwiegenden Teile zu gebrauchsfertigem Trinkbranntweine von nicht mehr als

50 Hundertteilen Alkoholgehalt verarbeiten und selbst vertreiben, ist auf Antrag an Stelle der nach Abs. 1 oder 2 freibleibenden Alkoholmengen der Branntwein von der Vergällungspflicht freizulassen, der einer Alkoholmenge gleichkommt, welche von diesen Brennereien selbst im Durchschnitte der Betriebsjahre 1903/04 bis 1907/08 nachweislich zu Trinkbranntwein weiter verarbeitet und vertrieben worden ist. Anträge dieser Art dürfen nur berücksichtigt werden, wenn sie vor dem 1. Juli 1910 gestellt worden sind.

Die Vergällungspflicht gilt in den Fällen des Abs. 1 Nr. 2 als erfüllt, wenn der vergällungspflichtige Branntwein ausgeführt oder wenn nachgewiesen wird, daß eine gleiche Menge Branntwein, die der Vergällungspflicht nicht unterlag, vollständig vergällt oder ausgeführt worden ist. Als Ausfuhr von Branntwein gilt nach näherer Bestimmung des Bundesrats auch die Ausfuhr von Erzeugnissen, zu deren Herstellung Branntwein verwendet worden ist.

Von der Vergällungspflicht befreit ist Branntwein

1. aus Brennereien mit einer Jahreserzeugung von nicht mehr als 100 Hektoliter Alkohol;
2. aus Obstbrennereien;
3. aus Brennereien, die ausschließlich Roggen, Weizen, Buchweizen, Hafer oder Gerste verarbeiten und nicht Hefe nach dem Würzeverfahren herstellen.

Die näheren Bestimmungen trifft der Bundesrat; er wird ermächtigt, die von der Vergällungspflicht befreite Branntweinmenge in den Fällen des Abs. 1 zu erhöhen oder herabzusetzen.

Fünfter Abschnitt.

Überwachung der Branntweinerzeugung.

Anzeige über die Brenn- und Wiengeräte.

§ 73. Die Anfertigung, der Erwerb und der Besitz von Brenn- oder Wiengeräten ist der Verwaltungsbehörde anzuzeigen, soweit dies nicht schon auf Grund der bisherigen Vorschriften geschehen ist.

Anmeldung der Brennerei.

§ 74. Wer eine Branntweinbrennerei errichten will, hat die Baupläne, bevor mit ihrer Ausführung begonnen wird, der Verwaltungsbehörde vorzulegen. Die Verwaltungsbehörde bestimmt bei Verschlußbrennereien insbesondere, welche baulichen Einrichtungen zur Sicherung der Verbrauchsabgabe nach Maßgabe der §§ 82 bis 88 getroffen werden sollen. Diese Vorschriften sind entsprechend anzuwenden, wenn der Umbau einer Brennerei beabsichtigt wird. Für Abfindungsbrennereien können Ausnahmen zugelassen werden.

§ 75. Spätestens vierzehn Tage vor der erstmaligen Eröffnung des Betriebs einer Brennerei hat der Brennereibesitzer, soweit dies nicht schon auf Grund der bisherigen Vorschriften geschehen ist, der Verwaltungsbehörde die Brennereiräume und die mit der Brennerei in Verbindung stehenden oder unmittelbar an sie angrenzenden Räume unter Einreichung eines Grundrisses sowie die Brennvorrichtungen, die Gefäße, in denen der Branntwein bis zu seiner Abnahme (§ 97) aufbewahrt wird, die Meßuhren, sowie die Maischbottiche unter Angabe ihrer Stellung und auf Verlangen der Verwaltungsbehörde auch den Einzelraumgehalt der Gefäße nach Litern schriftlich anzumelden.

Der Bundesrat wird ermächtigt, Erleichterungen zuzulassen und für Abfindungsbrennereien noch andere Geräte der Anmeldepflicht zu unterwerfen.

Vermessung und Bezeichnung der Brennereigeräte.

§ 76. Die angemeldeten Gefäße können amtlich vermessen und gestempelt werden; sie sind vom Brennereibesitzer nach näherer Anordnung der Verwaltungsbehörde mit einer Nummer und der Angabe des Raumgehalts zu versehen. Diese Bezeichnung ist gehörig zu erhalten und nötigenfalls zu erneuern.

Aufbewahrung der Brennereigeräte.

§ 77. Die angemeldeten Brennereigeräte sind in den Brennereiräumen an den im Grundrisse dafür angegebenen Plätzen aufzubewahren. Die Verwaltungsbehörde kann Ausnahmen zulassen.

Veränderungen im Gerätestande.

§ 78. Besitzer von Brennereien dürfen anmeldepflichtige Brennereigeräte, andere Personen dürfen Brenn- und Wiengeräte weder ganz noch teilweise aus den Händen geben, bevor sie der Verwaltungsbehörde den Empfänger angezeigt und eine Bescheinigung hierüber erhalten haben.

§ 79. Sollen angemeldete Brennereigeräte an einem anderen Platze aufgestellt oder geändert werden oder kommen anmeldepflichtige Brennereigeräte in Zugang, so hat der Brennereibesitzer dies der Verwaltungsbehörde anzuzeigen. Gleiche Anzeige ist erforderlich über jede Änderung in Ansehung der angemeldeten Räume.

Wechsel im Besitze der Brennerei.

§ 80. Jeder Wechsel im Besitz einer Brennerei ist der Verwaltungsbehörde binnen einer Woche vom neuen und in den Fällen freiwilliger Besitzübertragung auch vom bisherigen Besitzer anzuzeigen.

Außergebrauchsetzen von Geräten.

§ 81. Maischgeräte und Brennvorrichtungen dürfen für die Zeit, für die sie nicht zum Brennereibetrieb angemeldet sind, amtlich gegen Benutzung gesichert oder durch Anordnung der Verwaltungsbehörde außer Gebrauch gesetzt werden.

Sicherung gegen heimliche Entnahme von Branntwein.

§ 82. In den Brennereien sind nach näherer Anordnung der Verwaltungsbehörde mit den Brennvorrichtungen in fester Verbindung stehende Sammelgefäße aufzustellen, in die der gesamte gewonnene Branntwein geleitet wird, sowie alle sonstigen Einrichtungen zu treffen, welche die Verwaltungsbehörde zur Sicherung gegen heimliche Ableitung oder Entnahme von alkoholhaltigen Dämpfen oder Branntwein für erforderlich erachtet.

§ 83. Die Räume zur Aufstellung der Sammelgefäße müssen den Anforderungen der Verwaltungsbehörde entsprechen. Der Zugang muß mit Vorrichtungen zur Anlegung von amtlichen Kunstschlössern versehen sein.

§ 84. In Fällen, in denen geeignete Räume zur Aufstellung von Sammelgefäßen nicht oder nur mit unverhältnismäßig hohen Kosten eingerichtet werden können, sind auf Anordnung der Verwaltungsbehörde zuverlässige mit der Brennvorrichtung in fester Verbindung stehende Meßuhren statt der Sammelgefäße aufzustellen.

§ 85. Die Meßuhren sollen die Menge des aus der Brennvorrichtung fließenden Branntweins und des darin enthaltenen Alkohols fortlaufend anzeigen oder die Menge des Branntweins anzeigen und die spätere amtliche Ermittelung der

Stärke durch Zurückbehaltung von Proben ermöglichen.

§ 86. Die Verwaltungsbehörde kann die Aufstellung von Sammelgefäßen und zugleich von Meßuhren verlangen; sie kann die Mindestmenge des zur Abfertigung vorzuführenden Alkohols (§§ 97, 98) im voraus bindend festsetzen.

§ 87. Die Brennvorrichtungen, Sammelgefäße und Meßuhren sowie die sie verbindenden Rohrleitungen und die Sammelgefäßräume sind amtlich so zu sichern, daß alkoholhaltige Dämpfe oder Branntwein nicht heimlich abgeleitet oder entnommen werden können.

§ 88. Der Bundesrat wird ermächtigt, für Brennereien, die bis zum Inkrafttreten dieses Gesetzes der Abfindung unterlegen haben, sowie für neu entstehende Obstbrennereien Anordnungen zu treffen, die von den Vorschriften der §§ 82 bis 87 abweichen.

§ 89. Die Verwaltungsbehörde kann den Betrieb einer Brennerei untersagen, solange die nach §§ 82 bis 88 erforderlichen amtlichen Sicherungen nicht getroffen und die amtlichen Anordnungen in dieser Hinsicht nicht befolgt sind.

§ 90. Der Brennereibesitzer ist verpflichtet, die Brennerei auf seine Kosten den §§ 82 bis 88 entsprechend herzurichten und in einem diesen Vorschriften entsprechenden Zustande zu erhalten.

Kosten der Anschaffung von Sammelgefäßen.

§ 91. Für die vor dem 1. Oktober 1908 entstandenen Brennereien, die bis zum Inkrafttreten dieses Gesetzes der Abfindung unterlegen haben, sowie in den Fällen des § 86 werden die Kosten der erstmaligen Anschaffung von Sammelgefäßen, Meßuhren, Überrohren und Kunstschlössern aus der Reichskasse erstattet.

§ 92. Der Bundesrat wird ermächtigt, in den Fällen des § 91 aus Gründen der Billigkeit auch die Kosten der auf Verlangen der Verwaltungsbehörde ausgeführten baulichen Änderungen bis zur Hälfte auf die Reichskasse zu übernehmen, sofern die Änderungen innerhalb zweier Jahre nach dem Inkrafttreten dieses Gesetzes ausgeführt werden.

Maischbottiche und Nebengeräte.

§ 93. In den Verschlußbrennereien unterliegt die Einrichtung der Maischbottiche keinen Beschränkungen, auch dürfen außer den Maischbottichen andere Geräte zur Bereitung und Aufbewahrung von Maische ohne Beschränkung auf eine bestimmte Zahl, Größe oder Beschaffenheit und ohne besondere Erlaubnis benutzt werden.

Betriebsanmeldung.

§ 94. Die Eröffnung des Betriebs einer Brennerei ist der Hebestelle im voraus anzumelden. Die Anmeldung ist von der Hebestelle zu prüfen und, wenn dabei sich nichts zu erinnern findet, zu genehmigen.

Soll der Betrieb geändert, nach Ablauf des angemeldeten Zeitraums fortgesetzt oder nach einer Pause wieder aufgenommen werden, so ist eine neue Betriebsanmeldung in gleicher Weise einzureichen.

Die näheren Bestimmungen über Form, Inhalt, Aufbewahrung und Befolgung der Betriebsanmeldung sowie über die Einmaischungs-, Gär- und Brennfristen (Abtriebszeiten) trifft der Bundesrat, indessen sollen in Verschlußbrennereien die Behandlung der Maische in den Bottichen und Maischbehältern sowie die Gärfristen keinen Beschränkungen unterliegen.

Betriebsunterbrechung; Verschluß- und Geräteverletzung.

§ 95. Wird der Brennereibetrieb unterbrochen oder ein amtlicher Verschluß oder einer derjenigen Teile der Brennereigeräte einschließlich der Sammelgefäße und der Meßuhr verletzt, aus denen alkoholhaltige Dämpfe oder Branntwein heimlich abgeleitet oder entnommen werden können, oder tritt eine Störung im Gange der Meßuhr ein, so hat der Brennereibesitzer dies alsbald der Verwaltungsbehörde anzuzeigen.

§ 96. Ist durch die Verletzung ein Zugang zu dem Alkohol ermöglicht oder die regelmäßige

Tätigkeit der Meßuhr beeinflußt worden, so hat die Verwaltungsbehörde die erforderlichen Maßnahmen zu treffen; äußerstenfalls kann sie anordnen, daß der Brennereibetrieb vorübergehend eingestellt wird. Das Gleiche gilt bei jeder anderen in der regelmäßigen Tätigkeit der Meßuhr eintretenden Störung.

Branntweinabnahme.

§ 97. Soweit nicht im § 15 Ausnahmen vorgesehen sind, ist die Alkoholmenge des erzeugten Branntweins in der Brennerei amtlich festzustellen und der Branntwein abzufertigen (Branntweinabnahme). Der Branntwein bleibt unter amtlicher Überwachung, bis er abgabenfrei gelassen (§ 3) oder bis die Verbrauchsabgabe gezahlt oder gestundet ist.

§ 98. Bleibt in den Fällen, in denen eine Meßuhr benutzt wird oder die Mindestmenge des zur Abfertigung vorzuführenden Alkohols festgesetzt worden ist, die bei der Branntweinabnahme vorgefundene Alkoholmenge hinter der Anzeige der Meßuhr oder hinter der auf Grund dieser Anzeige festgestellten Alkoholmenge oder hinter der festgesetzten Mindestmenge zurück und ist eine Entnahme von Branntwein ausgeschlossen, so bleibt die Fehlmenge abgabenfrei.

Amtliche Aufsicht.

§ 99. Die Beamten sind befugt, eine Brennerei, sobald sie zum Betrieb angemeldet ist, zu jeder Zeit, sonst von Morgens 6 bis Abends 9 Uhr zu besuchen. Die Brennerei muß ihnen zu diesem Zwecke sogleich geöffnet werden. Die Zeitbeschränkung fällt weg, wenn Gefahr besteht. Die Befugnis erstreckt sich auf alle angemeldeten sowie auf diejenigen Räume, in welchen Brennereigeräte oder Teile von außer Gebrauch gesetzten Brennereigeräten oder zum Brennereibetriebe bestimmte nichtmehlige Stoffe aufbewahrt werden.

§ 100. Solange in der Brennerei gearbeitet wird oder jemand sich darin befindet, müssen die Zugänge zu ihr sowie zum Brennereigrundstück unverschlossen und unbehindert sein. Die Verwaltungsbehörde kann Ausnahmen zulassen.

§ 101. Innerhalb der der amtlichen Aufsicht unterliegenden Räume dürfen keine Maßnahmen getroffen werden, welche die Ausübung der Aufsicht hindern oder erschweren.

§ 102. Der Brennereibesitzer hat den Beamten jede für die amtliche Aufsicht oder zu statistischen Zwecken erforderliche Auskunft über den Betrieb zu erteilen und für die zum Zwecke der Aufsicht und Abfertigung stattfindenden Amtshandlungen die nötigen Vorkehrungen zu treffen, die Gerätschaften zu stellen und die erforderlichen Hilfsdienste zu leisten.

Den Oberbeamten sind die Bücher und Schriftstücke über die Herstellung des Branntweins und bei landwirtschaftlichen Brennereien über den Wirtschaftsbetrieb auf Erfordern zur Einsicht vorzulegen.

§ 103. Ist der Brennereibesitzer wegen Hinterziehung bestraft worden, so kann die Brennerei besonderen Aufsichtsmaßnahmen unterworfen werden.

Die Kosten fallen dem Brennereibesitzer zur Last; die Einziehung erfolgt gegebenenfalls nach den Vorschriften über das Verfahren für die Beitreibung der Zölle und mit dem Vorzugsrechte der letzteren.

Betriebsleiter.

§ 104. Brennereibesitzer, die den Betrieb nicht selbst leiten, haben der Verwaltungsbehörde diejenigen Personen zu bezeichnen, die als Betriebsleiter in ihrem Namen zu handeln befugt sind.

Die im § 102 und § 103 Abs. 1 für den Brennereibesitzer gegebenen Vorschriften gelten auch für den Betriebsleiter.

Reinigungsanstalten und Lager.

§ 105. Die Vorschriften in den §§ 99 bis 104 sind auf die amtliche Überwachung der Branntweinreinigungsanstalten und Branntweinlager unter amtlichem Mitverschlusse sinngemäß anzuwenden.

Sechster Abschnitt.

Besondere Vorschriften.

Einfuhr aus dem Auslande.

§ 106. Der Eingangszoll für den Doppelzentner beträgt vom 10. Juli 1909 ab:

für Branntwein aller Art einschließlich des Weingeistes, für Arrak, Rum, Kognak und versetzte Branntweine sowie für Mischungen von Weingeist mit Äther und Lösungen von Äther in Weingeist

1. in Fässern
   a) Likör . . . . . 350 Mark,
   b) anderen Branntwein . 275 „
2. in anderen Behältnissen . . 350 „ ;

für Äther aller Art, einfache und zusammengesetzte, auch Kognaköl (Weinbeeröl)

1. in Fässern . . . . 275 Mark,
2. in anderen Behältnissen . . 350 „ ;

für äther- oder weingeisthaltige Riechmittel (Parfümerien) und Schönheitsmittel (kosmetische Mittel, zum Beispiel Haarfärbemittel sowie Haut- und andere Verschönerungsmittel); für äther- oder weingeisthaltige Kopf-, Mund- und Zahnwässer; für wohlriechende oder zur Verbreitung von Wohlgeruch dienende äther- oder weingeisthaltige Auszüge (Essenzen, Extrakte, Tinkturen) und Wässer; für wohlriechenden Essig . . . . 400 Mark;

für Essigsäure, auch kristallisiert (Eisessig), und Essigsäureanhydrid bei einem Gewichte der unmittelbaren Umschließung nebst Inhalt

von mindestens 20 Kilogramm 42 Mark,

von weniger als 20 Kilogramm 78 „ .

Der Bundesrat wird ermächtigt, die im Abs. 1 vorgesehenen Zollsätze

für Branntwein usw.

1. in Fässern

a) Likör von 350 bis auf 300 Mark,

b) anderen Branntwein von 275 bis auf 225 Mark,

2. in anderen Behältnissen von 350 bis auf 300 Mark,

für Äther usw. auch Kognaköl

1. in Fässern von 275 bis auf 225 Mark,

2. in anderen Behältnissen von 350 bis auf 300 Mark,

für äther- oder weingeisthaltige Riech- und Schönheitsmittel, Kopf-, Mund- und Zahnwässer, wohlriechende usw. Auszüge und Wässer, wohlriechenden Essig von 400 bis auf 350 Mark

vom 10. Juli 1909 ab herabzusetzen.

Branntweinhandel.

§ 107. Die Verwendung von Branntweinschärfen ist untersagt. Die Bestimmungen, die hierüber vom Bundesrate getroffen werden, sind dem Reichstage mitzuteilen.

Unter der Bezeichnung Kornbranntwein darf nur Branntwein feilgehalten werden, der ausschließlich aus Roggen, Weizen, Buchweizen, Hafer oder Gerste hergestellt ist.

§ 108. Der Bundesrat wird ermächtigt:

1. den Kleinhandel mit vergälltem Branntwein abweichend von den Vorschriften des § 33 der Gewerbeordnung zu regeln;
2. zu bestimmen, daß beim Kleinhandel mit vergälltem Branntweine die Alkoholstärke durch Aushang in der Verkaufsstelle ersichtlich gemacht wird.

§ 109. Vollständig vergällter Branntwein darf im Kleinhandel nur in Behältnissen von 50, 20, 10, 5 und einem Liter Raumgehalte feilgehalten werden, die verschlossen und mit einer Angabe des Alkoholgehalts versehen sind.

Essigsäureverbrauchsabgabe.

§ 110. Essigsäure, die im Inland aus Holzessig oder essigsauren Salzen gewonnen ist, unterliegt einer in die Reichskasse fließenden Verbrauchsabgabe, die 0,30 Mark für das Kilogramm wasserfreier Säure beträgt. Die Verbrauchsabgabe ist durch Abfertigung festzustellen und vom Hersteller zu entrichten, sobald die Essigsäure die Erzeugungsstätte verläßt.

Der Hersteller darf Essigsäure nur an den dazu angemeldeten Stätten lagern, behandeln und verpacken.

Von der Verbrauchsabgabe befreit bleibt nach näherer Bestimmung des Bundesrats Essigsäure, die ausgeführt oder zu gewerblichen Zwecken verwendet wird. Gewerbtreibende, die Essigsäure ausschließlich zu gewerblichen Zwecken oder für die Ausfuhr herstellen, sind nur insoweit einer amtlichen Überwachung zu unterwerfen, als diese notwendig ist, um sicherzustellen, daß Essigsäure nicht zu Genußzwecken verwendet wird.

Die §§ 7 Abs. 1, 8, 9, 18, 20, 22, 23, 94, 99 bis 104, 145, 148, 155 sind nach näherer Bestimmung des Bundesrats sinngemäß anzuwenden, und zwar die §§ 22, 145 mit der Maßgabe, daß die Übergangsabgabe und die Nachsteuer je 0,30 Mark für das Kilogramm wasserfreier Essigsäure betragen und daß Essigsäure in Mengen von nicht mehr als 10 Kilogramm wasserfreier Säure im Besitze von Gewerbtreibenden und Haushaltungsvorständen sowie Essigsäure zu gewerblichen Zwecken von der Nachsteuer befreit bleibt.

Siebenter Abschnitt.

Strafvorschriften.

A. Branntweinverbrauchsabgabe.

Hinterziehung.

§ 111. Wer es unternimmt, dem Reiche die

Branntweinverbrauchsabgabe vorzuenthalten, macht sich der Hinterziehung schuldig.

§ 112. Der Tatbestand des § 111 wird insbesondere dann als vorliegend angenommen:

1. wenn ohne die vorgeschriebene, von der Hebestelle genehmigte Betriebsanmeldung oder an anderen Tagen, in anderen Räumen oder unter Benutzung von anderen Brennvorrichtungen als den in der genehmigten Betriebsanmeldung angegebenen, Branntwein hergestellt wird;
2. wenn für Abfindungsbrennereien (§§ 15 bis 17) vorgeschriebene Brennbücher nicht oder unrichtig geführt werden;
3. wenn alkoholhaltige Dämpfe oder Branntwein unbefugt abgeleitet oder entnommen werden;
4. wenn über den unter amtlicher Überwachung stehenden Branntwein unbefugt verfügt wird.

§ 113. Der Hinterziehung wird es gleichgeachtet:

1. wenn in einer abgefundenen Brennerei ohne die vorgeschriebene, von der Hebestelle genehmigte Betriebsanmeldung oder an anderen Tagen, in anderen Räumen oder unter Benutzung von anderen Geräten als den in der genehmigten Betriebsanmeldung angegebenen, oder unter Verwendung nicht an-

gemeldeter Stoffe eine Einmaischung vorgenommen oder Maische zubereitet oder aufbewahrt wird;

2. wenn Brennvorrichtungen, die durch amtliche Sicherungen oder durch Anordnungen der Verwaltungsbehörde außer Gebrauch gesetzt worden sind, unbefugt in Betrieb genommen werden;

3. wenn ein auf Grund der §§ 82 bis 88 oder der dazu erlassenen Verwaltungsbestimmungen angelegter amtlicher Verschluß oder einer derjenigen Teile der Brennereigeräte einschließlich der Branntweinsammelgefäße und der Meßuhr, aus denen alkoholhaltige Dämpfe oder Branntwein abgeleitet oder entnommen werden können, unbefugt verletzt wird;

4. wenn in einer Brennerei, in der eine Meßuhr aufgestellt ist, Handlungen vorgenommen werden, die ihre regelmäßige Tätigkeit zu stören geeignet sind, oder eine Meßuhr, die unrichtig zeigt, fortbenutzt wird;

5. wenn jemand Branntwein, von dem er weiß oder den Umständen nach annehmen muß, daß in Beziehung auf ihn eine Hinterziehung verübt worden ist, erwirbt oder in Verkehr bringt.

§ 114. Wird in den Fällen der §§ 112, 113 festgestellt, daß eine Vorenthaltung der Abgabe nicht stattgefunden hat oder nicht beabsichtigt worden ist, so tritt nur eine Ordnungsstrafe nach § 130 ein.

Strafmaß.

§ 115. Wer eine Hinterziehung begeht, wird mit einer Geldstrafe in Höhe des vierfachen Betrags der Abgabe, mindestens aber in Höhe von zehn Mark für jeden einzelnen Fall bestraft. Außerdem ist die Abgabe nachzuzahlen.

§ 116. Die Strafe wird, wenn eine Brennvorrichtung unbefugt in Betrieb genommen worden ist, nach der Alkoholmenge berechnet, die bei unausgesetztem Betriebe während der dem Zeitpunkte der Entdeckung vorhergegangenen drei Monate damit gewonnen werden konnte, sofern nicht nachgewiesen wird, daß die Brennvorrichtung in einem größeren oder einem geringeren Umfange benutzt worden ist.

§ 117. Sind alkoholhaltige Dämpfe oder Branntwein unbefugt abgeleitet oder entnommen oder ist die Meßuhr absichtlich gestört worden, so werden die Verbrauchsabgabe und die Strafe in der Art berechnet, daß für die dem Zeitpunkte der Entdeckung vorhergehenden drei Monate der ununterbrochene Bestand der Ableitung, Entnahme oder Störung angenommen wird, sofern nicht eine andere Dauer oder eine größere Hinterziehung nachgewiesen wird.

Neben der Geldstrafe ist gegen den Täter und

den Teilnehmer zusätzlich auf eine Gefängnisstrafe bis zu einem Jahre zu erkennen.

§ 118. Soweit der Betrag der vorenthaltenen Abgabe nicht festgestellt werden kann, tritt eine Geldstrafe bis zu zwanzigtausend Mark ein.

§ 119. Liegt eine Übertretung vor, so werden die Beihilfe und die Begünstigung mit Geldstrafe bis zu hundertfünfzig Mark bestraft.

Strafverschärfung beim Rückfalle.

§ 120. Im Falle der Wiederholung der Hinterziehung nach vorausgegangener Bestrafung werden die in den §§ 115 bis 118 angedrohten Strafen verdoppelt.

Jeder fernere Rückfall zieht Gefängnis bis zu zwei Jahren nach sich, doch kann, unbeschadet der Vorschrift des § 117, nach richterlichem Ermessen mit Berücksichtigung aller Umstände und der vorangegangenen Fälle auf Haft oder auf Geldstrafe nicht unter dem Doppelten der für den ersten Rückfall vorgesehenen Geldstrafe erkannt werden.

Die Rückfallstrafe tritt ein, auch wenn die frühere Strafe nur teilweise verbüßt oder ganz oder teilweise erlassen ist, sie bleibt dagegen ausgeschlossen, wenn seit der Verbüßung oder dem Erlasse der früheren Strafe bis zur Begehung der neuen Straftat drei Jahre verflossen sind.

Strafe der Erwirkung einer Vergünstigung.

§ 121. Die Vorschriften über die Hinterziehung sind auf die Erwirkung einer Steuerbefreiung,

Steuervergütung oder Steuervergünstigung sinngemäß anzuwenden, sofern die Befreiung, Vergütung oder Vergünstigung überhaupt nicht oder nur in geringerem Betrage zu beanspruchen war. Der zu Ungebühr empfangene Betrag ist zurückzuzahlen.

Strafen für Brennereibesitzer und Brennereileiter.

§ 122. Der Besitzer einer Brennerei, in der alkoholhaltige Dämpfe oder Branntwein unbefugt abgeleitet oder entnommen werden oder die Meßuhr absichtlich gestört ist, wird als solcher mit Geldstrafe von fünfzig bis zu fünfhundert Mark bestraft.

§ 123. Werden in einer Brennerei aus besonderen Anlagen bestehende heimliche Vorrichtungen getroffen, um alkoholhaltige Dämpfe oder Branntwein abzuleiten oder zu entnehmen oder die Meßuhr zu stören, so verfällt der Brennereibesitzer als solcher in eine Geldstrafe von fünfhundert bis zu fünftausend Mark.

§ 124. Wird in einer Brennerei ein amtlicher Verschluß oder einer derjenigen Teile der Brennereigeräte (§ 113 Nr. 3), aus denen alkoholhaltige Dämpfe oder Branntwein abgeleitet oder entnommen werden können, unbefugt verletzt, so trifft den Brennereibesitzer als solchen eine Geldstrafe von fünfundzwanzig bis zu zweihundertfünfzig Mark.

§ 125. Brennereibesitzer, die den Betrieb nicht nicht selbst leiten, können die Übertragung der ihnen gemäß §§ 122 bis 124 obliegenden strafrechtlichen Verantwortlichkeit auf den Betriebsleiter (§ 104) bei der Verwaltungsbehörde beantragen. Falls der Antrag genehmigt wird, geht die strafrechtliche Verantwortlichkeit, unbeschadet der im § 131 vorgesehenen Vertretungsverbindlichkeit des Brennereibesitzers, auf den Betriebsleiter über. Die Genehmigung ist jederzeit widerruflich.

§ 126. Die Strafe in den Fällen der §§ 122 bis 124 tritt nur dann ein, wenn festgestellt ist, daß die Zuwiderhandlung mit Willen oder Wissen des Brennereibesitzers, in den Fällen des § 125 nur dann, wenn festgestellt ist, daß die Zuwiderhandlung mit Willen oder Wissen des Betriebsleiters verübt worden ist.

§ 127. Werden Brennereibesitzer wegen einer Hinterziehung verurteilt, die durch unangemeldete Branntweinbereitung, durch unbefugte Ableitung oder Entnahme von alkoholhaltigen Dämpfen oder Branntwein (§ 112 Nr. 1, 3) oder durch absichtliche Störung der Meßuhr begangen ist, so kann ihnen nach Rechtskraft der Entscheidung von der obersten Landesfinanzbehörde untersagt werden, das Brennereigewerbe jemals selbst wieder auszuüben oder durch andere zu ihrem Vorteil ausüben zu lassen.

Strafe der unterlassenen Anmeldung der Brenn- oder Wiengeräte.

§ 128. Wer Brenn- oder Wiengeräte anfertigt, erwirbt oder an andere Personen überläßt, ohne der Verwaltungsbehörde die vorgeschriebene Anzeige gemacht zu haben, wird mit einer Geldstrafe von zehn bis zu dreitausend Mark bestraft.

Strafe der Zuwiderhandlungen gegen die Bestimmungen über den Branntweinhandel.

§ 129. Wer den Vorschriften des § 107 oder den vom Bundesrate dazu erlassenen Bestimmungen zuwiderhandelt, wird von der zuständigen Polizeibehörde mit einer Geldstrafe von zehn bis zu zehntausend Mark bestraft.

Ordnungsstrafen.

§ 130. Zuwiderhandlungen gegen die Vorschriften dieses Gesetzes sowie die dazu erlassenen und öffentlich oder den Beteiligten bekanntgemachten Verwaltungsbestimmungen werden, sofern sie nicht nach §§ 115 ff. mit einer besonderen Strafe bedroht sind, mit einer Ordnungsstrafe von einer bis zu dreihundert Mark geahndet.

Haftung für andere Personen.

§ 131. Inhaber der nach Maßgabe dieses Gesetzes unter amtlicher Überwachung stehenden Betriebe und Lagereinrichtungen (§§ 18 bis 20) haften für die von ihren Verwaltern, Geschäftsführern, Gehilfen und sonstigen in ihrem Dienste oder

Lohne stehenden Personen sowie von ihren Familien- oder Haushaltungsmitgliedern verwirkten Geldstrafen und Kosten des Strafverfahrens, sowie für die nachzuzahlende Verbrauchsabgabe im Falle des Unvermögens der eigentlich Schuldigen, wenn nachgewiesen wird:

1. daß die Zuwiderhandlung mit ihrem Willen oder Wissen verübt ist, oder
2. daß sie bei Auswahl und Anstellung der Verwalter, Geschäftsführer, Gehilfen und sonstigen in ihrem Dienste oder Lohne stehenden Personen oder bei Beaufsichtigung dieser sowie der bezeichneten Hausgenossen nicht mit der Sorgfalt eines ordentlichen Geschäftsmanns zu Werke gegangen sind.

Wird weder das eine noch das andere nachgewiesen, so haften sie für die Verbrauchsabgabe, auch soweit sie nicht ohnehin zu deren Entrichtung verpflichtet sind.

§ 132. Als Verletzung der Sorgfalt eines ordentlichen Geschäftsmanns (§ 131 Nr. 2) gilt insbesondere die Anstellung oder Beibehaltung eines wegen Branntweinsteuerdefraudation im Sinne des bisher geltenden Branntweinsteuergesetzes oder wegen Hinterziehung bereits bestraften Verwalters, Geschäftsführers oder Gewerbegehilfen, falls nicht die oberste Landesfinanzbehörde die Anstellung oder Beibehaltung genehmigt hat.

§ 133. Läßt sich die Geldstrafe von dem Schuldigen nicht beitreiben, so kann die Verwaltungsbehörde davon absehen, den für die Geldstrafe Haftenden in Anspruch zu nehmen, und die an die Stelle der Geldstrafe tretende Freiheitsstrafe an dem Schuldigen vollstrecken lassen.

Zwangsmaßregeln.

§ 134. Neben der Festsetzung von Ordnungsstrafen kann die Verwaltungsbehörde die Beobachtung der auf Grund dieses Gesetzes getroffenen Anordnungen durch Androhung und Einziehung von Geldstrafen bis zu fünfhundert Mark erzwingen, auch, wenn eine vorgeschriebene Einrichtung nicht getroffen wird, diese auf Kosten der Pflichtigen herstellen lassen. Die Einziehung der hierdurch erwachsenen Auslagen und der Geldstrafen erfolgt nach den Vorschriften über das Verfahren für die Beitreibung der Zölle und mit dem Vorzugsrechte der letzteren.

Umwandelung der Geldstrafe in Freiheitsstrafe.

§ 135. Bei der Umwandelung der nicht beizutreibenden Geldstrafen in Freiheitsstrafen darf die Freiheitsstrafe bei einer Hinterziehung im ersten Falle sechs Monate, im ersten Rückfall ein Jahr und im ferneren Rückfalle zwei Jahre, bei einer mit Ordnungsstrafe bedrohten Zuwiderhandlung sowie in den Fällen des § 134 drei Monate nicht überschreiten. Im Falle des § 118 bleibt ein Fünftel der Geldstrafe bei der Umwandelung außer Betracht.

Strafverjährung.

§ 136. Die Strafverfolgung von Hinterziehungen verjährt in drei Jahren, von den mit Ordnungsstrafe belegten Zuwiderhandlungen in einem Jahre.

Die Strafverfolgung auf Grund der Vorschriften der §§ 122 bis 126 verjährt zugleich mit dem Eintritte der Verjährung gegen den eigentlichen Täter.

§ 137. Die Geldstrafen fallen dem Staate zu, von dessen Behörden die Strafentscheidung erlassen worden ist.

Strafverfahren.

§ 138. In Ansehung des Verwaltungsstrafverfahrens, der Strafmilderung und des Erlasses der Strafe im Gnadenwege sowie in Ansehung der Strafvollstreckung kommen, abgesehen von den Fällen des § 129, die Vorschriften zur Anwendung, nach denen sich das Verfahren wegen Zuwiderhandlungen gegen die Zollgesetze bestimmt.

§ 139. Im Falle des § 118 ist von dem Betrage der Geldstrafe der fünfte Teil an Stelle des nicht festgestellten Abgabenbetrags an die Reichskasse abzuführen.

§ 140. Ein im Strafverfahren eingegangener Geldbetrag ist zunächst auf die Verbrauchsabgabe und sodann auf die Betriebsauflage zu verrechnen.

B. Essigsäureverbrauchsabgabe.

§ 141. Wer es unternimmt, dem Reiche die Essigsäureverbrauchsabgabe (§ 110 Abs. 1) vorzuenthalten, macht sich der Hinterziehung schuldig.

§ 142. Der Hinterziehung wird es gleichgeachtet, wenn jemand Essigsäure, von der er weiß oder den Umständen nach annehmen muß, daß in Beziehung auf sie eine Hinterziehung verübt worden ist, erwirbt oder in Verkehr bringt.

§ 143. Wird in den Fällen des § 142 festgestellt, daß eine Vorenthaltung der Abgabe nicht stattgefunden hat oder nicht beabsichtigt worden ist, so tritt nur eine Ordnungsstrafe nach § 130 ein.

Im übrigen finden die Vorschriften in den §§ 115, 118—121, 131, 133—140 Anwendung.

Achter Abschnitt.

Übergangsvorschriften.

Nachsteuer.

§ 144. Branntwein, der sich am 1. Oktober 1909 unter Steuerkontrolle befindet, unterliegt, soweit er nicht auf Grund des § 3 abgabenfrei gelassen wird, außer den nach dem bisher geltenden Branntweinsteuergesetz auf ihm ruhenden Abgaben einer Nachsteuer von 0,35 Mark für das Liter Alkohol. Die Nachsteuer ist zu entrichten, sobald der Branntwein in den freien Verkehr tritt.

Hat abgabenfrei abgelassener Branntwein der

Maischbottichsteuer unterlegen, so wird diese mit 0,16 Mark für das Liter Alkohol vergütet.

§ 145. Branntweine aller Art und Branntweinfabrikate unterliegen, sofern sie sich beim Inkrafttreten dieses Gesetzes im freien Verkehre befinden und nicht nachweislich zu den im § 106 angegebenen Sätzen verzollt worden sind, nach näherer Bestimmung des Bundesrats einer Nachsteuer von 0,35 Mark für das Liter Alkohol.

§ 146. Von der Nachsteuer befreit ist Branntwein des freien Verkehrs im Besitze von Gewerbtreibenden, die die Erlaubnis zum Ausschänken von Branntwein oder zum Kleinhandel mit Trinkbranntwein haben, in Mengen von nicht mehr als 20 Liter, im Besitze von anderen Haushaltungsvorständen in Mengen von nicht mehr als 10 Liter Alkohol.

§ 147. Von der Nachsteuer befreit ist aller Branntwein, der auf Grund der bisher geltenden Vorschriften von der Verbrauchsabgabe befreit war.

§ 148. Die Nachsteuer kann ohne Sicherheitsbestellung auf sechs Monate gestundet werden. Die Vorschriften in den §§ 8, 9, 23 und im siebenten Abschnitt unter A sind auf die Nachsteuer sinngemäß anzuwenden.

Kürzung der Einzelkontingente.

§ 149. Die im Betriebsjahre 1907/08 festgesetzten Kontingente werden, wenn sie über 100 000 Liter hinausgehen, unbeschadet der Vorschriften im § 25, vom 1. Oktober 1913 ab um ein Zwanzigstel, jedoch nicht unter den Betrag von 100 000 Liter herabgesetzt. Bei landwirtschaftlichen Genossenschaftsbrennereien, die als solche bereits am 1. April 1895 bestanden haben, beträgt die Kürzung nur ein Vierzigstel.

Vollständig vergällter Branntwein.

§ 150. Der Bundesrat wird ermächtigt, für die Durchführung der Vorschrift im § 109 eine Frist bis zum 1. Oktober 1910 zu bewilligen.

Die zum Feilhalten vollständig vergällten Branntweins vor dem Inkrafttreten dieses Gesetzes im Gebrauche befindlichen Gefäße dürfen bis zum 30. September 1912 weiterbenutzt werden, sofern sie verschlossen werden können (§ 109).

Kürzung des Durchschnittsbrandes.

§ 151. Der Durchschnittsbrand (§§ 61 ff.) wird für das Betriebsjahr 1909/10 um 14 Hundertteile gekürzt, jedoch nicht unter das Kontingent der Brennerei herabgesetzt. Die Betriebsauflage für den Überbrand erhöht sich gemäß § 48 Abs. 2.

Besondere Betriebsauflage.

§ 152. Von dem in der Zeit vom 15. bis einschließlich 30. September 1909 erzeugten Branntweine wird neben den bestehenden Branntweinsteuern eine besondere Betriebsauflage von 6 Mark für das Hektoliter Alkohol erhoben. Auf diese Betriebsauflage finden die §§ 43b und 43d des bisher geltenden Branntweinsteuergesetzes Anwendung. Die Einnahmen sind dem im § 59 bezeichneten Geldbestande zuzuführen.

Der in Kleinbrennereien und von den im § 41 bezeichneten Brennern zum niedrigeren Verbrauchsabgabensatze des bisher geltenden Branntweinsteuergesetzes erzeugte Branntwein unterliegt dieser besonderen Betriebsauflage nicht.

§ 153. Soweit beim Inkrafttreten dieses Gesetzes vertragsmäßige Bestimmungen über Lieferung von Essigsäure (§ 110 Abs. 1) bestehen, ist der Abnehmer verpflichtet, dem Lieferer einen Zuschlag zum Preise in Höhe der auf die gelieferte Menge fallenden Verbrauchsabgabe zu zahlen, wenn dem nicht ausdrückliche Vertragsbestimmungen entgegenstehen.

Neunter Abschnitt.

Schlußvorschriften.

§ 154. Die Vorschriften im § 26 können nur mit Zustimmung der Königreiche Bayern und Württemberg und des Großherzogtums Baden geändert werden.

Vereinbarungen mit anderen Staaten.

§ 155. Der Reichskanzler kann unter Zustimmung des Bundesrats wegen Herbeiführung einer den Vorschriften dieses Gesetzes entsprechenden Behandlung des Branntweins in den dem Zollgebiet angeschlossenen Staaten und Gebietsteilen, wegen Überweisung der Einnahmen für den im gegenseitigen Verkehr übergehenden Branntwein oder wegen Begründung einer Gemeinschaft mit den fremden Regierungen Vereinbarungen treffen.

Inkrafttreten des Gesetzes.

§ 156. Dieses Gesetz tritt, unbeschadet der Vorschriften in den §§ 106, 152, mit dem 1. Oktober 1909 in Kraft. Gleichzeitig treten die bisher geltenden Gesetze über die Besteuerung des Branntweins und über die Steuerfreiheit des Branntweins zu gewerblichen Zwecken außer Geltung.

V.

Brausteuergesetz.

Vom 15. Juli 1909 (RGBl. Nr. 43 S. 773).

Wir **Wilhelm**, von Gottes Gnaden Deutscher Kaiser, König von Preußen ꝛc.

verordnen im Namen des Reichs, nach erfolgter Zustimmung des Bundesrats und des Reichstags, für das innerhalb der Zollinie liegende Gebiet des Deutschen Reichs, jedoch mit Ausschluß der Königreiche Bayern und Württemberg, des Großherzogtums Baden, Elsaß-Lothringens, des Großherzoglich Sächsischen Vordergerichts Ostheim und des Herzoglich Sachsen-Coburg- und Gothaischen Amtes Königsberg, was folgt:

Bierbereitung.

§ 1. Zur Bereitung von untergärigem Biere darf nur Gerstenmalz, Hopfen, Hefe und Wasser verwendet werden. Die Bereitung von obergärigem Biere unterliegt derselben Vorschrift, es ist jedoch hierbei auch die Verwendung von anderem Malze und von technisch reinem Rohr-, Rüben- oder Invertzucker, sowie von Stärkezucker und aus Zucker der bezeichneten Art hergestellten Farbmitteln zulässig.

Für die Bereitung besonderer Biere sowie von Bier, das nachweislich zur Ausfuhr bestimmt ist, können Abweichungen von der Vorschrift im Abs. 1 gestattet werden.

Die Vorschrift im Abs. 1 findet keine Anwendung auf die Haustrunkbereitung (§ 6 Abs. 4).

Unter der Bezeichnung Bier — allein oder in Zusammensetzung — dürfen nur solche Getränke in den Verkehr gebracht werden, die gegoren sind und den Vorschriften der Abs. 1 und 2 entsprechen. Bier, zu dessen Herstellung außer Malz, Hopfen, Hefe und Wasser auch Zucker verwendet worden ist, darf unter der Bezeichnung Malzbier oder unter einer sonstigen Bezeichnung, die das Wort Malz enthält, nur in Verkehr gebracht werden, wenn die Verwendung von Zucker in einer dem Verbraucher erkennbaren Weise kundgemacht wird und die verwendete Malzmenge nicht unter die festgesetzte Grenze herabgeht. Das Nähere bestimmt der Bundesrat.

Der Zusatz von Wasser zum Biere durch Brauer, Bierhändler oder Wirte nach Abschluß des Brauverfahrens außerhalb der Brauereien ist untersagt.

Gegenstand der Brausteuer.

§ 2. Die Brausteuer wird von dem zur Bierbereitung verwendeten Malze und Zucker erhoben.

Unter Malz wird alles künstlich zum Keimen gebrachte Getreide verstanden. Als Zucker im Sinne dieses Gesetzes sind die im § 1 Abs. 1 bezeichneten Zuckerstoffe einschließlich der daraus hergestellten Farbmittel zu verstehen.

Zucker, der zur Herstellung von obergärigen Bieren verwendet wird, bleibt insoweit steuerfrei, als er nach § 5 Abs. 3 bei der Feststellung des für die Höhe der Steuer (§ 6) maßgebenden Gesamtgewichts der verwendeten steuerpflichtigen Braustoffe nicht zur Anrechnung kommt.

Bierähnliche Getränke und zur Bereitung von solchen oder von Bier bestimmte Zubereitungen.

§ 3. Die Brausteuer kann auch von dem zur Bereitung bierähnlicher Getränke verwendeten Malze und Zucker erhoben werden. Die Herstellung solcher Getränke kann unter Steueraufsicht gestellt, auch kann die Verwendung von anderen Malzersatzstoffen als Zucker verboten werden. Die näheren Bestimmungen trifft der Bundesrat.

Zur Herstellung von Bier oder bierähnlichen Getränken bestimmte Zubereitungen, mit Ausnahme der am Schlusse des § 1 Abs. 1 bezeichneten, aus Zucker hergestellten Farbmittel und der nur aus Malz, Hopfen, Hefe und Wasser hergestellten Farbebiere, dürfen nicht in den Verkehr gebracht werden.

Die Verwendung der im Abs. 2 bezeichneten

Farbebiere zur Bereitung von Bier oder bierähnlichen Getränken ist gestattet, unterliegt jedoch den vom Bundesrat anzuordnenden Überwachungsmaßnahmen.

Besteuerung der Essig- und Malzextraktbereitung.

§ 4. Ist mit der steuerpflichtigen Bereitung von Bier oder bierähnlichen Getränken zugleich eine Bereitung von Essig oder Malzextrakt und sonstigen Malzauszügen verbunden oder werden diese Erzeugnisse aus Malz in eigens dazu bestimmten Anlagen zum Verkauf oder zu gewerblichen Zwecken bereitet, so muß die Brausteuer auch von dem zu ihrer Herstellung verwendeten Malze entrichtet werden.

Steuerpflichtiges Gewicht.

§ 5. Die Versteuerung der im § 2 genannten Stoffe erfolgt nach dem Reingewichte. Die Ermittelung des Reingewichts der zu einem Gebräue verwendeten Gesamtmenge steuerpflichtiger Braustoffe hat bis auf 100 Gramm zu erfolgen. Gewichtsteile, die diese Grenze nicht erreichen, bleiben außer Betracht.

Hat das Malz durch eine andere Bearbeitung als durch Reinigen oder Schroten (z. B. Enthülsen) eine wesentliche Gewichtsverminderung erfahren, so ist diese nach besonderer Bestimmung des Bundesrats dem steuerpflichtigen Gewichte zuzurechnen. Bei Zucker gilt als steuerpflichtiges Gewicht das Gewicht des Zuckers in dem Zustand, in dem er in die Brauerei eingebracht wird (§ 19 Abs. 1).

Bei der Feststellung des für die Höhe der Steuer (§ 6) maßgebenden Gesamtgewichts der verwendeten steuerpflichtigen Braustoffe ist ein Doppelzentner Zucker gleich eineinhalb Doppelzentner Malz und ein Doppelzentner Weizenmalz gleich vier fünftel Doppelzentner Gerstenmalz zu rechnen. Dabei wird jedoch insoweit, als zur Herstellung obergäriger Biere auf 100 Doppelzentner Malz nicht mehr als 25 Doppelzentner Zucker verwendet werden, der Zucker, welcher auf die ersten 150 Doppelzentner des Jahresverbrauchs an Malz entfällt, außer Ansatz gelassen, der auf die folgenden 100 Doppelzentner Malz entfallende Zucker wird nur mit der Hälfte, der auf die weiteren 100 Doppelzentner Malz entfallende nur mit dem Einfachen seines Gewichts in Rechnung gestellt.

Erhebungssätze der Brausteuer.

§ 6. Die Steuer beträgt für jeden Doppelzentner des nach § 5 Abs. 3 berechneten Gesamtgewichts der in einem Brauereibetrieb innerhalb eines Rechnungsjahrs steuerpflichtig gewordenen Braustoffe

von den ersten		250	Doppelzentern	14	Mark,
„ „	folgenden	1250	„	15	„
„ „	„	1500	„	16	„
„ „	„	2000	„	18	„
„ dem Reste				20	„

Für neue Brauereien, welche nach dem 1. August 1909 in Betrieb genommen werden und mit deren Bau nicht bereits vor dem 1. Januar 1909 begonnen war, sowie für Brauereien, welche nach dem 1. August 1909 wieder in Betrieb genommen werden, nachdem sie mehr als zwei Jahre außer Betrieb waren, erhöhen sich die Steuersätze des Abs. 1 in der Zeit bis zum 31. März 1915 um 50 vom Hundert, in der Zeit vom 1. April 1915 bis 31. März 1918 um 25 vom Hundert.

Für die vor dem 1. Oktober 1908 betriebsfähig hergerichteten Brauereien wird, sofern in ihnen im Durchschnitte der Rechnungsjahre 1906, 1907 und 1908 nicht mehr als 150 Doppelzentner Malz verarbeitet worden sind, die Steuer von den ersten 150 Doppelzentnern des in einem Rechnungsjahre verwendeten Malzes auf 12 Mark für den Doppelzentner ermäßigt. Diese Vergünstigung erlischt mit dem Ablaufe des Rechnungsjahrs, in dem die Brauerei mehr als 150 Doppelzentner Malz verwendet hat. Die verwendete Zuckermenge und das verwendete Weizenmalz sind nach den Vorschriften des § 5 als Malz anzurechnen.

Für Personen, die obergäriges Bier nur für ihren Hausbedarf bereiten, wird, wenn das Gesamtgewicht der steuerpflichtigen Braustoffe (§ 5 Abs. 3) in einem Rechnungsjahre nicht über 5 Doppelzentner beträgt, die Steuer für den Doppelzentner auf 4 Mark ermäßigt. Es ist verboten, Bier, das unter Inanspruchnahme der Steuerermäßigung hergestellt ist, an nicht zum Haushalte gehörige Personen gegen Entgelt abzugeben. Bierverkäufer haben auf die Ermäßigung keinen Anspruch.

Für Malz, das zur Bereitung von Essig verwendet wird (§ 4), beträgt die Steuer drei Zehntel der im Abs. 1 bezeichneten Sätze.

Mehrere Brauereien, die für Rechnung einer und derselben Person oder Gesellschaft betrieben werden, sind im Sinne des Abs. 1 als ein Brauereibetrieb anzusehen. Sind mehrere, zur Zeit des Inkrafttretens dieses Gesetzes für Rechnung einer und derselben Person oder Gesellschaft betriebenen Brauereien bisher steuerlich getrennt behandelt worden, so sind sie auch nach Inkrafttreten dieses Gesetzes getrennt zu behandeln.

Wurde eine Braustätte von mehreren für eigene Rechnung brauenden Personen gemeinsam benutzt, so ist für die Höhe des Steuersatzes nicht die in der Brauerei insgesamt verbrauchte Menge an Braustoffen, sondern die Menge entscheidend, die jede einzelne dieser Personen zur Bierbereitung verwendet. Neu errichtete Brauereien dieser Art erhalten diese Vergünstigung nicht.

Person des Steuerpflichtigen; Zeitpunkt des Eintritts der Steuerpflicht.

§ 7. Zur Entrichtung der Steuer ist derjenige verpflichtet, der die Verwendung steuerpflichtiger

Braustoffe (§ 2) zur Bierbereitung für seine Rechnung vornimmt oder vornehmen läßt.

Die Steuerpflicht tritt ein, sobald die Absicht der Verwendung der Braustoffe zur Bierbereitung der Hebestelle angezeigt wird oder hätte angezeigt werden sollen (§§ 21, 22) oder, im Falle des § 28, sobald das Malz auf die Malzsteuermühle gebracht wird.

Fälligkeit, Einzahlung und Stundung der Brausteuer; Unzulässigkeit von Nebenerhebungen.

§ 8. Die Steuer für die in einem Monate verwendeten Braustoffe wird am letzten Tage dieses Monats fällig und ist spätestens am siebenten Tage des nächstfolgenden Monats bei der Hebestelle einzuzahlen. Wird die Zahlungsfrist wiederholt versäumt oder liegen Gründe vor, die den Eingang der Steuer gefährdet erscheinen lassen, so kann die Steuerbehörde die Vorausbezahlung oder Sicherstellung der Steuer fordern.

Gegen Sicherheitsbestellung ist die Steuer für eine Frist von sechs Monaten zu stunden; ohne Sicherheitsbestellung kann die Steuer auf drei Monate gestundet werden.

Nebengebühren, insbesondere für Quittungen und Bescheinigungen der Steuerbehörden, werden nicht erhoben.

Vergütung der Steuer bei der Ausfuhr aus dem Geltungsbereiche des Gesetzes.

§ 9. Bei der Ausfuhr von Bier aus dem

Geltungsbereiche des Gesetzes wird eine Vergütung der Brausteuer unter den vom Bundesrate festzusetzenden und bekanntzumachenden Bedingungen und Maßgaben gewährt.

Erlaß oder Erstattung der Steuer.

§ 10. Ein Erlaß oder eine Erstattung der Brausteuer darf, abgesehen von dem Falle des § 9, mit Genehmigung der Direktivbehörde dann gewährt werden, wenn erwiesen ist, daß

1. entweder die zur Einmaischung bestimmten Braustoffe vor der beabsichtigten Verwendung durch Zufall vernichtet oder derart beschädigt worden sind, daß ihre Verwendung zur Bierbereitung nicht möglich erscheint, oder
2. sonst aus Anlaß unvorhergesehener Hindernisse die angemeldete Bierbereitung nicht hat stattfinden können,

und wenn der Anspruch auf Erlaß oder Erstattung innerhalb einer Frist von 3 Tagen nach der angemeldeten Einmaischungszeit (§ 21) bei der Hebestelle angemeldet ist.

Wird die Brausteuer in der Form der Vermahlungssteuer entrichtet (§ 28), so darf der Erlaß oder die Erstattung nur in dem unter 1 erwähnten Falle und nur dann gewährt werden, wenn der Anspruch innerhalb einer Frist von 3 Tagen nach der geschehenen Vernichtung oder Beschädigung der Hebestelle angezeigt ist.

Ein Erlaß oder eine Erstattung der Brausteuer kann ferner gewährt werden, wenn die Vernichtung eines ganzen Gebräues unter Aufsicht der Steuerbehörde erfolgt; einem hierauf gerichteten Antrage des Brauers muß entsprochen werden.

Verjährung der Abgabe.

§ 11. Alle Forderungen und Nachforderungen von Brausteuer, desgleichen die Ansprüche auf Ersatz wegen zuviel oder zur Ungebühr entrichteter Steuer verjähren innerhalb Jahresfrist, von dem Tage des Eintritts der Zahlungsverpflichtung oder der Zahlung an gerechnet.

Auf den Rückgriff des Staates gegen die Steuerbeamten und auf die Nachforderung hinterzogener Brausteuer findet diese Verjährungsfrist keine Anwendung.

Anzeige der Betriebsleiter und Übertragung der strafrechtlichen Verantwortlichkeit auf solche.

§ 12. Brauereibesitzer, die den Betrieb nicht selbst leiten, haben der Verwaltungsbehörde diejenigen Personen zu bezeichnen, die als Betriebsleiter in ihrem Namen zu handeln befugt sind.

§ 13. Brauereibesitzer, die den Betrieb nicht selbst leiten, können die Übertragung der ihnen obliegenden strafrechtlichen Verantwortlichkeit auf den Betriebsleiter (§ 12) bei der Verwaltungsbehörde beantragen. Falls der Antrag genehmigt wird, geht die strafrechtliche Verantwortlichkeit unbeschadet der im § 51 vorgesehenen Vertretungsverbindlichkeit des Brauereibesitzers auf den Betriebsleiter über. Die Genehmigung ist jederzeit widerruflich.

Anzeige der Brauereiräume und -gefäße.

§ 14. Wer brauen will, hat der Steuerhebestelle, insoweit dies nicht bereits auf Grund der bisherigen gesetzlichen Vorschriften geschehen ist, mindestens 8 Tage vor Anfang des Betriebs eine Nachweisung nach einem besonders vorzuschreibenden Muster in doppelter Ausfertigung einzureichen, in der die Räume zur Aufstellung der Geräte und zum Betriebe der Brauerei, einschließlich der Gärungsräume, die Maisch-, Koch-, Kühl- und Gärgefäße und der in Litern ausgedrückte Raumgehalt jedes einzelnen dieser Gefäße, soweit ihre Beschaffenheit dies gestattet, genau und vollständig angegeben sein müssen.

Ferner hat der Brauer, wenn neue Betriebsräume eingerichtet oder Gefäße der vorerwähnten Art angeschafft oder die vorhandenen abgeschafft, geändert oder in einen anderen Raum gebracht werden, innerhalb der nächstfolgenden 3 Tage Anzeige zu machen.

Zu diesen Anmeldungen sind jedoch alle diejenigen nicht verpflichtet, die nur für den ausschließlichen Bedarf des eigenen Haushalts ohne besondere Brauanlage Bier bereiten.

§ 15. Inhaber von Brauereien sowie Personen, die Braupfannen verfertigen oder Handel damit treiben, dürfen die Pfannen nicht aus ihren Händen geben, bevor sie es der Steuerhebestelle ihres Wohnorts angezeigt und von dieser eine Bescheinigung darüber erhalten haben.

Vermessung, Bezeichnung und Verschluß der Gefäße.

§ 16. Die nach § 14 anzumeldenden Gefäße werden nach Bestimmung der Steuerbehörde mit fortlaufenden Zahlen und, soweit tunlich, mit einer amtlichen Bezeichnung versehen. Auch kann die Steuerbehörde eine Vermessung der Maisch-, Koch- und Kühlgefäße sowie der Bier-Sammel- (sogenannten Stell- und dergleichen) Bottiche anordnen. Der Brauereibesitzer hat den Raumgehalt und die Nummer an diesen Gefäßen deutlich bezeichnen und diese Bezeichnung gehörig erhalten zu lassen.

Für die Zeit, in der die Brauereigeräte nicht im Betriebe sein dürfen, können die Geräte, auch nach Umständen die Zugänge zur Braukesselfeuerung, an Ort und Stelle unter amtlichen Verschluß gesetzt werden.

Erfordernis einer Wage.

§ 17. Jede Brauerei soll mit einer geeichten Wage und den erforderlichen geeichten Gewichten versehen sein. Die Wage muß geeignet sein, die einzelnen Maischposten, wenn diese das Gewicht von 2,5 Doppelzentner nicht erreichen, auf einmal, sonst aber mindestens 2,5 Doppelzentner zusammen zu verwiegen.

Bis diesem Erfordernisse genügt ist, kann der Betrieb der Brauerei untersagt werden.

Der Aufstellungsort der Wage wird im Einvernehmen mit der Steuerbehörde bestimmt.

Aufbewahrung der Vorräte an Braustoffen.

§ 18. Jeder Brauer ist verbunden, Vorräte an Malzschrot und Zucker, soweit sie nach dem Ermessen der Steuerbehörde den Bedarf des eigenen Haushalts übersteigen, nur an bestimmten, ein für allemal vorher anzuzeigenden geeigneten Orten aufzubewahren.

Zucker darf nur in Räumen, die von der Braustätte gänzlich getrennt sind, aufbewahrt werden.

Der Vorrat an Malzschrot darf, sobald Braueinmaischungen angemeldet sind (§ 21), die längstens für den folgenden Tag angemeldete Menge nicht übersteigen.

Will der Brauer Vorräte von Zucker halten, die nicht zur Bierbereitung bestimmt sind, so muß er sie getrennt von den zur Bierbereitung bestimmten Vorräten in anderen, ein für allemal anzuzeigenden Räumen aufbewahren, auch sich den nach Bedürfnis von der Steuerbehörde zu treffenden Anordnungen wegen der Buchführung über solche Vorräte und wegen des Verschlusses, insbesondere zur Zeit des Brauens, unterwerfen.

Die Aufbewahrungsorte stehen ohne Ausnahme unter Aufsicht der Steuerbehörde.

Buchführung über den zur Bierbereitung bestimmten Zucker.

§ 19. 1. Über den zur Bierbereitung bestimmten Vorrat von Zucker hat der Brauer nach näherer Anleitung der Steuerbehörde ein von der letzteren geliefertes Buch zu führen, in das jeder Zugang sofort bei der Einbringung unter Angabe der bezogenen Gattung und Menge, der Zahl der Packstücke und der Verpackungsart, des Bezugsorts, des Namens (der Handelsfirma), des Verkäufers, des Tages und der Stunde der Aufnahme, jeder Abgang aber sogleich bei Ablassung der zur Versteuerung angemeldeten Menge in die Braustätte (§ 25) unter Angabe der Gattung und Menge sowie des Tages und der Stunde der Herausnahme einzutragen ist.

Jeder Zugang muß mit über den Bezug lautenden Versendungspapieren (Fakturen, Frachtbriefen usw.) belegt sein.

2. Die Entnahme von Zucker aus dem Aufbewahrungsraume zu anderen Zwecken, als zur Verwendung in der Brauerei, ist nur in Ausnahmefällen nach vorher besonders einzuholender Genehmigung der Steuerbehörde zulässig.

3. Der Brauer hat das nach der vorstehenden Bestimmung zu 1 zu führende Buch den Steuerbeamten jederzeit auf Verlangen zur Einsicht vorzulegen, auch Rechnungsabschlüsse des Buches und amtliche Bestandsaufnahmen des Vorrats sich gefallen zu lassen.

Ein hierbei gegen den buchmäßigen Sollbestand ermittelter Minderbefund soll als in der Brauerei verwendet angesehen und, wenn er zwei vom Hundert des Sollbestandes übersteigt, nachversteuert, ein Mehrbefund aber dem Buchbestande zugeschrieben werden.

Vorschriften für den gemeinschaftlichen Betrieb der Brauerei und Brennerei.

§ 20. Bei dem gemeinschaftlichen Betriebe der Brauerei und Brennerei darf für die letztere, falls nicht die von der Brauerei zu entrichtende Steuer in einer Abfindungssumme gezahlt wird (§ 33), reines Malzschrot nicht verwendet, das zur Brennerei bestimmte Malz muß vielmehr vor dem Schroten auf der Mühle wenigstens zum vierten Teile mit ungemalztem Roggen vermischt werden. Wird neben der Brauerei Branntwein aus Kartoffeln gebrannt, so ist zu letzterem Zwecke der Gebrauch von reinem Malzschrote zwar gestattet, dieses muß jedoch besonders angemeldet und aufbewahrt werden und steht unter der Aufsicht der Steuerbehörde.

Brauanzeige.

§ 21. Wer brauen will, ist verpflichtet, der Steuerhebestelle schriftlich anzuzeigen, welche Gattung und Menge der im § 2 genannten Stoffe er zu jedem Gebräue nehmen, an welchem Tage und zu welcher Stunde er einmaischen wird und wieviel Bier er aus den angegebenen Braustoffen ziehen will. Als Bier in diesem Sinne ist die noch nicht vergorene abgekühlte Würze anzusehen. Es steht dem Steuerpflichtigen frei, diese Anzeige, so oft er braut, zu machen, oder im voraus für einen bestimmten Zeitraum.

Zeit der Anmeldung und Berichtigung der letzteren.

§ 22. Die Anmeldung (§ 21) muß, wenn vormittags gemaischt werden soll, spätestens am Nachmittage des vorhergehenden Tages, und wenn nachmittags gemaischt werden soll, spätestens am Vormittage desselben Tages drei Stunden vorher, in beiden Fällen auch während der Dienststunden, (§ 37) erfolgen. Abänderungen dieser Anmeldungen sind nur innerhalb der für die letzteren selbst vorstehend festgesetzten Frist zulässig.

Erklärung über die Verwendung von Zucker.

§ 23. Wer Zucker zum Brauen verwenden will, hat hierüber, abgesehen von den Anmeldungen für die einzelnen Gebräue (§ 21), mindestens drei Tage vor der ersten derartigen Einmaischung der Steuerhebestelle eine schriftliche Erklärung in doppelter Ausfertigung zu übergeben. In der Erklärung ist die Art und Weise der beabsichtigten Verwendung, insbesondere bei welchem Abschnitte der Bierbereitung sie jedesmal erfolgen soll, und der Raum für die Aufbewahrung des Vorrats (§ 18 Abs. 4) näher zu beschreiben. Bei dem Betrieb ist diese Erklärung genau zu befolgen. Später beabsichtigte dauernde Änderungen sind innerhalb gleicher Frist vorher schriftlich anzuzeigen. Soll von dem Inhalte der Erklärung, von der die eine Ausfertigung demnächst in der Brauerei zur Einsicht der Steuerbeamten ausliegen muß, nur für einzelne bestimmte Einmaischungen abgewichen werden, so genügt es, solches in der nach § 21 abzugebenden Brauanzeige anzumelden.

Zeit der Einmaischungen.

§ 24. Die Einmaischungen dürfen nur an den Wochentagen geschehen, und zwar in den Monaten vom Oktober bis einschließlich März von Morgens 6 bis Abends 10 Uhr, in den übrigen Monaten aber von Morgens 4 bis Abends 10 Uhr.

Ausnahmen hiervon können nach Bedürfnis bewilligt und dürfen bei ununterbrochenem Betriebe nicht versagt werden.

Als Schluß der Einmaischung gilt der Zeitpunkt, an dem mit dem Ablassen der Würze zum Zwecke des Kochens begonnen wird.

Erwarten der Steuerbeamten.

§ 25. Der Brauer ist verpflichtet, die Ankunft eines Steuerbeamten zur angezeigten Stunde des Einmaischens (§ 21) abzuwarten.

Findet sich der Beamte ein, so müssen alsdann sogleich in dessen Gegenwart die Braustoffe abgewogen und es muß mit der Einmaischung begonnen werden; der Brauer darf die Einmaischung erst, nachdem eine halbe Stunde gewartet worden ist, ohne Gegenwart des Beamten vornehmen.

Sind Braustoffe für mehrere angemeldete Einmaischungen (§ 21) am Aufbewahrungsorte vorhanden, so kann der Steuerbeamte die Verwiegung der für die späteren Beschickungen bestimmten Vorräte bis zur Stunde ihrer Einmaischung aussetzen und diese Vorräte selbst an dem angemeldeten Aufbewahrungsort unter amtlichen Verschluß nehmen.

Zucker darf nicht früher als mit Beginn desjenigen Abschnitts der Bierbereitung, bei dem er nach der Erklärung (§ 23) Verwendung finden soll, und nicht in größerer als der für das betreffende Gebräu angemeldeten Menge in die Braustätte eingebracht werden.

Nachmaischen.

§ 26. In der Regel soll die ganze Beschickung auf einmal eingemaischt werden, so daß keine Nachmaischung stattfinden darf.

Wird aber eine Brauerei regelmäßig mit Nachmaischen betrieben, so muß ein für allemal angezeigt werden, in wieviel Abteilungen und mit welchem Gewichte für jede Beschickung gemaischt werden soll.

Vermahlungssteuer: a) Verpflichtung zum Halten von Malzsteuermühlen mit selbsttätigen Verwiegungsvorrichtungen; deren Aufstellung und Einrichtung.

§ 27. Die Inhaber

1. der am 1. April 1906 bestehenden Brauereien, in denen
   a) der Verbrauch an Malz und Malzersatzstoffen in den Rechnungsjahren 1904 und 1905 unter Zugrundelegung der Steuersätze des Gesetzes vom 31. Mai 1872 den Steuerwert von 8000 Mark überstiegen hat, oder
   b) das Gesamtgewicht (§ 5 Abs. 3) der steuerpflichtigen Braustoffe in einem späteren Jahre 2000 Doppelzentner übersteigt,
2. der nach dem 1. April 1906 errichteten Brauereien, in denen das Gesamtgewicht der in einem Jahre steuerpflichtig werdenden Braustoffe 500 Doppelzentner übersteigt,

sind verpflichtet, in ihrer Brauerei selbst oder doch in räumlicher Verbindung mit ihr eigene Mühlenwerke oder Malzquetschen (Malzsteuermühlen) mit selbsttätiger Verwiegungsvorrichtung zu halten und ausschließlich zum Schroten des in ihrer Brauerei zur Bierbereitung bestimmten Malzes zu benutzen.

Die Verpflichtung entsteht für die Inhaber der Brauereien zu 1a am 1. April 1908, für die Inhaber der Brauereien zu 1b und 2 am 1. Oktober nach Ablauf desjenigen Rechnungsjahrs, in dem das Gesamtgewicht der steuerpflichtigen Braustoffe zuerst 2000 oder 500 Doppelzentner übersteigt. Bei einer voraussichtlich nicht andauernden Übersteigung dieser Grenzen oder wenn die räumlichen Verhältnisse den Einbau der Malzsteuermühlen ohne Aufwendung erheblicher Kosten nicht gestatten, soll die Steuerbehörde die Verpflichtung erlassen.

Die Inhaber anderer als der im Abs. 1 bezeichneten Brauereien sind zur Aufstellung von Malzsteuermühlen mit selbsttätigen Verwiegungsvorrichtungen in ihren Brauereien und zur Bestreitung der durch den Einbau dieser Mühlen entstehenden Kosten verpflichtet, wenn die räumlichen Verhältnisse den Einbau ohne Aufwendung erheblicher Kosten gestatten und die Malzsteuermühlen vom Reiche kostenlos geliefert werden.

Wenn und solange die Brauer in Erfüllung der Verpflichtung säumig sind, kann ihnen die Bierbereitung untersagt werden.

Die Verpflichtung geht im Falle eines Wechsels im Besitze der Brauerei auf den neuen Inhaber über und erlischt nicht durch spätere Verminderung des Verbrauchs an Braustoffen.

Aufstellungsort und Einrichtung der Malzsteuermühlen und der selbsttätigen Verwiegungsvorrichtungen unterliegen der Genehmigung der Steuerbehörde.

Die Verwiegungsvorrichtungen müssen mit den Malzsteuermühlen in feste Verbindung gebracht und beide so eingerichtet sein, daß nach Anlegung des steueramtlichen Verschlusses ohne Anwendung erkennbarer Gewalt Malz nur zum Mahlwerke gelangen kann, nachdem es die Verwiegungsvorrichtung durchlaufen hat.

b) Entrichtung der Brausteuer als Vermahlungssteuer.

§ 28. Die im § 27 bezeichneten Brauer haben die Brausteuer für das zur Bierbereitung bestimmte Malz nach dem Gewichte des auf die Malzsteuermühle gebrachten noch ungeschroteten Malzes zu entrichten (Vermahlungssteuer). Sie sind in bezug auf das auf ihrer Malzsteuermühle geschrotete Malz von den in den §§ 18 Abs. 3, 21, 22, 24, 25 und 26 ausgesprochenen Beschränkungen hinsichtlich der Aufbewahrung der Vorräte an Malzschrot, der Anmeldung jeder Einmaischung, der Zeit der Einmaischung usw. und des Nachmaischens befreit.

Für den verwendeten Zucker ist die Steuer neben der Vermahlungssteuer zu entrichten. Auch unterliegt der Zucker den für ihn in diesem Gesetz allgemein vorgeschriebenen Aufsichtsmaßnahmen.

Für die Feststellung des Gewichts des auf die

Malzsteuermühle gebrachten Malzes ist, vorbehaltlich der Vorschrift im § 30, die Anzeige der selbsttätigen Verwiegungsvorrichtung maßgebend.

c) **Pflichten der Brauer, die Vermahlungssteuer entrichten.**

§ 29. Brauer, welche die Brausteuer als Vermahlungssteuer entrichten, dürfen zur Bierbereitung nur Malz verwenden, das auf der eigenen Malzsteuermühle geschrotet worden ist. Die Benutzung der Malzsteuermühle durch andere oder das Ablassen von geschrotetem Malze an andere ist nur mit Genehmigung der Steuerbehörde statthaft.

Besitzt der Brauer außer der von der Steuerbehörde zum Schroten des Braumalzes genehmigten Malzsteuermühle noch andere, für sonstige Zwecke bestimmte, zum Schroten von Malz geeignete Vorrichtungen (Futterschrotmühlen usw.) oder will er sich solche beschaffen, so hat er hiervon der Steuerbehörde Anzeige zu erstatten und sich den für die Benutzung dieser Vorrichtungen etwa angeordneten Maßnahmen zu unterwerfen.

§ 30. Von Beschädigungen der Malzsteuermühle oder der selbsttätigen Verwiegungsvorrichtung, welche die Benutzung unterbrechen oder die Sicherheit mindern, von Unregelmäßigkeiten in der Tätigkeit der Verwiegungsvorrichtung sowie von Verletzungen des amtlichen Verschlusses haben die Brauer ohne Verzug und jedenfalls vor Ablauf von 24 Stunden der Hebestelle Meldung zu machen. Wenn der amtliche Verschluß verletzt oder sonst die Sicherheit gefährdet ist, desgleichen wenn die Verwiegungsvorrichtung die Tätigkeit versagt oder unregelmäßig ausübt, darf der Brauer bis zum Eintreffen eines Steuerbeamten nur unter Zuziehung eines glaubwürdigen Zeugen Malz auf der Malzsteuermühle schroten. Das Gewicht des geschroteten Malzes ist in diesem Falle unter Mitwirkung des zugezogenen Zeugen besonders festzustellen und im Mahlbuche (§ 31) anzuschreiben.

Der Steuerbeamte setzt die schadhafte oder unzuverlässige Verwiegungsvorrichtung außer Betrieb und gewährt zur Ausbesserung oder Neuaufstellung, desgleichen zur Wiederherstellung der beschädigten Malzsteuermühle eine angemessene Frist. Die einstweilige Benutzung der Malzsteuermühle ohne die Verwiegungsvorrichtung ist, wenn es zur Verhütung einer Betriebsstörung erforderlich ist, unter sichernden Maßnahmen zu gestatten.

§ 31. Jedes Schroten von Malz ist nach der Beendigung sofort in ein Mahlbuch einzutragen, das den Stand des an der Verwiegungsvorrichtung befindlichen Zählwerkes fortlaufend nachweist. Die Eintragung muß von dem Brauer oder dessen bevollmächtigtem Vertreter eigenhändig vollzogen, das Mahlbuch monatlich abgeschlossen und spätestens am dritten Tage des nächstfolgenden Monats der Hebestelle eingereicht werden. Außerdem ist der Brauer verpflichtet, über alle in der Brauerei vorkommenden Einmaischungen ein Anschreibebuch zu führen; auch kann ihm die Führung eines weiteren Buches über den Zu- und Abgang an Braustoffen und des daraus gezogenen Bieres auferlegt werden.

d) **Zulassung von Genossenschaftsmühlen.**

§ 32. Unter den erforderlichen Maßnahmen darf gestattet werden, daß mehrere zur Vermahlungssteuer zugelassene Brauer eine Malzsteuermühle mit selbsttätiger Verwiegungsvorrichtung gemeinschaftlich besitzen oder benutzen. Bezüglich der von der Verwiegungsvorrichtung der gemeinschaftlich benutzten Malzsteuermühle angezeigten Malzmenge findet die Vorschrift des § 6 Abs. 7 entsprechende Anwendung.

Abfindung.

§ 33. Für alle Brauereien, die nach den Vorschriften der §§ 27 und 28 zur Entrichtung der Brausteuer als Vermahlungssteuer nicht verpflichtet oder zeitweilig daran gehindert sind, kann nach näherer Bestimmung des Bundesrats die Versteuerung durch Zahlung einer Abfindungssumme für einen bestimmten Zeitraum angeordnet werden.

Aufsichtsbefugnis der Steuerbeamten: a) Besuch der Gewerbsräume.

§ 34. Das Gebäude, in dem eine Brauerei betrieben wird, einschließlich der zur Aufbewahrung von geschrotetem Malze oder von Zucker und zur

Kühlung und Gärung der Gebräue dienenden Räume, darf, wenn die Brauerei nicht im Betrieb ist, nur von Morgens 6 bis Abends 9 Uhr von den Steuerbeamten zur Ausübung der Steueraufsicht besucht und muß ihnen hierzu sogleich geöffnet werden. Solange jedoch in der Brauerei gearbeitet wird, ist der Besuch zu jeder Zeit zulässig. Die Brauerei muß alsdann unverschlossen und der Zutritt unbehindert sein.

Die Aufsichtsbefugnis erstreckt sich zugleich auf die an die Brauerei anstoßenden, mit ihr in Verbindung stehenden Räumlichkeiten und im Falle der §§ 27 bis 32 auch auf diejenigen Räume, in denen Malz geschrotet wird.

Innerhalb der der Steueraufsicht unterliegenden Räume dürfen keine Einrichtungen getroffen werden, welche die Ausübung der gesetzlichen Aufsicht hindern oder erschweren. Die Steuerbehörde ist befugt, anzuordnen, daß Öffnungen in der Braustätte, die zu unbemerkten Zumaischungen benutzt werden könnten, während der Zeit des Brauens unter Verschluß gesetzt werden.

b) Haussuchungen.

§ 35. Ist begründeter Verdacht vorhanden, daß Steuerdefraudationen begangen sind oder daß unzulässige Stoffe bei der Bierbereitung verwendet werden, und deshalb eine förmliche Haussuchung erforderlich, es sei bei Personen, die Brauerei betreiben oder bei anderen, so darf die Durchsuchung nur unter Beachtung der für Haussuchungen gesetzlich vorgeschriebenen Formen und nur an solchen Orten stattfinden, die zur Begehung des Unterschleifs oder zur Verheimlichung von Beständen an geschrotetem Malze, an Zucker oder an unzulässigen Ersatz- oder Zusatzstoffen geeignet sind.

c) **Verhalten der Personen, bei denen eine Aufsichtshandlung vorgenommen wird.**

§ 36. Personen, bei denen eine Aufsichtshandlung vorgenommen wird, und ihre Gewerbsgehilfen sind verbunden, den Aufsichtsbeamten die Hilfsdienste zu leisten oder leisten zu lassen, die erforderlich sind, um die den letzteren obliegenden Geschäfte, es mögen solche in Prüfung des Betriebs, Nachmessung der Geräte, Anlegung von Verschlüssen, Verwiegung von Vorräten oder Feststellung des Tatbestandes bei vorgefundenen Unrichtigkeiten bestehen, in den vorgeschriebenen Grenzen zu vollziehen. Sie haben die zu diesem Zwecke erforderlichen Hilfsmittel zu beschaffen, auch für hinreichende Beleuchtung zu sorgen.

Dienststunden und Abfertigung außerhalb dieser.

§ 37. Die Dienststunden, in denen die Erhebungsbeamten an den Wochentagen zur Abfertigung der Steuerpflichtigen bereit sein müssen, bestimmt die Steuerbehörde. In der Regel sollen die Dienststunden folgende sein:

in den Wintermonaten Oktober bis Februar
einschließlich Vormittags von 8 bis 12 Uhr
und Nachmittags von 1 bis 5 Uhr,
in den übrigen Monaten von 7 bis 12 Uhr
und von 2 bis 5 Uhr.

Abweichungen von vorstehenden Vorschriften sollen an den Orten, wo sie stattfinden, besonders bekannt gemacht werden.

Soweit möglich, muß in dringenden Fällen auch außerhalb der Dienststunden die Abfertigung bewirkt werden.

Strafvorschriften: Strafe für Verwendung unzulässiger Stoffe bei der Bierbereitung und für verbotswidrigen Handel mit Bierextrakten und dergleichen.

§ 38. Wer andere als die nach § 1 zulässigen Stoffe zur Bereitung von Bier verwendet, mitverwendet oder dem fertigen, zum Absatze bestimmten Biere zusetzt oder solche Stoffe zu verwenden, mitzuverwenden oder zuzusetzen unternimmt, verfällt, soweit nicht nach anderen Gesetzen eine höhere Strafe verwirkt ist, in eine Geldstrafe von fünfzig Mark bis fünftausend Mark.

Die Strafe ist schon dann verwirkt, wenn unzulässige Ersatz- oder Zusatzstoffe in irgend einer unter Steueraufsicht stehenden Räumlichkeit (§ 34) vorgefunden werden, sofern nicht nachgewiesen wird, daß die Stoffe ausschließlich zu anderen Zwecken als der Bierbereitung bestimmt sind.

Neben der Geldstrafe hat die Einziehung der Ersatz- oder Zusatzstoffe und des mit solchen Stoffen bereiteten oder versetzten Bieres und der Umschließungen, soweit diese Gegenstände noch vorhanden sind, einzutreten ohne Rücksicht darauf, wem sie gehören.

Sind die Gegenstände nicht mehr vorhanden oder stehen der Einziehung sonst tatsächliche Hindernisse entgegen, so ist dem Schuldigen die Erlegung des Wertes der Gegenstände oder, wenn dieser nicht zu ermitteln ist, die Zahlung einer Geldsumme von zehn Mark bis eintausend Mark aufzuerlegen.

Die Vorschriften im Abs. 1, 3 und 4 finden auch auf Zuwiderhandlungen gegen ein gemäß § 3 Abs. 1 erlassenes Verbot sowie auf die Verbreitung von Zubereitungen der im § 3 Abs. 2 bezeichneten Art Anwendung. Im letzteren Falle hat sich die Einziehung auf die verbotswidrig in den Verkehr gebrachten Zubereitungen zu erstrecken.

Begriff der Brausteuerdefraudation.

§ 39. Wer es unternimmt, die Brausteuer zu hinterziehen oder eine Vergütung oder Erstattung dieser Steuer zu erlangen, die überhaupt nicht oder nur in geringerem Betrage zu beanspruchen war, macht sich der Brausteuerdefraudation schuldig.

§ 40. Die Defraudation wird insbesondere dann als vollbracht angenommen:

1. wenn mit der Verwendung (Einmaischung, Zumaischung, Zusetzung) solcher steuerpflichtigen Braustoffe, die der Steuerbehörde nicht oder für einen anderen Tag oder in unrichtiger, einen geringeren Steuerbetrag bedingender Menge angemeldet sind, zum Brauen auch nur begonnen ist;
2. wenn die Verwendung von Zucker bei einem anderen als dem in der Erklärung (§ 23) angegebenen Abschnitte der Bierbereitung erfolgt;
3. wenn in einer der Vermahlungssteuer unterliegenden Brauerei ohne Genehmigung der Steuerbehörde Malz zur Verwendung gelangt, das auf einer anderen Mahlvorrichtung als der für die Brauerei genehmigten Malzsteuermühle geschrotet worden, oder das (ausgenommen den Fall des § 30) nicht durch die mit der Malzsteuermühle verbundene selbsttätige Verwiegungsvorrichtung gegangen ist;
4. wenn ein Brauer durch unrichtige Anschreibungen in den von ihm zu führenden Büchern oder durch sonstige unrichtige Angaben bewirkt, daß die von ihm geschuldete Brausteuer nach einem niedrigeren als dem der Vorschrift des Gesetzes entsprechenden Satze berechnet wird.

§ 41. Der Defraudation wird gleichgeachtet:

1. wenn Malzschrot nach erfolgter Anmeldung von Braueinmaischungen, sei es an dem dazu bestimmten Orte oder anderwärts bei dem Brauer, in einer Menge vorgefunden wird, welche die gesetzlich zulässige Menge (§ 18 Abs. 3) um mehr als 10 vom Hundert übersteigt;
2. wenn Zucker, der Vorschrift im letzten Absatze des § 25 entgegen, in der Braustätte außer der erlaubten Zeit oder um mehr als fünf vom Hundert über die für das betreffende Gebräu angemeldete Menge oder, der Vorschrift im § 18 entgegen, außerhalb der bestimmten Aufbewahrungsräume bei dem Brauer vorgefunden wird;
3. wenn sich im Falle des § 19 Ziffer 3 bei einer amtlichen Aufnahme der Lagervorräte Gewichtsabweichungen von mehr als zehn vom Hundert zwischen der vorgefundenen Menge und dem buchmäßigen Sollbestand ergeben;
4. wenn in einer der Vermahlungssteuer unterliegenden Brauerei die Malzsteuermühle mit selbsttätiger Verwiegungsvorrichtung in ihrer regelmäßigen Tätigkeit derart vorsätzlich gestört wird, daß das Gewicht des geschroteten Malzes von dem Zählwerk entweder gar nicht oder zu gering angegeben wird;

5. wenn ein Vermahlungssteuer entrichtender Brauer, obwohl er weiß, daß das Zählwerk der selbsttätigen Verwiegungsvorrichtung seiner Malzsteuermühle das Gewicht des Malzes nicht oder zu niedrig angibt, die Malzsteuermühle zum Schroten benutzt oder benutzen läßt, ohne einen glaubwürdigen Zeugen zuzuziehen und unter dessen Mitbeurkundung das Gewicht des Malzes im Mahlbuch anzuschreiben;
6. wenn in einer Abfindungsbrauerei die gemäß § 33 vom Bundesrate vorgeschriebenen Anmeldungen oder Anschreibungen nicht oder unrichtig bewirkt worden sind;
7. wenn in einem Antrag auf Erlaß, Erstattung oder Vergütung der Brausteuer die Menge der steuerpflichtigen Braustoffe oder die Biermenge zu hoch angegeben ist oder sonst wahrheitswidrige Angaben gemacht worden sind, die geeignet sind, zu einer Verkürzung der Steuer zu führen.

Strafe der Defraudation.

§ 42. Wer eine Brausteuerdefraudation begeht, hat eine Geldstrafe verwirkt, die dem vierfachen Betrage der vorenthaltenen oder zur Ungebühr beanspruchten Steuer oder Vergütung gleichkommt, mindestens aber fünfzig Mark beträgt.

Insoweit Abweichungen von der zulässigen

Menge (§ 41 Ziffer 1, 2 und 3) den Tatbestand der Defraudation bilden, wird die Strafe nach dem Steuerbetrage von dem Gewichtsunterschiede bemessen. Im Falle des § 41 Ziffer 6 gilt als vorenthaltene Abgabe der Steuerbetrag von den ohne die vorgeschriebene Anmeldung oder Anschreibung zur Bierbereitung verwendeten Braustoffen.

Die Steuer ist von der Strafe unabhängig zu entrichten.

§ 43. Kann der Betrag der hinterzogenen Steuer nicht anders ermittelt werden, so ist er, falls sich die begangene Defraudation nicht bloß auf eine Nachmaischung oder die zusätzliche Verwendung von Zucker bezieht, danach zu bemessen, was an Malz und Zucker zu einem vollen Gebräu in der betreffenden Brauerei genommen zu werden pflegt. Läßt sich letzteres nicht feststellen oder ist die Defraudation nur in bezug auf eine Nachmaischung oder die Zusetzung von Zucker begangen, so tritt statt des vierfachen Betrags der hinterzogenen Steuer eine Geldstrafe von fünfzig bis fünfhundert Mark ein.

§ 44. Kann der Angeschuldigte nachweisen, daß er eine Hinterziehung nicht habe verüben können, oder daß eine solche nicht beabsichtigt gewesen sei, so findet nur eine Ordnungsstrafe nach Vorschrift des § 47 statt.

Strafe des Rückfalls.

§ 45. Im Falle der Wiederholung der Defraudation nach vorhergegangener Bestrafung wird die Strafe auf den achtfachen Betrag der vorenthaltenen Steuer bestimmt. Diese Strafe soll jedoch in keinem Falle weniger als einhundert Mark betragen.

Jeder fernere Rückfall zieht Gefängnisstrafe bis zu zwei Jahren nach sich. Doch kann nach richterlichem Ermessen mit Berücksichtigung aller Umstände des Vergehens und der vorausgegangenen Fälle auf Haft oder auf Geldstrafe nicht unter dem Doppelten der für den ersten Rückfall bestimmten Geldstrafe erkannt werden.

§ 46. Die Straferhöhung wegen Rückfalls ist verwirkt, auch wenn die früheren Strafen nur teilweise verbüßt oder ganz oder teilweise erlassen sind.

Sie ist ausgeschlossen, wenn seit der Verbüßung oder dem Erlasse der letzten Strafe bis zur Begehung der neuen Defraudation drei Jahre verflossen sind.

Teilnehmer einer Defraudation unterliegen der Straferhöhung wegen Rückfalls nur insoweit, als sie sich selbst eines Rückfalls schuldig gemacht haben.

Ordnungsstrafen.

§ 47. Die Übertretung der Vorschriften dieses Gesetzes sowie der dazu erlassenen Verwaltungsbestimmungen wird, sofern nicht die im § 38 angedrohte Strafe oder eine Defraudationsstrafe verwirkt ist, mit einer Ordnungsstrafe bis zu einhundertfünfzig Mark geahndet.

Die Ordnungsstrafe soll jedoch in den nachgenannten Fällen nicht unter fünfzehn Mark und bei Wiederholungen nicht unter dreißig Mark betragen:

1. wenn, den Vorschriften in den §§ 14 und 23 dieses Gesetzes entgegen, die Anzeige der Brauereiräume und -gefäße oder die Einreichung der Erklärung unterblieben ist;
2. wenn Malzschrot entgegen der Vorschrift im § 18 an einem anderen als dem dazu angezeigten Orte bei dem Brauer vorgefunden wird;
3. wenn zu einer anderen Tageszeit als der angemeldeten (§ 21) oder vor Ablauf der halben Stunde, die auf den Steuerbeamten gewartet werden muß (§ 25), eingemaischt worden ist;
4. wenn die zu einem Gebräue gehörige Biermenge um mehr als zehn vom Hundert von dem angemeldeten Bierzuge (§ 21) abweicht;
5. wenn unbefugterweise Nachmaischungen (§ 26) vorgenommen worden sind, insoweit dadurch nicht etwa die Defraudationsstrafe nach § 40 verwirkt ist;
6. wenn jemand, der die Brausteuer zum Satze

von vier Mark für den Doppelzentner entrichtet, Bier an nicht zum Haushalte gehörige Personen gegen Entgelt abläßt;

7. wenn Brauer, welche die Brausteuer als Vermahlungssteuer entrichten, die ihnen in Gemäßheit der §§ 27 bis 31 obliegenden Pflichten verletzen.

Die Übertretung einzelner für die Sicherung der Steuer besonders wichtiger Vorschriften kann in dem letztgedachten Falle (zu 7) mit Ordnungsstrafe bis zum Betrage von sechshundert Mark belegt werden.

§ 48. Mit Ordnungsstrafe (§ 47 Abs. 1) wird außerdem belegt:

1. wer einem zur Wahrnehmung des Steuerinteresses verpflichteten Beamten oder dessen Angehörigen wegen einer auf die Erhebung oder Beaufsichtigung der Brausteuer bezüglichen Handlung oder Unterlassung einer solchen Geschenke oder andere Vorteile anbietet, verspricht oder gewährt, sofern nicht der Tatbestand der Bestechung (§ 333 des Strafgesetzbuchs) vorliegt;
2. wer sich Handlungen oder Unterlassungen zuschulden kommen läßt, durch die ein solcher Beamter an der rechtmäßigen Ausübung seines Amtes in bezug auf die Brausteuer verhindert wird, sofern nicht der Tatbestand

der strafbaren Widersetzlichkeit (§ 113 des Strafgesetzbuchs) vorliegt.

Zusammentreffen mehrerer Zuwiderhandlungen.

§ 49. Im Falle mehrerer oder wiederholter Zuwiderhandlungen gegen dieses Gesetz, die nicht in Defraudationen bestehen, soll, wenn die Zuwiderhandlungen derselben Art sind und gleichzeitig entdeckt werden, die Strafe gegen denselben Täter sowie gegen mehrere Täter und Teilnehmer zusammen nur im einmaligen Betrage festgesetzt werden.

Zwangsmaßregeln.

§ 50. Unbeschadet der verwirkten Ordnungsstrafen kann die Steuerbehörde die Beobachtung der Anordnungen, die auf Grund der Vorschriften dieses Gesetzes und der dazu erlassenen Verwaltungsbestimmungen getroffen worden sind, durch Androhung und Einziehung von Geldstrafen bis zu fünfhundert Mark erzwingen, auch, wenn eine vorgeschriebene Einrichtung nicht getroffen wird, diese auf Kosten der Pflichtigen herstellen lassen. Die Einziehung der hierdurch erwachsenen Auslagen erfolgt in dem Verfahren für die Beitreibung von Zollgefällen und mit dem Vorzugsrechte der letzteren.

Vertretungsverbindlichkeit für verwirkte Geldstrafen.

§ 51. Wer Brauerei als Gewerbe betreibt, haftet für die von seinen Verwaltern, Geschäftsführern, Gehilfen und sonstigen in seinem Dienste oder Lohne stehenden Personen sowie von seinen Familien- oder Haushaltungsmitgliedern auf Grund dieses Gesetzes verwirkten Geldstrafen und Kosten des Strafverfahrens sowie für die nachzuzahlende Steuer im Falle des Unvermögens der eigentlich Schuldigen, wenn nachgewiesen wird:

1. daß die Zuwiderhandlung mit seinem Wissen verübt ist oder
2. daß er bei Auswahl und Anstellung der Verwalter, Geschäftsführer, Gehilfen und sonstigen in seinem Dienste oder Lohne stehenden Personen oder bei Beaufsichtigung dieser sowie der bezeichneten Familien- oder Haushaltungsmitglieder nicht mit der Sorgfalt eines ordentlichen Geschäftsmanns zu Werke gegangen ist.

Als Verletzung der Sorgfalt eines ordentlichen Geschäftsmanns gilt insbesondere die wissentliche Anstellung oder Beibehaltung eines wegen Brausteuerdefraudation bereits bestraften Verwalters, Geschäftsführers oder Gehilfen, falls nicht die Verwaltungsbehörde die Anstellung oder Beibehaltung genehmigt hat.

Wird weder das eine noch das andere nachgewiesen, so haftet der Brauereitreibende, auch soweit er nicht ohnehin zur Entrichtung der Steuer verpflichtet ist, für die Steuer.

§ 52. Läßt sich die Geldstrafe von dem

Schuldigen nicht beitreiben, so kann die Verwaltungsbehörde davon absehen, den für die Geldstrafe Haftenden in Anspruch zu nehmen, und die an die Stelle der Geldstrafe tretende Freiheitsstrafe an dem Schuldigen vollstrecken lassen.

Umwandlung der Geld- in Freiheitsstrafen.

§ 53. Die Umwandlung der nicht beizutreibenden Geldstrafen in Freiheitsstrafen erfolgt gemäß §§ 28 und 29 des Strafgesetzbuches, jedoch darf die Freiheitsstrafe

im ersten Falle der Defraudation sechs Monate,
im ersten Rückfall ein Jahr,
im ferneren Rückfalle zwei Jahre

nicht überschreiten.

Verjährung.

§ 54. Die Strafverfolgung von Zuwiderhandlungen gegen die in den §§ 1 und 3 getroffenen Vorschriften (§ 38) und von Brausteuerdefraudationen (§§ 39 bis 41) verjährt in drei Jahren, die Strafverfolgung von Zuwiderhandlungen gegen dieses Gesetz, die mit Ordnungsstrafen bedroht sind, in einem Jahre, von dem Tage an gerechnet, an dem sie begangen sind.

Der Anspruch auf Nachzahlung hinterzogener Gefälle erlischt in drei Jahren.

Strafverfahren.

§ 55. Für die Feststellung, Untersuchung und Entscheidung der Brausteuervergehen sowie für die Strafmilderung und den Erlaß der Strafe im Gnadenwege kommen die Vorschriften zur Anwendung, nach denen sich das Verfahren wegen Vergehen gegen die Zollgesetze bestimmt.

Die nach den Vorschriften dieses Gesetzes verwirkten Geldstrafen fallen dem Fiskus desjenigen Staates zu, von dessen Behörden die Strafentscheidung erlassen ist.

§ 56. Jede von einer nach § 55 zuständigen Behörde wegen Brausteuervergehens einzuleitende Untersuchung und zu erlassende Strafentscheidung kann auch auf diejenigen Teilnehmer des Vergehens, die anderen Bundesstaaten angehören, ausgedehnt werden.

Die Strafvollstreckung ist nötigenfalls durch Ersuchen der zuständigen Behörden und Beamten desjenigen Staates zu bewirken, in dessen Gebiete die Vollstreckungsmaßregel zur Ausführung kommen soll.

Die Behörden und Beamten der Bundesstaaten sollen sich gegenseitig tätig und ohne Verzug den verlangten Beistand in allen gesetzlichen Maßregeln leisten, die zur Entdeckung oder Bestrafung der Brausteuerhinterziehungen oder der Verfehlungen gegen die Vorschriften über die Bierbereitung dienlich sind.

Strafe bei Verfehlungen gegen die Vorschriften über die Erhebung der Bierübergangsabgabe.

§ 57. Auf die Bestrafung von Hinterziehungen der Übergangsabgabe vom Biere sowie von sonstigen

Zuwiderhandlungen gegen die Bestimmungen über den Verkehr mit übergangsabgabepflichtigem Biere finden die Vorschriften über die Bestrafung der Zollhinterziehungen (§§ 135 ff. des Vereinszollgesetzes vom 1. Juli 1869 — Bundes-Gesetzbl. Seite 317 —) und der Zollordnungswidrigkeiten (§ 152 daselbst) Anwendung.

Abgabenerhebung von Bier für Rechnung von Gemeinden.

§ 58. Hinsichtlich der Abgabenerhebung von Bier, Essig und Malz für Rechnung der Gemeinden kommen die Bestimmungen im Artikel 5 II § 7 des Vertrags vom 8. Juli 1867, die Fortdauer des Deutschen Zoll- und Handelsvereins betreffend, mit den in Abs. 2 bis 5 enthaltenen Änderungen in Anwendung.

Die Grenze, bis zu der das Bier für Rechnung von Gemeinden besteuert werden darf, wird auf 65 Pfennig für ein Hektoliter Bier festgesetzt. Für Bier mit einem Alkoholgehalte von höchsten $1^3/_4$ vom Hundert der Menge darf die Abgabe nicht mehr als 30 Pfennig für 1 Hektoliter betragen.

Soweit auf Grund der bisherigen Vorschriften Gemeinden höhere Abgaben von den Braustoffen oder dem Biere erheben, dürfen diese höheren Abgaben bis zum 1. Oktober 1915 forterhoben werden.

Soweit die Bierabgabe von dem zur Biererzeugung verwendeten Malze erhoben wird, ist sie auf den Doppelzentner ungeschroteten Malzes in einem solchen Verhältnisse zu bestimmen, daß die Höhe des Malzabgabesatzes der Höhe der Abgabe entspricht, die von dem in die Gemeinde eingeführten Biere erhoben wird. Die Festsetzung dieses Verhältnisses unterliegt der Genehmigung der Landesregierungen.

Abgaben von Bier für Rechnung von Gemeinden sind bei dem Übergange des versteuerten Bieres nach anderen Orten von den Gemeinden in dem nachweislich gezahlten Betrage zu erstatten. In Fällen, in denen bisher eine solche Erstattung nicht stattgefunden hat, kann die oberste Landesverwaltungsbehörde den bisherigen Zustand bis zur Dauer von zehn Jahren noch fortdauern lassen.

Für die Fälligkeit, Einzahlung und Stundung der von Gemeinden erhobenen Abgaben vom Biere gelten die im § 8 festgesetzten Fristen.

Beitritt Elsaß-Lothringens zur Brausteuergemeinschaft.

§ 59. Durch Beschluß des Bundesrats kann die Einbeziehung Elsaß-Lothringens in den Geltungsbereich des Brausteuergesetzes erfolgen.

Verhältnis zu Luxemburg in Ansehung der Brausteuer.

§ 60. Der Reichskanzler ist befugt, für den Fall, daß das Großherzogtum Luxemburg eine mit diesem Gesetz übereinstimmende Besteuerung der Braustoffe nicht einführt oder den mit ihm wegen

Beitritts zur Norddeutschen Brausteuergemeinschaft abgeschlossenen Vertrag vom 2. März 1907 (Reichs-Gesetzbl. S. 149) kündigt, mit der Großherzoglich Luxemburgischen Regierung unter Zustimmung des Bundesrats die wegen anderweiter Regelung des Verhältnisses in Ansehung der Besteuerung der Braustoffe und des wechselseitigen Verkehrs mit Bier erforderlichen Vereinbarungen zu treffen.

Zoll.

§ 61. Die Nummer 186 des Zolltarifs vom 25. Dezember 1902 erhält folgende Fassung:

> Bier aller Art; Malzextrakt in dünnflüssigem Zustand, auch mit Heilmittelzusätzen 9,65 Mark.
>
> Anmerkung.
>
> Der Bundesrat kann für Bier in amtlich geeichten Fässern, auf denen der Eichstempel, das Jahr der Eichung und der Raumgehalt nach Litern deutlich und dauerhaft angegeben sind, wenn seit der Eichung nicht mehr als fünf Jahre verflossen sind, die Verzollung nach dem Raumgehalte der Fässer zum Zollsatze von 12,70 Mark für ein Hektoliter zulassen.

Förderung des Braugewerbes.

§ 62. Zur technischen und wissenschaftlichen Förderung des Braugewerbes darf aus der Brausteuereinnahme ein Betrag bis zur Höhe von 30000 Mark pro Jahr nach näherer Bestimmung des Bundesrats verwendet werden.

Übergangsvorschriften.

§ 63. Soweit beim Inkrafttreten dieses Gesetzes Verträge über Lieferung von Bier durch den Brauer bestehen, ist der Abnehmer verpflichtet, dem Brauer einen Zuschlag zum Hektoliterpreis in dem Betrage zu zahlen, um den die Brausteuer für 1 Hektoliter des in der Brauerei hergestellten Bieres durch dieses Gesetz erhöht wird. Für die Berechnung ist der Betriebsumfang der Brauerei zur Zeit des Vertragsschlusses maßgebend.

Soweit beim Inkrafttreten dieses Gesetzes ein Bierabnehmer vertraglich verpflichtet ist, bestimmte Ausschankpreise des von einer Brauerei bezogenen Bieres einzuhalten, ist der Abnehmer berechtigt, eine dem erhöhten Bezugspreis entsprechende Erhöhung der Ausschankpreise für Bier eintreten zu lassen.

Die Vorschriften der Abs. 1 und 2 finden keine Anwendung, wenn ausdrückliche Vertragsbestimmungen entgegenstehen.

§ 64. Dieses Gesetz tritt am 1. August 1909 in Kraft, ausgenommen die Vorschriften im § 58, welche erst mit dem 1. April 1910 in Kraft treten.

VI.

Schaumweinsteuergesetz.

Vom 9. Mai 1902 (RGBl. S. 155)
unter Berücksichtigung der Novelle v. 15. Juli 1909
(RGBl. Nr. 40, S. 714).

1. Gegenstand der Besteuerung.

§ 1. Schaumwein aus Traubenwein, aus Obst- oder Beerenwein (Fruchtwein) sowie alle schaumweinähnlichen Getränke unterliegen, sofern sie zum Verbrauch im Inlande bestimmt sind, einer in die Reichskasse fließenden Verbrauchsabgabe (Schaumweinsteuer).

Schaumwein im Sinne dieses Gesetzes sind alle der Schaumweinsteuer unterliegende Getränke.

Schaumwein, welcher nachweislich der Verzollung unterlegen hat, bleibt von der Abgabe befreit.

2. Höhe der Steuer.

§ 2. Die Schaumweinsteuer beträgt:

a) für Schaumwein, der aus Fruchtwein ohne Zusatz von Traubenwein hergestellt ist, zehn Pfennig für jede Flasche;

b) für anderen Schaumwein und schaumweinähnliche Getränke

bei einem Preise der Flasche von
nicht mehr als 4 Mark . . . 1 Mark,
mehr als 4 Mark und nicht mehr als
5 Mark . . . . 2 Mark,
mehr als 5 Mark . . . . . . 3 Mark
für die Flasche.

Für jede halbe Flasche ist die Hälfte und für jede kleinere Flasche ein Viertel der auf die Flasche entfallenden Steuer zu entrichten.

Als ganze Flaschen werden alle Schaumwein enthaltenden Umschließungen mit Raumgehalt über 425 bis 850 Kubikzentimeter behandelt; Umschließungen mit Raumgehalt über 230 bis 425 Kubikzentimeter gelten als halbe Flaschen. Der Bundesrat ist ermächtigt, für Umschließungen mit Raumgehalt über 850 oder unter 120 Kubikzentimeter besondere Steuersätze unter Zugrundelegung der Einheitssätze des Abs. 1 festzusetzen.

3. Entrichtung und Stundung der Steuer.

§ 3. Die Schaumweinsteuer ist vom Hersteller des Schaumweins mittelst Anbringung eines Steuerzeichens an der Umschließung zu entrichten, bevor der fertige Schaumwein aus der Erzeugungsstätte entfernt oder innerhalb derselben getrunken wird. Die näheren Bestimmungen über die Form, die Anfertigung, den Vertrieb und die Art der Verwendung der Steuerzeichen trifft der Bundesrat. Er stellt die Voraussetzungen fest, unter welchen für verwendete Steuerzeichen ein unentgeltlicher Ersatz und für noch nicht verwendete Steuerzeichen ein unentgeltlicher Umtausch oder eine Rückzahlung gewährt werden darf. Steuerzeichen, welche nicht in der vorgeschriebenen Weise verwendet worden sind, werden als nicht vorhanden angesehen.

Die Anbringung eines Steuerzeichens ist nicht erforderlich, wenn der Schaumwein vor der Entnahme aus der Erzeugungsstätte zur Ausfuhr unter amtlicher kostenfreier Kontrolle angemeldet wird.

Gegen Sicherheitsbestellung ist die Schaumweinsteuer für eine Frist von wenigstens neun Monaten zu stunden. Für eine Frist bis zu drei Monaten kann sie auch ohne Sicherheitsbestellung gestundet werden.

§ 3a. Für die Höhe der Steuer (§ 2) maßgebend ist der Preis, zu dem der Schaumwein vom Hersteller abgegeben wird; wird der Schaumwein unentgeltlich abgegeben, so beträgt die Steuer 1 Mark für jede Flasche.

4. Vergütung des Weinzolls.

§ 4. Der Bundesrat kann darüber Bestimmung treffen, daß auf in das Ausland geführten deutschen Schaumwein eine entsprechende Vergütung gewährt wird für verauslagten Zoll auf zur Herstellung dieses Schaumweins verwendeten ausländischen Rohwein.

5. Vergütung der Steuer für Proben usw.

§ 5. Für versteuerten Schaumwein, der als Probe abgegeben oder der dem Hersteller vom Empfänger als unbrauchbar zur Verfügung gestellt wird, erhält der Hersteller eine Vergütung der Steuer. Dieselbe wird jährlich in einer Pauschsumme von fünf Hundertstel des Steuerwerts der in der Fabrik verwendeten Schaumweinsteuerzeichen gewährt.

6. Verjährung der Steuer.

§ 6. Ansprüche auf Zahlung und Erstattung von Schaumweinsteuer verjähren in zwei Jahren von dem Tage des Eintritts der Steuerpflicht oder der Steuerentrichtung. Der Anspruch auf Nachzahlung hinterzogener Steuer verjährt in drei Jahren.

7. Kontrolle der Schaumweinfabriken.

a) Anmeldung der Fabriken.

§ 7. Wer Schaumwein herstellen will, hat vor der Eröffnung des Betriebs der Steuerbehörde einen Grundriß und eine Beschreibung der Betriebs- und Lagerräume sowie der damit in Verbindung stehenden oder unmittelbar daran angrenzenden Räume vorzulegen.

Diejenigen Räume, welche zur Lagerung von fertigem unversteuerten Schaumweine dienen sollen, bedürfen der Genehmigung der Steuerbehörde.

Räume, in denen der Ausschank oder der Verkauf von Schaumwein in einzelnen Flaschen betrieben wird, müssen auf Verlangen der Steuerbehörde von den Lagerräumen für fertigen unversteuerten Schaumwein derartig getrennt sein, daß Schaumwein nicht anders als auf offener Straße in sie übergeführt werden kann.

b) Bezeichnung des Besitzers und Betriebsleiters.

§ 8. Jeder Wechsel im Besitz einer Schaumweinfabrik ist der Steuerbehörde binnen einer Woche vom neuen Besitzer anzuzeigen.

Gesellschaften, welche Schaumwein herstellen, und Inhaber von Schaumweinfabriken, die den Betrieb nicht selbst leiten, haben der Steuerbehörde diejenige Person zu bezeichnen, welche als Betriebsleiter in ihrem Namen und Auftrage handelt.

c) Lagerung des fertigen unversteuerten Schaumweins; Buchführung.

§ 9. Fertiger unversteuerter Schaumwein darf nur in den dazu genehmigten Lagerräumen gelagert, behandelt und verpackt werden. Über Zu- und Abgang desselben sind nach näherer Anordnung des Bundesrats Anschreibungen zu führen, welche der Bestimmung der Steuerbehörde entsprechend aufzubewahren und den Beamten zugänglich zu halten sind.

Die Bestände sind von Zeit zu Zeit amtlich festzustellen und mit den Anschreibungen zu vergleichen. Von der Erhebung der Steuer für Fehlmengen ist abzusehen, wenn und soweit dargetan wird, daß eine Steuerhinterziehung nicht stattgefunden hat, sondern daß die Fehlmengen auf andere, eine Steuerschuld nicht begründende Umstände zurückzuführen sind.

d) Revisionsbefugnis der Steuerbeamten.

§ 10. Die Schaumweinfabriken unterliegen der steuerlichen Revision. Die Steuerbeamten sind befugt, die Betriebs- und Lagerräume, solange sie geöffnet sind oder darin gearbeitet wird, zu jeder Zeit, anderenfalls von Morgens 6 Uhr bis Abends 9 Uhr zu besuchen und, falls die Fabrik verschlossen sein sollte, sofortigen Einlaß zu verlangen. Die Revisionsbefugnis erstreckt sich auf alle Räume der Fabrik sowie auf die mit derselben in Verbindung stehenden oder unmittelbar daran grenzenden Räume. Die Zeitbeschränkung fällt fort, wenn Gefahr im Verzuge liegt.

e) Hilfsleistung bei Ausübung der Steuerkontrolle.

§ 11. Der Fabrikinhaber hat den Steuerbeamten jede im Steuerinteresse oder zu statistischen Zwecken erforderliche Auskunft über den Fabrikbetrieb zu erteilen und bei allen zum Zwecke der Kontrolle oder Abfertigung stattfindenden Amtshandlungen die Hilfsdienste zu leisten oder leisten zu lassen, welche notwendig sind, damit die Beamten die ihnen obliegenden Geschäfte in den vorgeschriebenen Grenzen vollziehen können. Insbesondere ist auch für Beleuchtung zu sorgen.

Den Oberbeamten der Steuerverwaltung sind die auf die Herstellung und Veräußerung von Schaumwein sich beziehenden Geschäftsbücher und Geschäftspapiere auf Erfordern zu jeder Zeit zur Einsicht vorzulegen.

f) Halbfertige Erzeugnisse.

§ 12. Der Bundesrat kann anordnen, daß die Versendung solcher Erzeugnisse, die als fertiger, der Steuer zu unterwerfender Schaumwein noch nicht anzusehen sind, unter Kontrolle gestellt wird.

8. **Erhaltung der Steuerzeichen.**

§ 13. Die Schaumweinsteuerzeichen sind an den Umschließungen so lange zu erhalten, bis diese geöffnet werden.

Wer Schaumwein empfängt, welcher der Vorschrift des Gesetzes zuwider mit den erforderlichen Steuerzeichen nicht versehen ist, hat hiervon binnen drei Tagen der Steuerbehörde Anzeige zu machen.

Händler mit Schaumwein und Wirte sind verbunden, den Oberbeamten der Steuerverwaltung ihre Vorräte an Schaumwein zum Nachweise, daß solche mit den vorgeschriebenen Steuerzeichen versehen sind, auf Verlangen vorzuzeigen.

9. **Verschärfung der Kontrolle.**

§ 14. Hersteller von Schaumwein sowie

Händler und Wirte, welche selbst oder deren Betriebsleiter wegen Defraudation der Schaumweinsteuer bestraft sind, können auf ihre Kosten besonderen Kontrollen unterworfen werden.

10. Strafbestimmungen.

a) Einziehung.

§ 15. Schaumwein, welcher der Vorschrift dieses Gesetzes zuwider mit den erforderlichen Steuerzeichen (§§ 3 und 29) oder Zollzeichen (§ 30) nicht versehen ist, unterliegt der Einziehung, gleichviel wem er gehört und ob gegen eine bestimmte Person ein Strafverfahren eingeleitet wird.

Wird mit der Herstellung von Schaumwein begonnen, bevor die Betriebs- und Lagerräume angemeldet sind, so unterliegen außer dem hergestellten Schaumwein auch der in der Herstellung begriffene Schaumwein und die zur Herstellung, Lagerung und Aufmachung von Schaumwein geeigneten Geräte und Materialien in gleicher Weise der Einziehung.

b) Defraudation der Schaumweinsteuer.

§ 16. Wer es unternimmt, die Schaumweinsteuer zu hinterziehen, macht sich der Defraudation schuldig.

Die Defraudation wird insbesondere als vollbracht angenommen:

a) wenn mit der Herstellung von Schaumwein

begonnen wird, bevor die Betriebs- und Lagerräume in der vorgeschriebenen Weise angemeldet sind (§ 7);

b) wenn fertiger unversteuerter Schaumwein vom Hersteller in anderen als den dazu genehmigten Lagerräumen aufbewahrt wird (§ 9);

c) wenn Hersteller, Händler oder Wirte Schaumwein in Gewahrsam haben, welcher der Vorschrift dieses Gesetzes zuwider mit den erforderlichen Steuerzeichen (§§ 3 und 29) oder Zollzeichen (§ 30) nicht versehen ist.

Das Dasein der Defraudation wird in den Fällen des Abs. 2 durch die daselbst bezeichneten Tatsachen begründet. Wird festgestellt, daß eine Hinterziehung nicht verübt oder nicht beabsichtigt ist, so findet nur eine Ordnungsstrafe nach § 19 statt.

c) Strafe der Defraudation.

§ 17. Wer eine Defraudation begeht, hat eine Geldstrafe verwirkt, die dem vierfachen Betrage der vorenthaltenen Steuer gleichkommt, mindestens aber dreißig Mark für jeden einzelnen Fall beträgt. Außerdem ist die Steuer nachzuzahlen.

Kann ein vorenthaltener Steuerbetrag nicht festgestellt werden, so tritt eine Geldstrafe von dreißig Mark bis zu zehntausend Mark ein.

Liegt eine Übertretung vor, so sind die Beihilfe und die Begünstigung mit Geldstrafe bis zu einhundertfünfzig Mark zu bestrafen.

d) Defraudation im Rückfalle.

§ 18. Im Falle der Wiederholung der Defraudation nach vorausgegangener Bestrafung wird die im § 17 angedrohte Strafe verdoppelt.

Jeder fernere Rückfall zieht Gefängnis bis zu drei Jahren nach sich, doch kann nach richterlichem Ermessen mit Berücksichtigung aller Umstände und der vorangegangenen Fälle auf Haft oder auf Geldstrafe nicht unter dem Doppelten der für den ersten Rückfall angedrohten Strafe erkannt werden.

Die Rückfallstrafe ist verwirkt, auch wenn die frühere Strafe nur teilweise verbüßt oder ganz oder teilweise erlassen ist, bleibt dagegen ausgeschlossen, wenn seit der Verbüßung oder dem Erlasse der früheren Strafe bis zur Begehung der neuen Straftat drei Jahre verflossen sind.

e) Ordnungsstrafen.

§ 19. Zuwiderhandlungen gegen die Bestimmungen dieses Gesetzes und die dazu erlassenen und öffentlich oder den Beteiligten besonders bekannt gemachten Verwaltungsvorschriften werden, sofern nicht eine schwerere Strafe verwirkt ist, mit einer Ordnungsstrafe von einer Mark bis zu dreihundert Mark geahndet.

Mit Ordnungsstrafe nach Maßgabe des Abs. 1 wird ferner belegt:

a) wer einem zur Wahrnehmung des Steuerinteresses verpflichteten Beamten oder dessen Angehörigen wegen einer auf die Erhebung oder Überwachung der Schaumweinsteuer bezüglichen amtlichen Handlung oder Unterlassung einer solchen Geschenke oder andere Vorteile anbietet, verspricht oder gewährt, sofern nicht der Tatbestand des § 333 des Strafgesetzbuchs vorliegt;

b) wer sich Handlungen oder Unterlassungen zuschulden kommen läßt, durch welche ein solcher Beamter an der rechtmäßigen Ausübung seines Amtes in bezug auf die Schaumweinsteuer verhindert wird, sofern nicht der Tatbestand des § 113 oder des § 114 des Strafgesetzbuchs vorliegt.

f) Haftung für andere Personen.

§ 20. Hersteller von Schaumwein sowie Händler und Wirte haften für die von ihren Verwaltern, Geschäftsführern, Gehilfen und sonstigen in ihrem Dienste oder Lohne stehenden Personen sowie von ihren Familien- oder Haushaltungsmitgliedern verwirkten Geldstrafen und Prozeßkosten und für die nachzuzahlende Steuer im Falle des Unvermögens der eigentlich Schuldigen. Wird nachgewiesen, daß die Zuwiderhandlung ohne ihr Wissen verübt ist, so haften sie nur für die Steuer. Die Haftung für Geldstrafen kann nur durch richterliches Urteil ausgesprochen werden.

Ist die Geldstrafe von dem Schuldigen nicht beizutreiben, so kann die Steuerbehörde davon absehen, den für die Geldstrafe Haftenden in Anspruch zu nehmen, und die an Stelle der Geldstrafe tretende Freiheitsstrafe an dem Schuldigen vollstrecken lassen.

g) Zwangsmaßregeln.

§ 21. Unbeschadet der verwirkten Ordnungsstrafen kann die Steuerbehörde die Beobachtung der auf Grund dieses Gesetzes getroffenen Anordnungen durch Androhung und Einziehung von Geldstrafen bis zu fünfhundert Mark erzwingen.

h) Fälschung von Steuerzeichen.

§ 22. Mit Gefängnis nicht unter drei Monaten wird bestraft, wer unechte Schaumweinsteuerzeichen (§§ 3 und 29) oder unechte Zollzeichen (§ 30) in der Absicht anfertigt, sie als echt zu verwenden, oder echte Schaumweinsteuerzeichen in der Absicht verfälscht, sie zu einem höheren Werte zu verwenden, oder wissentlich von falschen oder verfälschten Schaumweinsteuer- oder Zollzeichen Gebrauch macht. Neben der Strafe kann auf Verlust der bürgerlichen Ehrenrechte erkannt werden.

§ 23. Wer wissentlich schon einmal verwendete Schaumweinsteuer- oder Zollzeichen verwendet, wird mit Geldstrafe bis zu sechshundert Mark bestraft.

§ 24. Neben der in den §§ 22 und 23 angedrohten Strafe kommt die durch die Hinterziehung der Schaumweinsteuer begründete Strafe zur Anwendung.

§ 25. Mit Geldstrafe bis zu einhundertfünfzig Mark oder mit Haft wird bestraft, wer ohne schriftlichen Auftrag einer Behörde

1. Stempel, Siegel, Stiche, Platten oder andere Formen, welche zur Anfertigung von Schaumweinsteuer- oder Zollzeichen dienen können, anfertigt oder an einen anderen als die Behörde verabfolgt;
2. den Abdruck der in Nr. 1 bezeichneten Stempel, Stiche, Platten oder Formen unternimmt oder Abdrücke an einen anderen als die Behörde verabfolgt.

Neben der Strafe kann auf Einziehung der Stempel, Siegel, Stiche, Platten oder anderen Formen sowie der Abdrücke erkannt werden, ohne Unterschied, ob sie dem Verurteilten gehören oder nicht.

§ 26. Mit Geldstrafe bis zu einhundertfünfzig Mark wird bestraft, wer wissentlich schon einmal verwendete Schaumweinsteuer- oder Zollzeichen veräußert oder feilhält.

i) Strafverfahren und Verjährung der Strafverfolgung.

§ 27. In den Fällen der §§ 15 bis 21 kommen

hinsichtlich des Strafverfahrens sowie in betreff der Strafmilderung und des Erlasses der Strafe im Gnadenwege die Vorschriften zur Anwendung, nach denen sich das Verfahren wegen Zuwiderhandlungen gegen die Zollgesetze bestimmt. Der Erlös aus eingezogenem Schaumweine sowie Geldstrafen fallen dem Staate zu, von dessen Behörden die Strafentscheidung erlassen ist.

Die Strafverfolgung von Defraudationen verjährt in drei Jahren, von anderen Zuwiderhandlungen in einem Jahre.

11. Verwaltung der Schaumweinsteuer und Ausgleichungsbeträge.

§ 28. Die Erhebung und Verwaltung der Schaumweinsteuer erfolgt durch die Landesbehörden. Für die erwachsenden Kosten wird den Bundesstaaten nach Maßgabe der vom Bundesrate zu erlassenden Bestimmungen Vergütung gewährt.

Die Reichsbevollmächtigten für Zölle und Steuern und die Stationskontrolleure üben in bezug auf die Ausführung des Schaumweinsteuergesetzes dieselben Rechte und Pflichten, welche ihnen bezüglich der Erhebung und Verwaltung der Zölle und Verbrauchssteuern beigelegt sind.

Die außerhalb der gemeinschaftlichen Zollgrenze liegenden Teile des Reichsgebiets zahlen an Stelle der Schaumweinsteuer einen entsprechenden Ausgleichungsbetrag an die Reichskasse.

12. Schaumwein aus Zollanschlüssen.

§ 29. Schaumwein, der aus den dem Zollgebiet angeschlossenen Staaten und Gebietsteilen zum Verbrauch eingeht und nicht nachweislich der Verzollung unterlegen hat, ist spätestens beim Eintritt in das Inland mit dem nach § 3 anzubringenden Steuerzeichen zu versehen.

Der Reichskanzler kann unter Zustimmung des Bundesrats mit den zuständigen fremden Regierungen wegen Herbeiführung einer den Bestimmungen dieses Gesetzes entsprechenden Besteuerung des Schaumweins in den dem Zollgebiet angeschlossenen Staaten und Gebietsteilen, wegen Überweisung der Steuer für den im gegenseitigen Verkehr übergehenden Schaumwein oder wegen Begründung einer Steuergemeinschaft Vereinbarungen treffen.

13. Verzollter Schaumwein.

§ 30. Der Bundesrat kann anordnen, daß die Umschließungen des verzollten Schaumweins mit einer amtlichen Bezeichnung zu versehen sind, welche erkennen läßt, daß der Zoll erhoben ist. In bezug auf diese Bezeichnung findet der § 13 Anwendung.

14. Schlußbestimmungen; Nachsteuer.

§ 31. Dieses Gesetz tritt am 1. Juli 1902 mit der Maßgabe in Kraft, daß für bestehende Fabriken die nach § 7 und § 8 Abs. 2 erforderlichen Anzeigen bei Vermeidung der im § 19 vorgesehenen Ordnungsstrafen bis zum 1. Juni 1902 zu erstatten sind.

Vom 1. Juli 1902 ab werden Landessteuern vom Schaumweine nicht mehr erhoben.

Schaumwein, der sich am 1. Juli 1902 außerhalb einer Schaumweinfabrik oder einer Zollniederlage befindet, unterliegt nach näherer Bestimmung des Bundesrats der Schaumweinsteuer in Form einer Nachsteuer.

Schaumwein im Besitze von Haushaltungsvorständen, die weder Ausschank noch Handel mit Getränken betreiben, bleibt, sofern die Gesamtmenge nicht mehr als dreißig Flaschen beträgt, von der Nachsteuer befreit.

Artikel 3 und 4 des Gesetzes zur Abänderung des Schaumweinsteuergesetzes lauten:

Artikel 3.

Der Eingangszoll für Schaumwein (Tarifnummer 181) beträgt 180 Mark für 1 Doppelzentner.

Der Bundesrat ist ermächtigt, den Zoll auf 130 Mark für 1 Doppelzentner herabzusetzen.

Dieses Gesetz tritt mit dem 1. August 1909 in Kraft.

Artikel 4.

Schaumwein, der sich am 1. August 1909 außerhalb der Erzeugungsstätte (§ 3) oder einer

Zollniederlage befindet, unterliegt nach näherer Bestimmung des Bundesrats einer Nachsteuer in Höhe von 0,50 Mark.

Schaumwein im Besitze von Eigentümern, die weder Ausschank noch Handel mit Getränken betreiben, bleibt, sofern die Gesamtmenge nicht mehr als zehn Flaschen beträgt, von der Nachsteuer befreit. Mehrere Eigentümer, die Schaumwein gemeinsam aufbewahren, werden hinsichtlich der Verpflichtung zur Entrichtung der Nachsteuer für den gemeinsam aufbewahrten Schaumwein wie ein Eigentümer angesehen.

VII.

Tabaksteuergesetz.

Vom 15. Juli 1909 (RGBl. Nr. 44 S. 793).

Zoll.

§ 1. An Zoll ist zu erheben von 1 Doppelzentner:

1. Tabakblätter, unbearbeitet oder nur gegoren (fermentiert), oder über Rauch getrocknet, auch in Büscheln, Bündeln oder Puppen . . . 85 Mark
2. Tabakerzeugnisse:
   a) Tabakrippen und Tabakstengel, auch mit Tabakbrühe behandelt (gebeizt) . . . . 85 „
   b) Tabaklaugen, auch gemischt mit Tabakbrühe . . . . 100 „
   c) Tabakblätter, bearbeitet (ganz oder teilweise entrippt, auch mit Tabakbrühe behandelt [gebeizt] usw.); Abfälle von bearbeiteten Tabakblättern und Abfälle von Tabakerzeugnissen, auch gemischt mit Abfällen von Rohtabak (Scraps) . . . . 180 „

d)	Karotten (Mangotes), Stangen und Rollen zur Herstellung von Schnupftabak	210	Mark,
e)	Schnupftabak, Kau- und Pfeifentabak in Rollen, Platten, Tabakmehl, Tabakstaub; Papier aus Stengeln oder Rippen von Tabakblättern	300	„
f)	Geschnittener Rauchtabak .	700	„
g)	Zigarren	270	„
h)	Zigaretten	1000	„ .

Anmerkung: Für Zigarettenpapier aus Stengeln oder Rippen von Tabakblättern mit Ausnahme des zur gewerblichen Verarbeitung bestimmten, ferner für feingeschnittenen Tabak und für Zigaretten ist neben dem Eingangszolle die vorgeschriebene innere Abgabe zu erheben. (§ 2 des Zigarettensteuergesetzes vom 3. Juni 1906 und Artikel IIIa des Gesetzes vom 15. Juli 1909 wegen Änderung des Tabaksteuergesetzes.)

Zollzuschlag für Tabakblätter, Zeitpunkt der Feststellung und Fälligkeit.

§ 2. Tabakblätter, unbearbeitet und bearbeitet (§ 1 Ziffer 1 und 2c), unterliegen außer dem vorgeschriebenen Zolle einem Zollzuschlage von vierzig vom Hundert des Wertes. Als Wert gilt der

Preis des Tabaks beim Übergange vom Verkäufer (Händler) an den Verarbeiter (Fabrikanten), wobei Rabatt, Zinsvergütungen, Zahlungsabzüge und dergleichen unberücksichtigt bleiben.

Verkäufer im Sinne dieses Gesetzes ist, wer zollzuschlagspflichtigen Tabak an einen Verarbeiter überläßt. Als Verarbeiter gilt auch der Kleinhändler, der Tabakblätter unmittelbar an den Verbraucher abgibt.

Die Feststellung des Zollzuschlags erfolgt beim Übergange des Tabaks in die Hände des Verarbeiters; der Bundesrat ist befugt, für die Abgabe von Tabak in kleinen Mengen Ausnahmen zuzulassen. Die Fälligkeit des Zollzuschlags tritt gleichzeitig mit der Fälligkeit des auf dem Tabake haftenden Zolles ein.

Von dem Zollzuschlage bleiben diejenigen bearbeiteten und unbearbeiteten Tabakblätter befreit, welche zur Herstellung von Tabakerzeugnissen verwendet werden, auf die das Zigarettensteuergesetz vom 3. Juni 1906 Anwendung findet.

Anmeldepflicht und Wertermittelung.

§ 3. Jeder Verarbeiter, der zollzuschlagpflichtigen Tabak bezieht, ist verpflichtet, der zuständigen Zollstelle vor der Übernahme des Tabaks in seinen Betrieb den Wert (§ 2 Abs. 1) anzumelden. Die Übernahme der Anmeldepflicht des Verarbeiters durch den Verkäufer kann für bestimmte Fälle zugelassen werden.

Der Wertanmeldung ist die vom Verkäufer dem Verarbeiter zu erteilende Rechnung (Faktura) beizufügen. Letztere bildet die Grundlage der amtlichen Wertermittelung. Bezieht der Verarbeiter Tabakblätter aus dem Auslande, so sind die Fracht-, Versicherungs-, Löschungs-, Einlagerungs- und sonstigen Spesen, die bis zur Überführung in das Zollinland entstehen, dem Werte hinzuzurechnen. Der Bundesrat ist ermächtigt, für diese Zuschläge feste Sätze für je 100 Kilogramm Tabak zu bestimmen. Die Wertanmeldung muß enthalten: den Namen und Wohnort des Verkäufers und des Käufers, den zu zahlenden Kaufpreis, den Tag des Kaufes, das Ursprungsland, die übliche Bezeichnung der Tabakart sowie das Gewicht des Tabaks.

Über die Zollbehandlung der Tabakmuster, die von Verkäufern, ihren Angestellten oder Beauftragten oder von Agenten mitgeführt werden, trifft der Bundesrat nähere Bestimmungen.

Wertermittelung in besonderen Fällen.

§ 4. Ist über verschiedene Klassen Tabak (Sortierungen) zwischen dem Verkäufer und Verarbeiter nur ein einheitlicher (Durchschnitts-) Preis vereinbart worden, so ist, wenn die Feststellung des Zollzuschlags für nur einen Teil der gekauften Menge notwendig wird, neben der Wertanmeldung und der Gesamtrechnung noch eine Schätzung des Wertes der einzelnen Klassen beizubringen, die den Durchschnittspreis ergibt. Wenn die ganze Menge abzüglich etwa weiter verkaufter Teile innerhalb fünf Jahren vom Tage der Ausstellung der Gesamtrechnung an nicht bezogen ist, ist der Zollzuschlag für den bereits bezogenen Teil nach dem höchsten Werte zu berechnen, den die Schätzung der einzelnen Klassen enthält. Der Mehrbetrag ist nachzuzahlen.

Stimmt der für die weiterverkauften Teile erzielte Preis nicht mit dem in der Schätzung aufgeführten Werte überein, so ist eine nachträgliche Änderung der Schätzung zulässig.

Hat der Verarbeiter Teile einer aus mehreren Klassen bestehenden, zu einem einheitlichen Durchschnittspreise gekauften Menge Tabak vor der Feststellung des Zollzuschlags weiterverkauft, so ist der Wertanmeldung für den zollzuschlagpflichtigen Teil die Gesamtrechnung und die in Abschrift beizubringende Rechnung über den weiterverkauften Teil beizufügen. Besteht in diesem Falle der zollzuschlagpflichtige Teil aus mehreren Klassen, so finden die Vorschriften der Abs. 1 und 2 sinngemäße Anwendung.

Wenn im Falle einer beanstandeten Lieferung eine nachträgliche Preisänderung oder die Rückgabe eines noch nicht verzollten Teiles einer zu einem Durchschnittspreise gekauften Menge Tabak an den Verkäufer erfolgt, finden die Vorschriften des Abs. 3 sinngemäße Anwendung.

Bei Tabak, den der Verarbeiter selbst im Auslande pflanzen läßt oder ohne Zahlung eines Entgelts erwirbt, ist der Wertanmeldung der Preis zugrunde zu legen, der nach der allgemeinen Marktlage von inländischen Verarbeitern für Tabak gleicher Beschaffenheit gezahlt wird.

Wenn, abgesehen von dem im vorhergehenden Absatz erwähnten Falle, der Wertanmeldung eine Rechnung nicht beigelegt wird, erfolgt die Ermittelung des für den Zollzuschlag maßgebenden Wertes durch Erhöhung des angemeldeten Wertes um fünfzig vom Hundert.

Betriebsanmeldung und Buchführung.

§ 5. Wer mit ausländischen Tabakblättern Handel treiben oder Tabakerzeugnisse herstellen will, hat dies der Steuerbehörde seines Bezirkes schriftlich anzumelden. Er erhält von ihr über die erfolgte Anmeldung eine Bescheinigung, vor deren Erteilung der Betrieb nicht begonnen werden darf.

Angemeldeten Verkäufern und Verarbeitern ist der Bezug ausländischer Tabakblätter ohne weiteres, anderen Personen nur mit besonderer Ermächtigung der Steuerbehörde gestattet. Die Zollabfertigungsstellen sind befugt, von den Einbringern den Nachweis der erfolgten Anmeldung zu fordern.

Die Verkäufer haben ihre Vorräte an ausländischen Tabakblättern so lange unverzollt in einer öffentlichen Niederlage zu lagern oder auf eigene Kosten unter ständige Steueraufsicht zu stellen, bis die Feststellung des Zollzuschlags erfolgt ist (§ 2 Abs. 3). Sie haben über Zu- und Abgang ausländischer Tabakblätter nach näherer Anordnung der Steuerbehörde Bücher zu führen, aus denen insbesondere der Verkaufspreis, das Gewicht und die Benennung sowie die Käufer der Tabakblätter ersichtlich sind. Den Aufsichtsbeamten der Steuerbehörde sind von den Verkäufern auf Erfordern die Geschäftsbücher und Schriftstücke vorzulegen, die auf den Ein- und Verkauf der ausländischen Tabakblätter sowie auf die hierfür geleisteten und empfangenen Zahlungen Bezug haben.

Die Verarbeiter haben alle Rechnungen über (bezogene oder nicht bezogene) ausländische Tabakblätter auf Erfordern den Aufsichtsbeamten der Steuerbehörde vorzuzeigen, diesen auf Erfordern auch Einblick in die Geschäftsbücher und Schriftstücke zu geben, die sich auf den Einkauf und die Bezahlung ausländischer Tabakblätter und, soweit ein Weiterverkauf stattfindet, auch auf diesen beziehen.

Die Rechnungen, Geschäftsbücher und Schriftstücke sind drei Jahre aufzubewahren.

Besondere Vorschriften für im Ausland ausgestellte Rechnungen.

§ 6. Bezieht der Verarbeiter Tabakblätter von einem ausländischen Verkäufer, so ist die der

Wertanmeldung beizufügende Rechnung von der Kaiserlichen Konsulatsbehörde des Bezirkes, in dem der ausländische Verkäufer seine Geschäftsniederlassung oder in Ermangelung einer solchen seinen Wohnsitz hat, mit dem Vermerke zu beglaubigen, daß der in der Rechnung angegebene Preis nach Ausweis der Bücher und Schriftstücke des Verkäufers sowie sonstiger zur Verfügung stehender Beweisstücke zutreffend erscheint. Das Fehlen dieser Beglaubignng hat die im § 4 letzter Absatz vorgesehene Folge.

Entscheidung über die Zulänglichkeit der Wertanmeldungen.

§ 7. Zweifel der Zollabfertigungsstellen an der Zulänglichkeit der Wertanmeldungen sind von einem Prüfungsamte für Tabakbewertung zu entscheiden, das mindestens zu zwei Dritteln mit Sachverständigen aus dem Tabakgewerbe besetzt ist. Der Reichskanzler bestimmt die Zahl der Prüfungsämter, deren Sitz, Zuständigkeit, Besetzung und Geschäftsordnung. Die Sachverständigen, von denen tunlichst zwei Drittel ihre Tätigkeit als Ehrenamt ausüben sollen, werden vom Reichskanzler nach Anhörung der Vertretungen des Tabakhandels und der Tabakverarbeitung berufen.

Die Zollabfertigungsstellen, welche die Entscheidung des Prüfungsamts anrufen, haben ihm mit der Wertanmeldung und ihren Unterlagen ein Muster des zu prüfenden Tabaks zu übersenden. Der Verarbeiter erhält für das entnommene Muster Vergütung nach dem angemeldeten Werte.

Das Prüfungsamt ist zu Erhebungen aller Art berechtigt, insbesondere zur Forderung der Vorführung von Probeballen, zu örtlichen Besichtigungen und zur schriftlichen oder persönlichen Befragung des Verkäufers und Verarbeiters über die näheren Umstände des Geschäftsabschlusses. Das Prüfungsamt ist auch befugt, sich für seine Ermittelungen der Handelskammern oder der von diesen vorzuschlagenden Sachverständigen zu bedienen.

Das Prüfungsamt hat nur über die Zulänglichkeit oder Unzulänglichkeit der Wertanmeldung zu entscheiden.

Ankaufsrecht des Reichs.

§ 8. Erklärt das Prüfungsamt eine Wertanmeldung für unzulänglich, so steht der Reichsfinanzverwaltung das Ankaufsrecht gegen Zahlung des angemeldeten Wertes mit einem Zuschlage von fünf vom Hundert zu.

Das Prüfungsamt hat dem Reichsschatzamte von seinem Beschlusse, durch den es eine Wertangabe für unzulänglich erklärt, unverzüglich Mitteilung zu machen und über den von ihm geschätzten Wert zu berichten.

Das Ankaufsrecht der Reichsfinanzverwaltung kann nur innerhalb zweier Wochen nach Empfang dieses Berichts ausgeübt werden.

Übt die Reichsfinanzverwaltung das Ankaufsrecht nicht aus, so ist für den Zollzuschlag der angemeldete Wert (§ 3), gegebenenfalls unter Berücksichtigung der Erhöhungen gemäß § 4 letzter Absatz und § 6 letzter Satz, maßgebend.

Zollzuschlag für Zigarren.

§ 9. Zigarren unterliegen außer dem vorgeschriebenen Zolle einem gleichzeitig mit diesem zu entrichtenden Zollzuschlage von vierzig vom Hundert des Wertes.

Als Wert gilt der vom Einbringer bezahlte oder zu zahlende Preis. Der Einbringer hat bei der Zollabfertigung der Zigarren in den freien Verkehr den Wert nach näherer Anordnung der Steuerbehörde anzumelden und, sofern nicht der Erwerb ohne Zahlung eines Entgelts erfolgt ist, die Rechnung des Lieferers beizufügen. Die Unterlassung der Beifügung der Rechnung hat die im § 4 letzter Absatz vorgesehene Folge.

Zweifel der Zollabfertigungsstellen an der Zulänglichkeit der Wertanmeldungen werden unter sinngemäßer Anwendung der Vorschriften des § 7 Abs. 1 bis 3 entschieden.

Erklärt das Prüfungsamt eine Wertanmeldung für unzulänglich, so steht der Reichsfinanzverwaltung das Ankaufsrecht nach § 8 Abs. 1 und 3 zu.

Übt die Reichsfinanzverwaltung das Ankaufsrecht nicht aus, so ist für den Zollzuschlag der von dem Prüfungsamte geschätzte Wert maßgebend.

Für die im Reiseverkehr eingebrachten Zigarren beträgt der Zollzuschlag 1000 Mark für einen Doppelzentner. Was als Einbringung im Reiseverkehre zu gelten hat, bestimmt der Bundesrat.

Strafvorschriften.

§ 10. Wer zum Zwecke der Zollhinterziehung Rechnungen oder Wertanmeldungen unrichtig ausstellt oder unrichtige Abschriften von Rechnungen oder Wertanmeldungen fertigt, wird, soweit nicht nach anderen Gesetzen eine höhere Strafe verwirkt ist, mit Gefängnis bis zu zwei Jahren oder mit Geldstrafe bis zu hunderttausend Mark bestraft. Die gleichen Strafen treffen den, der zum Zwecke der Zollhinterziehung von den vorstehend bezeichneten unrichtigen Schriftstücken Gebrauch macht.

Erfolgt eine Verurteilung nach Abs. 1, so kann dem Verurteilten nach Rechtskraft der Entscheidung von der obersten Landesfinanzbehörde auf die Dauer von höchstens fünf Jahren untersagt werden, eins der im § 5 Abs. 1 bezeichneten Gewerbe selbst zu betreiben oder durch andere betreiben zu lassen oder in einem solchen tätig zu sein.

Besteuerung des inländischen Tabaks.

A. Gewichtsteuer.

§ 11. Der innerhalb des Zollgebiets erzeugte

Tabak unterliegt der Besteuerung nach Maßgabe dieses Gesetzes.

Die Steuer wird vom Gewichte des Tabaks in gegorenem (fermentiertem) oder getrocknetem, verarbeitungsreifem Zustand erhoben und beträgt für einen Doppelzentner

Tabakblätter	57 Mark,
Tabakblätter, welche zur Herstellung von Tabakerzeugnissen verwendet werden, auf die das Zigarettensteuergesetz vom 3. Juni 1906 Anwendung findet, und Grumpen .	45 „ .

In welchen Fällen an Stelle dieser Steuer die Entrichtung einer Abgabe nach Maßgabe des Flächenraums des mit Tabak bepflanzten Grundstücks tritt, ist in den §§ 33 u. ff. bestimmt.

Anmeldung der Tabakpflanzungen.

§ 12. Jeder Inhaber eines mit Tabak bepflanzten Grundstücks (Tabakpflanzer), auch wenn er den Tabak gegen einen bestimmten Anteil oder unter sonstigen Bedingungen durch einen anderen anpflanzen oder behandeln läßt, ist verpflichtet, der Steuerbehörde des Bezirkes bis zum Ablaufe des 15. Juli die bepflanzten Grundstücke einzeln nach ihrer Lage und Größe genau und wahrhaft schriftlich anzugeben. Derselbe erhält darüber von der gedachten Behörde eine Bescheinigung.

In betreff der erst nach dem 15. Juli bepflanzten Grundstücke muß die Anmeldung spätestens am dritten Tage nach dem Beginne der Bepflanzung bewirkt werden.

§ 13. Die Angaben (§ 12) werden seitens der Steuerbehörde geprüft, welche dabei von dem Gemeindebeamten zu unterstützen ist. Vermessungskosten dürfen dem Tabakpflanzer hierdurch nicht erwachsen.

Haftung des Tabakpflanzers für die Vorführung des Tabaks zur Verwiegung.

§ 14. Der Inhaber eines mit Tabak bepflanzten Grundstücks haftet für die Gestellung des auf demselben erzeugten Tabaks zur amtlichen Verwiegung. Diese Verpflichtung geht, wenn nach der Anmeldung (§ 12) und vor Beendigung der Ernte ein Wechsel in der Person des Inhabers des Grundstücks eintritt, auf den neuen Inhaber über, ohne Rücksicht auf die von den Interessenten getroffenen Verfügungen. Von jeder solchen Veränderung ist binnen drei Tagen nach dem Eintritte der Steuerbehörde eine schriftliche, von dem neuen Inhaber und im Falle der freiwilligen Veräußerung auch von dem bisherigen Inhaber zu unterzeichnende Anzeige zu machen.

Ermittelung der zu vertretenden Blätterzahl oder Gewichtsmenge.

§ 15. Um die vollständige Gestellung des erzeugten Tabaks zur Verwiegung zu sichern, ist die Steuerbehörde befugt, vor dem Beginne der Ernte zu einer für den Inhaber des Grundstücks verbindlichen Feststellung der Blätterzahl oder der Gewichtsmenge zu schreiten, welche mindestens zur Verwiegung gestellt und, soweit dies nicht geschehen und auch der Abgang nicht vorschriftsmäßig nachgewiesen ist (§ 18), versteuert werden muß. In dem Falle der Feststellung der Blätterzahl wird der Steuerbetrag für die nicht zur Verwiegung gestellten Blätter (§ 31) nach dem für gleichartige Blätter ermittelten Durchschnittsgewichte berechnet.

§ 16. Die behufs amtlicher Festsetzung der zu vertretenden Blätterzahl oder Gewichtsmenge erforderlichen Ermittelungen werden an Ort und Stelle, und zwar erstere durch Steuerbeamte, welche dabei durch einen geeigneten Stellvertreter der Gemeindebehörde zu unterstützen sind, letztere durch eine Schätzungskommission vorgenommen, die aus dem Oberkontrolleur, einem von der Gemeindebehörde und einem von der Steuerbehörde ernannten Sachverständigen besteht.

Der zur Vornahme der örtlichen Ermittelungen beziehungsweise Abschätzung anberaumte Termin ist der Gemeindebehörde und durch diese den Tabakpflanzern vorher bekannt zu machen. Jeder Tabakpflanzer ist berechtigt, den Ermittelungen auf seinen Grundstücken beizuwohnen.

Das Ergebnis wird für jedes einzelne Grundstück in ein Register eingetragen und durch Offenlegung des letzteren in der Gemeinde oder Zustellung eines Auszugs an den Tabakpflanzer bekannt gemacht.

Innerhalb einer präklusivischen Frist von drei Tagen nach der in ortsüblicher Weise erfolgten Bekanntmachung der Offenlegung des Registers beziehungsweise nach dem Empfange des Auszugs kann der Tabakpflanzer gegen die Festsetzung Einspruch erheben. Der Einspruch ist in die dazu bestimmte Spalte des Registers einzutragen oder der Steuerbehörde schriftlich zuzustellen und muß in allen Fällen den Betrag der verlangten Ermäßigung genau bezeichnen.

Die Entscheidung über den Einspruch wird von der für den betreffenden Bezirk niedergesetzten Kommission erlassen, welche aus dem Oberinspektor oder dem von ihm beauftragten Oberkontrolleur und zwei von der höheren Verwaltungsbehörde des Bezirkes ernannten vereideten Sachverständigen besteht und ihre Beschlüsse nach Stimmenmehrheit faßt. Die Leitung der Verhandlungen steht dem Oberinspektor beziehungsweise Oberkontrolleur zu.

Wird der Einspruch unbegründet befunden, so können dem Tabakpflanzer die durch die Untersuchung und Entscheidung entstandenen Kosten ganz oder teilweise zur Last gelegt werden.

§ 17. Die Festsetzung der zu vertretenden Blätterzahl oder Gewichtsmenge kann mit der im § 15 angegebenen Wirkung durch eine auf Erfordern der Steuerbehörde von dem Tabakpflanzer schriftlich einzureichende verbindliche Deklaration der Anzahl der Pflanzen und der durchschnittlichen Blätterzahl beziehungsweise der mindestens zur Verwiegung zu stellenden Gewichtsmenge ersetzt werden, sofern bei Prüfung der Deklaration sich gegen deren Inhalt nichts zu erinnern findet oder die erhobenen Erinnerungen sofort erledigt werden.

§ 18. Die festgesetzte Tabakmenge erleidet eine Verminderung:

1. infolge etwaiger vor der amtlichen Verwiegung eingetretener Unglücksfälle (wozu auch ein nach Feststellung der Blätterzahl beziehungsweise der Gewichtsmenge eingetretener Mißwachs zu rechnen), soweit dadurch erweislich die Blätterzahl oder die Gewichtsmenge des erzeugten Tabaks vermindert ist.

   Von jedem derartigen Unglücksfall ist spätestens am vierten Tage nach dessen Eintreten und, wenn derselbe den Tabak auf dem Felde betroffen hat, jedenfalls vor vollendeter Ernte der Steuerbehörde schriftlich Anzeige zu machen, welche die amtliche Erhebung des Verlustes zu veranlassen und über den Anspruch auf Minderung der zu vertretenden Blätterzahl beziehungsweise Gewichtsmenge zu entscheiden hat;
2. infolge des unter gewöhnlichen Verhält-

nissen bis zur Verwiegung entstehenden Abganges an Bruch und Abfall.

Wegen des hierfür zuzugestehenden Abzuges sowie wegen des Verfahrens in den unter Ziffer 1 gedachten Fällen sind die von dem Bundesrate zu erlassenden Anordnungen zu beobachten.

Besuch der Trockenräume.

§ 19. Den Steuerbeamten ist der Zutritt zu denjenigen Räumen gestattet, in welchen der geerntete Tabak getrocknet oder bis zur Verwiegung aufbewahrt wird. Dieselben können jederzeit die Übergabe zur Identifizierung des Tabaks geeigneter Proben verlangen, welche nach Feststellung der Steuer zurückzugeben sind.

Veräußerung des Tabaks vor der Verwiegung.

§ 20. Bevor der im § 14 gedachten Verpflichtung genügt ist, darf der Tabakpflanzer sich des Besitzes des auf dem angemeldeten Grundstück erzeugten Tabaks oder eines Teiles davon bei oder nach der Ernte nicht entäußern, außer mit Genehmigung der Steuerbehörde und unter den von derselben hinsichtlich der Sicherstellung des Steueranspruchs zu stellenden Bedingungen.

Die Ausfuhr des noch nicht zur Verwiegung gestellten Tabaks über die Zollgrenze ist nur nach vorheriger Anmeldung und unter amtlicher Kontrolle gestattet.

Verwiegung.

§ 21. Das Gewicht des Tabaks wird nach bewirkter Trocknung und vor Beginn der Fermentation spätestens am 31. März des auf das Erntejahr folgenden Jahres durch amtliche Verwiegung bei der Steuerstelle des Bezirkes oder der nach Bedürfnis in dem einzelnen Produktionsort eingerichteten besonderen Verwiegungsstelle ermittelt. Die obersten Landesfinanzbehörden sind ermächtigt, ausnahmsweise zu gestatten, daß die Gewichtsermittelung erst nach dem 31. März, jedoch spätestens bis zum 31. Mai des auf das Erntejahr folgenden Jahres, geschehe.

Verpackung des Tabaks zur Verwiegung.

§ 22. Zu diesem Behufe sind die Tabakblätter nach dem Abhängen nach Maßgabe der von der Steuerbehörde bekanntgemachten Anweisung in Büschel und Bündel zu verpacken und zur Verwiegung zu stellen.

Außerdem sind die gewonnenen Grumpen, Bruch und sonstige Abfälle zur Verwiegung vorzuführen. Die für die Umschließungen des verwogenen Tabaks zu vergütende Tara wird auf Grund von Probeverwiegungen bestimmt.

Zeit der Verwiegung.

§ 23. Die Steuerbehörde hat nach Anhörung der Gemeindebehörde die Zeit, wann beziehungsweise die Frist, bis zu deren Ablauf die Vorführung des Tabaks zur Revision und Verwiegung geschehen muß, zu bestimmen und durch die Gemeindebehörden in ortsüblicher Weise bekannt machen zu lassen.

Wo das Bedürfnis vorliegt, die amtliche Verwiegung der Grumpen oder Sandblätter früher, als diejenige des Oberguts zu veranlassen, kann die Gemeindebehörde einen besonderen Verwiegungstermin für die Grumpen sowie für die Sandblätter beantragen. In diesem Falle hat dieselbe von dem bevorstehenden Verkaufe der Grumpen beziehungsweise von dem Beginne des Abhängens der Sandblätter der Steuerbehörde besondere Anzeige zu machen.

Verfahren.

§ 24. Die Anzahl der zur Verwiegung gestellten Bündel (§ 22) ist vor dem Beginne der Revision und Verwiegung dem Wagebeamten schriftlich anzumelden. Ergeben sich aus der Anmeldung oder bei der Revision oder Verwiegung Anstände, die eine weitere Untersuchung nötig machen, so hat sich der Inhaber des Tabaks gefallen zu lassen, daß derselbe auf seine Kosten unter amtlicher Verwahrung und Verschluß gehalten wird, bis die Abfertigung der unbeanstandeten Posten beendet ist.

Die bei der Revision und Verwiegung nötigen Handdienstleistungen hat der Inhaber des Tabaks zu verrichten oder auf seine Kosten verrichten zu lassen.

Feststellung der Steuer.

§ 25. Über das Ergebnis der Verwiegung wird eine amtliche Bescheinigung erteilt. Demnächst erfolgt die Feststellung des Steuerbetrags, wobei das ermittelte Gewicht des dachreifen Tabaks nach Abzug von einem Fünftel desselben als das steuerpflichtige Gewicht des Tabaks in fermentiertem oder getrocknetem fabrikationsreifem Zustand angenommen wird. Der festgestellte Steuerbetrag wird sodann demjenigen bekannt gemacht, welchem die Gestellung des Tabaks zur amtlichen Verwiegung obliegt; für die Entrichtung der Steuer ist dieser zunächst haftbar (§ 29).

Der festgestellte Betrag ist bei der erstmaligen Veräußerung des Tabaks, spätestens jedoch am 15. Juli des auf das Erntejahr folgenden Jahres zu zahlen, soweit nicht Kredit bewilligt, oder der Tabak zur Ausfuhr über die Zollgrenze oder zur Aufnahme in eine für unverzollte Waren bestimmte, oder mit Bewilligung der Steuerbehörde ausschließlich für diesen Zweck eingerichtete öffentliche oder unter amtlichem Mitverschlusse stehende Privatniederlage abgefertigt wird. Die Lagerung und Versendung von unversteuertem Tabak unterliegt der amtlichen Kontrolle nach den hierüber vom Bundesrate getroffenen Bestimmungen. Den obersten Landesfinanzbehörden wird die Befugnis erteilt, im Falle des Bedürfnisses die Frist zur Zahlung der Steuer über den 15. Juli des ersten auf das Erntejahr folgenden Jahres hinaus bis zur erstmaligen Veräußerung des Tabaks, längstens jedoch bis zum 30. Juni des zweiten auf das Erntejahr folgenden Jahres zu verlängern.

Die Versteuerung unterbleibt, soweit die Vernichtung des Tabaks oder seine Unbrauchbarmachung zu menschlichem Genusse vor oder bei der Verwiegung beantragt und unter amtlicher Aufsicht vollzogen wird. Desgleichen wird von dem auf der Niederlage gänzlich verdorbenen und unbrauchbar gewordenen Tabake, nachdem derselbe unter amtlicher Aufsicht vernichtet worden, Steuer nicht erhoben. Wird der noch im ganzen beim Tabakpflanzer vorhandene Tabakgewinn durch Feuerschaden ganz oder teilweise bis zum Ablaufe der für die Entrichtung der Steuer festgesetzten Frist erweislich zerstört, so kann ein verhältnismäßiger Erlaß der Steuer gewährt werden.

§ 26. Für Tabak, der vor der amtlichen Verwiegung durch besondere Unglücksfälle, wie Hagelschlag, eine erhebliche Wertverminderung erfahren hat, kann auf Antrag ein dem Grade der Wertverminderung entsprechender Nachlaß der Steuer bewilligt werden.

§ 27. Wenn inländischer Tabak in eine Niederlage für unverzollte Waren aufgenommen wird, so finden auf denselben die für die betreffende Niederlage überhaupt geltenden Vorschriften mit der Maßgabe Anwendung, daß in allen Fällen das Auslagerungsgewicht der weiteren Abfertigung der abgemeldeten Mengen zugrunde gelegt wird und die beim Übergang in den freien Verkehr zu entrichtende Steuer nach dem Satze von der Steuer für inländischen Tabak (§ 11) zu bemessen ist. Dagegen erlischt die Verpflichtung zur Entrichtnng der Steuer, welche bei der in Gemäßheit des § 25 vorgenommenen amtlichen Verwiegung für den in die Niederlage aufgenommenen Tabak festgestellt war. Demgemäß wird von dem Steuerbetrage, welchen der Niederleger in Gemäßheit der nach § 25 erfolgten Feststellung, oder infolge späterer Übernahme (§ 29) zu entrichten hat, bei der Aufnahme einer Tabakmenge in die Niederlage regelmäßig derjenige Betrag abgesetzt, welcher für ein gleiches Gewicht Tabak in dachreifem Zustand ermittelt ist. Ist nachweislich durch Eintrocknen während des Transports von der amtlichen Verwiegungsstelle (§ 25) bis zur Niederlage ein Gewichtsverlust entstanden, oder hat nach der amtlichen Verwiegung (§ 25) und vor Einlieferung zur Niederlage noch eine Lagerung stattgefunden, so kann für die Eintrocknung während des Transports und während der Lagerung nach den vom Bundesrate zu treffenden näheren Bestimmungen noch ein entsprechender Zuschlag zu diesem Gewichte gewährt und der sich hiernach ergebende höhere Betrag von der ursprünglich festgestellten Steuer (§ 25) abgesetzt werden.

Auf besonderen Antrag kann die Aufnahme des unversteuerten Tabaks in eine Niederlage der bezeichneten Art auch mit der Wirkung zugelassen werden, daß derselbe in bezug auf die fernere Abfertigung dem unverzollten ausländischen Tabake gleichgestellt und beim Übergang in den freien Verkehr der Eingangsabgabe (§§ 1, 2) unterworfen wird.

§ 28. Auf die mit Bewilligung der Steuerbehörde ausschließlich für die Aufnahme von unversteuertem inländischen Tabak eingerichteten öffentlichen oder unter amtlichem Mitverschlusse stehenden Privatniederlagen finden die Bestimmungen in §§ 97 bis 104 beziehungsweise im § 108 des Vereinszollgesetzes mit der vorstehend im § 27 Abs. 1 bezeichneten Maßgabe analoge Anwendung.

Die näheren Bedingungen für die Bewilligung und Benutzung solcher Niederlagen, sowie die speziellen Vorschriften über die Abfertigung des zu denselben gelangenden und aus ihnen zu entnehmenden Tabaks enthält das zu erlassende Regulativ.

Haftung für Entrichtung der Steuer.

§ 29. Bei der erstmaligen Veräußerung des Tabaks wird der Käufer oder sonstige Erwerber zur Entrichtung der Steuer verpflichtet. In solchen Fällen hat der bisher Steuerpflichtige (§ 25) vor der Übergabe des Tabaks die Steuerbehörde von der Veräußerung zu benachrichtigen und für die Steuer so lange solidarisch zu haften, als er nicht durch die Steuerbehörde ausdrücklich davon entbunden wird. Bis dies geschehen ist, kann er die Übergabe des Tabaks an den Käufer verweigern. Die Steuerbehörde hat die Entlassung des ursprünglich Steuerpflichtigen aus dieser solidarischen Haftpflicht regelmäßig zu gewähren, sofern nicht im einzelnen Falle wegen der Persönlichkeit des Käufers oder mangelnder Sicherheit für die Steuerentrichtung besondere Bedenken entgegenstehen. Die verlangte Entlassung aus der Haftpflicht darf nicht verweigert werden, wenn die Übergabe des Tabaks vor der Steuerbehörde stattfindet. Hat die Übergabe des Tabaks an einen Käufer oder sonstigen Erwerber nicht bis zum Ablaufe der für die Entrichtung der Steuer festgesetzten Frist stattgefunden oder soll der Tabak vor der erstmaligen Veräußerung in den freien Verkehr gesetzt werden, so ist der Tabakpflanzer zur Entrichtung der Steuer verpflichtet. In jedem Falle haftet der Tabak ohne Rücksicht auf die Rechte eines Dritten an demselben für die darauf ruhende Tabaksteuer und kann, solange deren Entrichtung nicht erfolgt, von der Steuerbehörde in Beschlag genommen oder zurückgehalten werden.

Kreditierung.

§ 30. Auf Antrag des Steuerpflichtigen kann die Kreditierung der Steuer nach Maßgabe des von dem Bundesrate zu erlassenden Kreditregulativs bewilligt werden.

Um den Übergang der Steuerpflicht (§ 29) auf solche Händler, Fabrikanten usw., welche in anderen Steuerbezirken domiziliert sind, zu erleichtern, können denselben nach näherer Vorschrift des Kreditregulativs von dem Hauptamt, innerhalb dessen Bezirke sie domiziliert sind, auf eine bestimmte Summe lautende Tabaksteuer-Kreditzertifikate erteilt werden.

Einziehung der Steuer für der Verwiegung entzogenen Tabak.

§ 31. Ist nicht die ganze zu vertretende Blätterzahl beziehungsweise Gewichtsmenge (§§ 15 ff.) zur Verwiegung gestellt, oder ist anderweit ermittelt, daß ein Teil des steuerpflichtigen Tabaks der Verwiegung entzogen ist, so wird die dafür zu entrichtende Steuer — unbeschadet der etwaigen Strafverfolgung — gleichfalls festgesetzt und von dem für die Gestellung zur Verwiegung Verhafteten eingezogen. In betreff dieser Steuerbeträge findet eine Keditgewährung nicht statt.

Vorschriften für den Tabakbau.

§ 32. In betreff der Behandlung der Tabakpflanzungen sind die folgenden Vorschriften zu beobachten:

1. Die Pflanzung ist in geraden Reihen mit gleichen Abständen der einzelnen Pflanzen voneinander innerhalb der Reihen und mit gleichen oder gleichmäßig wiederkehrenden Abständen der Reihen voneinander anzulegen.
2. Tabak darf nicht mit anderen Bodengewächsen gemischt gebaut werden; jedoch ist bei gänzlichem Ausfalle der Tabakpflanzen auf einer mindestens 4 Quadratmeter haltenden Fläche der Nachbau anderer Gewächse auf dieser Fläche gestattet.
3. Bis zu dem zur amtlichen Festsetzung der Blätterzahl beziehungsweise der Gewichtsmenge (§ 16) bestimmten oder dem etwa besonders in ortsüblicher Weise hierfür bekannt gemachten Termine muß die zur Regelung der Blattzahl erforderliche Behandlung der Tabakpflanzen (das Köpfen, Ausgeizen) vollständig bewirkt sein. Von dieser Vorschrift kann in denjenigen Fällen, wo die im § 15 gedachte Feststellung auf die Gewichtsmenge gerechnet wird, die Steuerbehörde die betreffenden Tabakpflanzer entbinden.
4. Bevor die zu vertretende Blätterzahl beziehungsweise Gewichtsmenge amtlich festgestellt und über den etwa dagegen erhobenen Einspruch entschieden, oder aber

die Abstandnahme von der amtlichen Ermittelung der Blätterzahl beziehungsweise Gewichtsmenge bekannt gemacht worden ist, dürfen Tabakblätter nur nach vorheriger Anzeige bei der Gemeindebehörde und unter Beobachtung der wegen Feststellung der Menge von der Steuerbehörde zu erlassenden Anordnungen eingesammelt werden.

5. Alle vor der Ernte entstehenden Abfälle (Spindeln, Geize, mißratene Pflanzen usw.) sind auf dem Felde sofort zu vernichten.

6. Will der Tabakpflanzer das Tabakfeld vor der Ernte wegen Mißwachses usw. umpflügen, so ist hiervon der Steuerbehörde zuvor Anzeige zu machen.

7. Spätestens am zehnten Tage nach dem Abblatten müssen, soweit die Steuerbehörde nicht eine längere Frist gestattet hat, die Tabakpflanzen abgehauen oder in anderer Art beseitigt werden. Die Erzielung einer Nachernte (das sogenannte Geizenziehen) kann nur ausnahmsweise mit besonderer vor der Ernte einzuholender Genehmigung der Steuerbehörde und unter den von derselben vorzuschreibenden Bedingungen hinsichtlich der Ermittelung und Entrichtung der gesetzlichen Steuer (§ 11) gestattet werden.

B. Besteuerung nach dem Flächenraume.

§ 33. Für Tabakpflanzungen auf Grundstücken von weniger als 4 Ar Flächeninhalt tritt statt der im § 11 bestimmten Gewichtsteuer die Besteuerung nach Maßgabe des Flächenraums ein. Die Steuer beträgt für ein Quadratmeter der mit Tabak bepflanzten Fläche 5,7 Pfennig, im ganzen, aber mindestens 50 Pfennig.

Durch besondere Anordnung der Steuerbehörde können jedoch auch solche Pflanzungen der Entrichtung der Gewichtssteuer unterworfen werden.

§ 34. In betreff der nach Maßgabe des Flächenraums zu versteuernden Pflanzungen finden die Bestimmungen in den §§ 12 und 13 gleichmäßig Anwendung.

Nach geschehener Prüfung der Anmeldung (§ 13) wird die von dem Tabakpflanzer zu entrichtende Steuer berechnet und demselben bekannt gemacht. Der Inhaber des Grundstücks haftet für den vollen Betrag der Steuer, auch wenn er den Tabak gegen einen bestimmten Anteil oder unter sonstigen Bedingungen durch einen anderen anpflanzen oder behandeln läßt.

Die festgestellten Steuerbeträge sind, sofern sie 10 Mark nicht übersteigen, bis zum 1. Oktober des Erntejahrs, anderenfalls bis zum 15. Juli des auf das Erntejahr folgenden Jahres einzuzahlen. Ein Erlaß der Steuer soll eintreten, wenn durch Mißwachs oder andere Unglücksfälle, welche außerhalb des gewöhnlichen Witterungswechsels liegen, die Ernte ganz oder zu einem größeren Teile verdorben ist. Desgleichen kann ein entsprechender Steuererlaß gewährt werden, wenn der noch im ganzen bei dem Tabakpflanzer vorhandene Tabakgewinn vor dem vorbezeichneten Fälligkeitstermine ganz oder teilweise erweislich durch Feuerschaden zerstört ist.

Die Bedingungen und das Verfahren für diesen Erlaß werden von dem Bundesrate festgestellt.

§ 35. Ausnahmsweise kann die Steuerbehörde auch für Tabakpflanzungen auf Grundstücken von 4 Ar oder mehr Flächeninhalt, wenn die Gesamtfläche der Pflanzungen auf solchen Grundstücken innerhalb derselben Gemarkung im Vorjahre 2 Hektar nicht überstiegen hat und die örtlichen Verhältnisse nach ihrem Ermessen für die Durchführung der Vorschriften in den §§ 15 bis 24 nicht geeignet sind, die Besteuerung nach dem Flächenraume (§ 33) oder eine Fixation der Gewichtsteuer (§ 11) in der Weise anordnen, daß Menge und Gewicht des zu versteuernden Tabaks, vorbehaltlich der Berücksichtigung einer durch Unglücksfälle herbeigeführten Verminderung des Erntegewinns, nach Verhältnis des Flächeninhalts der Pflanzung und nach dem Durchschnittsertrage sich bestimmen, welcher in dem betreffenden Jahre in anderen Gemarkungen nach dem Ergebnisse der Verwiegung erzielt wird.

Die hierbei zu beobachtenden allgemeinen Vorschriften erläßt der Bundesrat.

§ 36. Die in das Ermessen der Steuerbehörde gestellten Anordnungen, welche die Art und Weise der Besteuerung bedingen (§ 33 und § 35), sind zeitig und für diejenigen Ortschaften, in denen im Vorjahre steuerpflichtiger Tabakbau betrieben ist, womöglich bis zum 15. April des Erntejahrs, jedenfalls aber, sowie für andere Ortschaften innerhalb vierzehn Tagen nach der Anmeldung (§ 12) zu erlassen.

Verwendung von Tabaksurrogaten.

§ 37. Die Verwendung von Tabaksurrogaten bei der Herstellung von Tabakfabrikaten ist verboten.

Ausnahmen hiervon kann der Bundesrat gestatten und dabei über die nötigen Kontrollen sowie über die bei der Verwendung von Surrogaten zu entrichtenden Abgaben Bestimmung treffen.

Dem Reichstage sind die Bestimmungen über die Höhe dieser Abgaben, sofern er versammelt ist, sofort, anderenfalls bei dessen nächstem Zusammentreten vorzulegen. Dieselben sind außer Kraft zu setzen, soweit der Reichstag dies verlangt.

§ 38. Die Steuerverwaltung ist befugt, behufs Überwachung des im § 37 ausgesprochenen Verbots Proben der einzelnen Tabakfabrikate bei den Fabrikanten und Händlern während der üblichen Geschäftsstunden oder während die Räumlichkeiten dem Verkehre geöffnet sind, entnehmen zu lassen und über den Bezug der betreffenden Fabrikate genauen Aufschluß zu verlangen.

Verjährung der Abgabe.

§ 39. Alle Forderungen und Nachforderungen an Tabaksteuer, desgleichen die Ansprüche auf Ersatz wegen zuviel oder zur Ungebühr entrichteter Steuer verjähren binnen Jahresfrist von dem Tage des Eintritts der Zahlungsverpflichtung beziehungsweise der Zahlung an gerechnet.

Auf das Regreßverhältnis des Staates gegen die Steuerbeamten und auf die Nachforderung hinterzogener Tabaksteuer findet diese Verjährungsfrist keine Anwendung.

Vergütung der Abgaben bei Versendung in das Ausland.

§ 40. Bei der Ausfuhr von Tabak und Tabakerzeugnissen oder bei ihrer Niederlegung in einer öffentlichen Niederlage oder in einem unter amtlichem Mitverschlusse stehenden Privatlager wird eine Abgabenvergütung nach Bestimmung des Bundesrats gewährt.

Bei der Ausfuhr von grünen Blättern, von Geizen, Tabakstengeln und Abfällen wird keine Vergütung gewährt.

Strafbestimmungen. Begriff der Steuerdefraudation.

§ 41. Wer es unternimmt, die nach diesem Gesetze von dem innerhalb des Zollgebiets erzeugten Tabak oder einer inländischen Tabakpflanzung zu entrichtende Steuer zu hinterziehen, begeht eine Defraudation.

Der Tabaksteuerdefraudation macht sich insbesondere schuldig:

1. wer es unterläßt, die im § 12 und im ersten Absatze des § 34 vorgeschriebene Anmeldung hinsichtlich aller oder einzelner mit Tabak bepflanzten Grundstücke rechtzeitig zu bewirken;
2. wer die gesetzliche Verpflichtung, der Gewichtsteuer (§ 11) unterliegenden Tabak zur amtlichen Verwiegung zu stellen, nicht rechtzeitig erfüllt.

§ 42. Der Defraudation der nach Maßgabe des Gewichts zu entrichtenden Tabaksteuer (§ 11) wird gleichgeachtet:

1. wenn im Falle des § 18 Ziffer 1 bei der amtlichen Erhebung des durch Unglücksfall entstandenen Verlustes die vorhandene Menge des erzeugten Tabaks nicht vollständig angezeigt wird;
2. wenn der Tabakpflanzer vor der amtlichen Verwiegung sich des Besitzes des gewonnenen Tabaks oder eines Teiles davon ohne Genehmigung der Steuerbehörde (§ 20) entäußert;
3. wenn vor dem im § 32 Ziffer 4 bestimmten Zeitpunkte Tabakblätter ohne die vorge-

schriebene Anzeige eingesammelt oder die eingesammelten Blätter der vorgeschriebenen Feststellung der Menge derselben entzogen werden;

4. wenn über inländischen, zur Ausfuhr über die Zollgrenze amtlich abgefertigten Tabak vor bewirkter Ausfuhr eigenmächtig verfügt wird (§§ 20, 25);

5. wenn nach dem im § 32 Ziffer 7 bezeichneten Zeitpunkt eine Nachernte ohne vorherige Genehmigung erzielt oder der durch die Nachernte gewonnene Tabak der vorgeschriebenen Versteuerung ganz oder teilweise entzogen wird;

6. wenn unversteuerter inländischer Tabak ohne vorschriftsmäßige Abmeldung aus der Niederlage entfernt wird, sofern in diesem Falle nicht die Strafe der Zolldefraudation eintritt.

Strafe der Defraudation.

§ 43. Die Tabaksteuerdefraudation (§§ 41 und 42) wird mit einer Geldstrafe, welche dem vierfachen Betrage der vorenthaltenen Abgabe gleichkommt, bestraft.

Die Steuer ist von der Strafe unabhängig zu entrichten.

Wird bei Verfolgung einer Gewichtsteuerdefraude ermittelt, daß das Grundstück, auf welchem der betreffende Tabak erzeugt worden, nicht angemeldet ist (§ 41 Ziffer 1), so soll gegen denselben Täter die Defraudationsstrafe nur einmal, und zwar nach demjenigen Tatbestande, welcher die höhere Strafe nach sich zieht, festgesetzt werden. Wird nachgewiesen, daß der Beschuldigte eine Defraudation nicht habe verüben können, oder daß eine solche nicht beabsichtigt gewesen sei, so findet nur eine Ordnungsstrafe nach Vorschrift des § 49 statt.

Dasselbe gilt, wenn ein mit Tabak bepflanztes Grundstück zwar rechtzeitig angemeldet (§ 41 Abs. 2 Nr. 1), die Größe desselben aber nicht angegeben oder dergestalt unrichtig angegeben ist, daß das verschwiegene Flächenmaß bei Grundstücken von 20 bis 40 Ar Fläche zwei Ar, bei kleineren Grundstücken den zehnten und bei Grundstücken von mehr als 40 Ar den zwanzigsten Teil der Fläche übersteigt. Bei geringeren Unterschieden zwischen der Angabe und dem Befunde findet eine Bestrafung nicht statt.

§ 44. Der Steuerbetrag, nach welchem die Strafe zu bemessen, bestimmt sich:

1. bei einer Defraudation der im § 41 Ziffer 1 bezeichneten Art in allen Fällen nach dem im § 33 für die Steuer nach dem Flächenraume festgesetzten Steuersatze, auch wenn der auf dem nicht angemeldeten Grundstück erzeugte Tabak der Gewichtsteuer unterliegt; letzterenfalls wird jedoch der nach dem

Flächenraume berechnete Steuerbetrag außer der Strafe nicht entrichtet;

2. bei Defraudationen anderer Art nach Menge und Gewicht des Tabaks, welcher nicht rechtzeitig zur amtlichen Verwiegung gestellt (§ 41 Ziffer 2) beziehungsweise welcher Gegenstand der den Tatbestand der Defraudation (§ 42) bildenden Handlung oder Unterlassung ist.

Insofern es behufs Feststellung des vorenthaltenen Steuerbetrags erforderlich wird, die Menge des auf einem oder mehreren Grundstücken erzeugten Tabaks zu bestimmen, wird in Ermangelung anderweiter genügender Grundlagen der höchste Ertrag, welcher in dem betreffenden Jahre für eine Tabakpflanzung in derselben oder der nächstgelegenen Gemarkung ermittelt ist, nach Verhältnis des Flächenraums als maßgebend angenommen. Imgleichen wird, sofern die Ermittelung des Gewichts nicht anders erfolgen kann, das höchste durchschnittliche Gewicht, welches für den Ertrag einer Pflanzung in derselben oder der nächstgelegenen Gemarkung durch amtliche Verwiegung festgestellt ist, zum Grunde gelegt.

§ 45. Kann der Betrag der vorenthaltenen Steuer überhaupt nicht festgestellt werden, so tritt statt des vierfachen Betrags der Steuer eine Geldstrafe von dreißig bis zu dreitausend Mark ein.

Der gleichen Geldstrafe unterliegt, wer dem im § 37 ausgesprochenen Verbote zuwiderhandelt.

§ 46. Im Falle der Wiederholung der Defraudation nach vorhergegangener Bestrafung wird die Strafe auf den achtfachen Betrag der vorenthaltenen Steuer bestimmt.

Jeder fernere Rückfall zieht Gefängnisstrafe bis zu zwei Jahren nach sich, doch kann nach richterlichem Ermessen mit Berücksichtigung aller Umstände der Zuwiderhandlung und der vorausgegangenen Fälle auf Haft oder auf Geldstrafe nicht unter dem doppelten der für den ersten Rückfall bestimmten Geldstrafe erkannt werden.

§ 47. Wer es unternimmt, eine Zoll- oder Steuervergütung (§ 40) zu gewinnen, welche überhaupt nicht oder nur zu einem geringeren Vergütungssatz oder für eine geringere Menge zu beanspruchen war, hat eine dem vierfachen des zur Ungebühr beanspruchten Vergütungsbetrags gleichkommende Geldstrafe verwirkt.

Im Falle der Wiederholung nach vorhergegangener Bestrafung wird die Geldstrafe auf das Achtfache des zur Ungebühr beanspruchten Vergütungsbetrags erhöht. Hinsichtlich der Bestrafung des ferneren Rückfalls kommt die Bestimmung im zweiten Absatze des § 46 zur Anwendung.

§ 48. Die Straferhöhung wegen Rückfalls (§§ 46, 47) tritt ein ohne Rücksicht darauf, ob die frühere Bestrafung in demselben oder in einem anderen Bundesstaat erfolgt ist. Sie ist verwirkt, auch wenn die früheren Strafen nur teilweise verbüßt oder ganz oder teilweise erlassen sind.

Dieselbe ist dagegen ausgeschlossen, wenn seit der Verbüßung oder dem Erlasse der letzten Strafen bis zur Begehung der neuen Defraudation drei Jahre verflossen sind.

Teilnehmer einer Defraudation unterliegen der Straferhöhung wegen Rückfalls nur insoweit, als sie sich selbst eines Rückfalls schuldig gemacht haben.

Ordnungsstrafen.

§ 49. Die Übertretung der Bestimmungen dieses Gesetzes, sowie der dazu erlassenen Verwaltungsvorschriften wird, sofern nicht die Defraudationsstrafe oder eine der im § 45 Abs. 2 und § 47 vorgeschriebenen Strafen verwirkt ist, mit einer Ordnungsstrafe bis zu einhundertundfünfzig Mark geahndet.

Unbeschadet der verwirkten Ordnungsstrafen kann die Steuerbehörde die Beobachtung der Vorschriften im § 32 Ziffer 1 bis 3, 5 und 7 über die Behandlung der Tabakpflanzungen und im § 22 über die Verpackung des Tabaks durch Androhung und Einziehung von exekutivischen Geldstrafen bis zu dreihundert Mark erzwingen, auch das zur Erledigung Nötige auf Kosten des Säumigen beschaffen.

Zusammentreffen mehrerer Zuwiderhandlungen gegen die Gesetze.

§ 50. Mit Ordnungsstrafe (§ 49) wird ferner belegt:

1. wer einem zur Wahrnehmung des Steuerinteresses verpflichteten Beamten oder dessen Angehörigen wegen einer auf die Erhebung oder Kontrollierung der Tabaksteuer bezüglichen amtlichen Handlung oder Unterlassung einer solchen Geschenke oder andere Vorteile anbietet, verspricht oder gewährt, sofern nicht der Tatbestand der Bestechung (§ 333 des Strafgesetzbuchs) vorliegt;
2. wer sich Handlungen oder Unterlassungen zu Schulden kommen läßt, durch welche ein solcher Beamter an der rechtmäßigen Ausübung seines Amtes in bezug auf die Tabaksteuer verhindert wird, sofern nicht der Tatbestand der strafbaren Widersetzlichkeit (§ 113 des Strafgesetzbuchs) vorliegt.

§ 51. Treffen mit einer Zuwiderhandlung gegen die Bestimmungen dieses Gesetzes andere strafbare Handlungen zusammen, oder ist mit der Defraudation zugleich eine Verletzung besonderer Vorschriften dieses Gesetzes verbunden, so finden die Bestimmungen des Strafgesetzbuchs (§§ 74 bis 78) Anwendung.

Im Falle mehrerer oder wiederholter Zuwiderhandlungen gegen dieses Gesetz, welche nur mit Ordnungsstrafe bedroht sind, soll, wenn die Zuwiderhandlungen derselben Art sind und gleichzeitig entdeckt werden, die Ordnungsstrafe gegen denselben Täter, sowie gegen mehrere Teilnehmer zusammen nur im einmaligen Betrage festgesetzt werden.

Vertretungsverbindlichkeit für verwirkte Geldstrafen.

§ 52. Tabakpflanzer und diejenigen, auf welche die gesetzlichen Verpflichtungen des Tabakpflanzers übergegangen sind (§§ 14, 20), sowie Tabakhändler, Kommissionäre, Makler und Fabrikanten haben für die von ihren Verwaltern, Gehilfen, Ehegatten, Kindern, Gesinde und sonst in ihrem Dienste oder Tagelohne stehenden oder sich gewöhnlich bei der Familie aufhaltenden Personen nach diesem Gesetze verwirkten Geldstrafen sowie für die Steuer und entstandenen Prozeßkosten subsidiarisch zu haften. Wird nachgewiesen, daß die Zuwiderhandlung ohne ihr Wissen verübt worden, so haften sie nur für die Steuer.

Tabakpflanzer und diejenigen, auf welche die gesetzlichen Verpflichtungen des Tabakpflanzers übergegangen sind, haften bezüglich des von ihnen zur Verwiegung zu stellenden Tabaks in allen Fällen für die Steuer, welche infolge einer unerlaubten Handlung oder Unterlassung der bezeichneten, von ihnen zu vertretenden Personen vorenthalten ist, sofern dieselbe von dem eigentlichen Schuldigen nicht beigetrieben werden kann.

Umwandlung der Geld- in Freiheitsstrafen.

§ 53. Die Umwandlung der nicht beizutreibenden Geldstrafen in Freiheitsstrafen erfolgt gemäß §§ 28 und 29 des Strafgesetzbuchs; jedoch darf die Freiheitsstrafe im ersten Falle der Defraudation sechs Monate, im ersten Rückfall ein Jahr, im ferneren Rückfalle zwei Jahre nicht überschreiten.

Verjährung.

§ 54. Die Strafverfolgung von Defraudationen gegen die Tabaksteuer und von Zuwiderhandlungen gegen die Bestimmungen der §§ 37 und 47 dieses Gesetzes verjährt in drei Jahren, die Strafverfolgung von Zuwiderhandlungen gegen dieses Gesetz, welche mit Ordnungsstrafen bedroht sind, in einem Jahre, von dem Tage an gerechnet, an welchem sie begangen sind.

Der Anspruch auf Nachzahlung defraudierter Gefälle erlischt in drei Jahren.

§ 55. In betreff der Feststellung, Untersuchung und Entscheidung der Zuwiderhandlungen gegen die Bestimmungen dieses Gesetzes und die dazu erlassenen Verwaltungsvorschriften, sowie in betreff der Strafmilderung und des Erlasses der Strafe im Gnadenwege kommen die Vorschriften zur Anwendung, nach welchen sich das Verfahren wegen Zuwiderhandlungen gegen die Zollgesetze bestimmt.

Die nach den Vorschriften dieses Gesetzes verwirkten Geldstrafen fallen dem Fiskus desjenigen Staates zu, von dessen Behörden die Strafentscheidung erlassen ist.

§ 56. Jede, von einer nach § 55 zuständigen Behörde wegen einer Zuwiderhandlung gegen die Bestimmungen dieses Gesetzes oder die dazu erlassenen Verwaltungsvorschriften einzuleitende Untersuchung und zu erlassende Strafentscheidung kann auch auf diejenigen Teilnehmer, welche anderen Bundesstaaten angehören, ausgedehnt werden.

Die Strafvollstreckung ist nötigenfalls durch Requisition der zuständigen Behörden und Beamten desjenigen Staates zu bewirken, in dessen Gebiete die Vollstreckungsmaßregel zur Ausführung kommen soll.

Die Behörden und Beamten der Bundesstaaten sollen sich gegenseitig tätig und ohne Verzug den verlangten Beistand in allen gesetzlichen Maßregeln leisten, welche zur Entdeckung oder Bestrafung der Zuwiderhandlungen gegen dieses Gesetz dienlich sind.

Übergangsvorschriften.

§ 57. 1. Der Reichskanzler ist befugt, anzuordnen:

a) daß von allen beim Inkrafttreten dieses Gesetzes im freien Verkehre befindlichen, noch nicht verarbeiteten ausländischen Tabakblättern ein Zollzuschlag von vierzig vom Hundert des Wertes nachträglich erhoben wird;

b) daß die am Tage des Inkrafttretens des Gesetzes im Besitz oder Gewahrsam inländischer Händler befindlichen, bereits verzollten Zigarren ausländischen Ursprunges zum Satze von 40 Mark für tausend Stück nachverzollt werden.

2. Soweit die in Ziffer 1a gedachte Maßnahme nicht Platz greift, unterliegen alle am Tage des Inkrafttretens des Gesetzes im freien Verkehre des Zollinlandes befindlichen unbearbeiteten oder bloß geschnittenen Tabakblätter, wenn sie ausländischen Ursprunges sind, einer Nachverzollung in Höhe von 27 Mark für den Doppelzentner und, wenn sie im Inland erzeugt sind, einer Nachversteuerung von 12 Mark für den Doppelzentner. Bearbeitete entrippte Tabakblätter unterliegen einer Nachverzollung von 36 Mark, einer Nachversteuerung von 16 Mark für den Doppelzentner.

3. Aus besonderen Gründen kann eine Ermäßigung der Sätze der Nachverzollung und Nachversteuerung vorgesehen werden. Die Beträge der Nachverzollung und Nachversteuerung sind gegen Sicherheitsbestellung für eine Frist von fünf Monaten zu stunden.

4. Jeder, der zu dem in Ziffer 2 angegebenen Zeitpunkte bereits verzollte oder versteuerte Tabakblätter im Besitz oder Gewahrsame hat, ist verpflichtet, sie innerhalb der zu bestimmenden Frist dem zuständigen Steueramt unter Nachweis

ihres Ursprunges und im Falle der Ziffer 1a unter Angabe des Ankaufspreises und Vorlage der zugehörigen Rechnungen anzumelden. Der Ankaufspreis bildet die Grundlage der Wertermittelung. Den Aufsichtsbeamten der Steuerbehörde sind zum Zwecke der Wertermittelung auf Erfordern die Geschäftsbücher und Schriftstücke vorzulegen, die auf den Einkauf und die Bezahlung von Tabakblättern Bezug haben.

Für unbearbeitete Tabakblätter ausländischen Ursprunges, die bei Inkrafttreten des Gesetzes ausweislich der Bücher im Besitze von Herstellern sind und sich im freien Verkehre befinden oder in zollfreien Niederlagen oder im Zollauslande lagern, sind für die Wertermittelung die Bestimmungen der §§ 3, 4 und 6 nicht anzuwenden, wenn der Hersteller innerhalb der gemäß Abs. 1 bestimmten Frist ein Verzeichnis dieser Tabake dem für seine Hauptniederlassung zuständigen Steueramt einreicht und den Ankaufspreis mit der Angabe seiner Verteilung auf die einzelnen Posten eines Durchschnittskaufs unter Vorlegung seiner Geschäftsbücher sowie auf Verlangen die Beschaffenheit der Tabake durch Vorlage von Mustern oder Probeballen nachweist. Über die festgestellten Werte sind von dem Steueramte Beglaubigungen unter genauer Bezeichnung der Tabake gemäß § 3 Abs. 2 auszustellen. Die Beglaubigung tritt an die Stelle der Rechnung (§ 3 Abs. 2) und ist bei der Zollabfertigung von Tabak, dessen Wert beglaubigt ist, der Wertanmeldung beizufügen.

Die näheren Bestimmungen über die Nachverzollung und Nachversteuerung trifft der Reichskanzler.

5. Der Verkäufer von Tabakblättern, die vor dem Inkrafttreten dieses Gesetzes verkauft sind, aber erst nach diesem Zeitpunkte geliefert werden, ist befugt, die Erstattung der nachweislich verauslagten Beträge für Nachverzollung und Nachversteuerung vom Käufer zu verlangen.

6. Händler, die bereits verzollte ausländische Zigarren am Tage des Inkrafttretens des Gesetzes im Besitz oder Gewahrsame haben, sind im Falle einer Anordnung nach Ziffer 1 b verpflichtet, innerhalb der zu bestimmenden Frist die Anzahl der in ihrem Besitz oder Gewahrsame befindlichen ausländischen Zigarren der zuständigen Steuerbehörde anzumelden.

7. Die im § 5 vorgeschriebene Betriebsanmeldung ist seitens der bestehenden Betriebe spätestens zwei Wochen vor dem Inkrafttreten des Gesetzes zu erstatten.

§ 58. Dieses Gesetz tritt am 15. August 1909 in Kraft.

Artikel II a des Gesetzes wegen Änderung des Tabaksteuergesetzes lautet:

Artikel II a.

Unterstützung geschädigter Arbeiter.

Die mehr als ein Jahr im Tabakgewerbe beschäftigt gewesenen Hausgewerbetreibenden und Arbeiter, welche nachgewiesenermaßen infolge dieses Gesetzes innerhalb des ersten Jahres nach dessen Inkrafttreten entweder vorübergehend oder für längere Zeit arbeitslos werden, ohne anderweit entsprechende Beschäftigung zu finden, oder wegen notwendig gewordenen Berufswechsels oder wegen Einschränkung des Betriebs geschädigt werden, erhalten Unterstützungen bis zu einem Zeitraume von zwei Jahren. Zu diesem Zwecke werden den Einzelstaaten die erforderlichen Mittel bis zum Gesamtbetrage von vier Millionen Mark, dem festgestellten Bedürfnis entsprechend, überwiesen.

Die näheren Vorschriften über Umfang und Bedingungen der Zuwendungen erläßt der Bundesrat, jedoch mit der Maßgabe, daß die Unterstützung im Falle eingetretener Arbeitslosigkeit nicht weniger betragen darf als drei Viertel des entgangenen Arbeitsverdienstes.

VIII.

Zigarettensteuergesetz.

Vom 3. Juli 1906 (RGBl. S. 631)

unter Berücksichtigung der Novelle v. 15. Juli 1909 (RGBl. S. 713).

Eingangsabgabe.

§ 1. Die Zollbefreiungen der §§ 5 und 6 Ziffer 7 des Zolltarifgesetzes vom 25. Dezember 1902 können für die genannten Tabakerzeugnisse sowie für Zigarettenhülsen und -blättchen durch den Bundesrat eingeschränkt werden.

Steuer.

§ 2. Außer den auf Grund des Tabaksteuergesetzes von dem verwendeten Tabak zur Erhebung gelangenden Abgaben unterliegen der im Inlande geschnittene Zigarettentabak und die im Inlande hergestellten Zigaretten sowie die ungefüllt zum Verkaufe gelangenden Zigarettenhüllen (Hülsen, Blättchen usw.) einer besonderen in die Reichskasse fließenden Steuer (Zigarettensteuer), die beträgt:

1. für Zigaretten im Kleinverkaufspreise:

a) bis zu 1 1/2 Pfennig das Stück 2,00 Mark für 1000 Stück,

b) von über $1\frac{1}{2}$ bis $2\frac{1}{2}$ Pfennig das Stück 3,00 Mark für 1000 Stück,

c) von über $2\frac{1}{2}$ bis $3\frac{1}{2}$ Pfennig das Stück 4,50 Mark für 1000 Stück,

d) von über $3\frac{1}{2}$ bis 5 Pfennig das Stück 6,50 Mark für 1000 Stück,

e) von über 5 bis 7 Pfennig das Stück 9,50 Mark für 1000 Stück,

f) von über 7 Pfennig das Stück 15,00 Mark für 1000 Stück;

2. für Zigarettentabak:

a) im Kleinverkaufspreis über 3,50 bis 5 Mark das Kilogramm 0,80 Mark für ein Kilogramm,

b) im Kleinverkaufspreis über 5 bis 10 Mark das Kilogramm 1,60 Mark für ein Kilogramm,

c) im Kleinverkaufspreis über 10 bis 20 Mark das Kilogramm 3 Mark für ein Kilogramm,

d) im Kleinverkaufspreis über 20 bis 30 Mark das Kilogramm 4,80 Mark für ein Kilogramm,

e) im Kleinverkaufspreis über 30 Mark das Kilogramm 7 Mark für ein Kilogramm;

3. Für Zigarettenpapier, mit Ausnahme des zur gewerblichen Verarbeitung bestimmten, 1 Mark für 1000 Zigarettenhüllen.

Der gleichen Besteuerung unterliegen neben

dem im § 1 festgesetzten Eingangszoll auch die aus dem Ausland eingeführten Erzeugnisse der in Ziffer 1 bis 3 bezeichneten Art.

Als Zigarettentabak im Sinne dieses Gesetzes gilt aller feingeschnittene Tabak, der im Kleinverkaufe mehr als 3 Mark das Kilogramm kostet. Ausgenommen sind diejenigen vom Bundesrate zu bezeichnenden feingeschnittenen Tabake der angegebenen Art, die zur Herstellung von Zigaretten nachweislich nicht verwendet werden.

Als Kleinverkaufspreis gilt der Warenpreis einschließlich der Steuer.

Der Bundesrat ist ermächtigt, Tabakerzeugnisse von der Art und Form der Zigarette, bei denen das Papierdeckblatt fehlt oder durch eine andere Decke ersetzt ist, der gleichen Steuer zu unterwerfen.

Entrichtung und Stundung der Steuer.

§ 3. Die Zigarettensteuer ist vom Hersteller des Zigarettentabaks und der Zigaretten sowie der Zigarettenhülsen und -blättchen mittelst Anbringung von Steuerzeichen an den Packungen (§ 5) zu entrichten, bevor die verpackten Erzeugnisse aus der Erzeugungsstätte entfernt werden. Bei eingeführten Erzeugnissen der bezeichneten Art hat die Versteuerung durch den Bezieher bei der Zollabfertigung oder, wo eine solche nicht stattfindet, innerhalb einer Frist von drei Tagen nach dem Empfange zu geschehen.

Die näheren Bestimmungen über die Wertbeträge der Steuerzeichen, nach denen die Packungen einzurichten sind, über ihre Form, ihre Anfertigung, ihren Vertrieb und die Art ihrer Verwendung und Entwertung trifft der Bundesrat. Er stellt die Voraussetzungen fest, unter denen für verwendete Steuerzeichen ein Ersatz und für noch nicht verwendete Steuerzeichen ein Umtausch oder eine Rückzahlung gewährt werden darf.

Steuerzeichen, die nicht in der vorgeschriebenen Weise verwendet und entwertet worden sind, werden als nicht verwendet angesehen.

Die Anbringung von Steuerzeichen ist nicht erforderlich, wenn der Zigarettentabak oder die Zigaretten sowie die Zigarettenhülsen und -blättchen zur Ausfuhr unter amtlicher Aufsicht oder wenn der Zigarettentabak, die Zigarettenhülsen und -blättchen zur Abgabe an inländische Zigarettenfabrikanten behufs weiterer Verarbeitung oder Behandlung in ihrem Betriebe vor der Entnahme aus der Erzeugungsstätte angemeldet werden.

Gegen Sicherheitsbestellung ist die Steuer für eine Frist von sechs Monaten zu stunden.

Verjährung der Steuer.

§ 4. Ansprüche auf Zahlung und Erstattung der Steuer verjähren in einem Jahre von dem Tage des Eintritts der Steuerpflicht (§ 3 Abs. 1) oder der Steuerentrichtung ab. Der Anspruch auf

Nachzahlung hinterzogener Steuer verjährt in drei Jahren.

Verpackungszwang.

§ 5. Zigarettentabak und Zigaretten sowie Zigarettenhülsen und -blättchen dürfen im Inlande vom Hersteller und Großhändler nur in vollständig geschlossenen Packungen abgegeben werden. Die Verpackung der inländischen Erzeugnisse hat, sofern nicht Ausnahmen zugelassen werden, in den Betrieben zu erfolgen, in denen sie hergestellt werden.

Auf jeder Packung ist der Inhalt nach Art und Menge, sowie bei Zigarettentabak und Zigaretten auch der Kleinverkaufspreis oder die Preisgrenzen der Steuerklasse (§ 2 Abs. 1) in Druckschrift anzugeben. Außerdem ist auf jeder Packung Name und Sitz der Firma des Herstellers oder des Händlers ersichtlich zu machen. Die Firmenbezeichnung des Herstellers kann durch ein gesetzlich geschütztes, der Steuerbehörde mitzuteilendes Warenzeichen ersetzt werden.

Die Verpflichtung zur Angabe des Preises oder der Preisgrenzen erstreckt sich auch auf solche Packungen, die feingeschnittenen Tabak im Kleinverkaufspreise von drei Mark oder weniger für ein Kilogramm enthalten. Wird solcher Tabak unverpackt verkauft, so ist der Kleinverkaufspreis an einer in die Augen fallenden Stelle des Behältnisses anzugeben.

Zigarettentabak, Zigarettenhülsen und -blättchen, die an Zigarettenfabriken abgegeben werden, sind unter Beobachtung der etwa vorgeschriebenen Maßnahmen von den Vorschriften der Abs. 1 bis 3 befreit. Ferner erstrecken sich diese Vorschriften nicht auf Waren der genannten Art, die zur Ausfuhr bestimmt sind (§ 3 Abs. 4).

Der Bundesrat ist befugt, im Falle der Umgehung der Zigarettensteuer beim Einzelverkaufe für diesen besondere Sicherungsmaßnahmen zu treffen oder die Vorschriften der Abs. 1 bis 3 auf alle Personen auszudehnen, die der Zigarettensteuer unterliegende Waren feilhalten, verkaufen oder sonstwie an Verbraucher abgeben.

Vorschriften für die Einfuhr.

§ 6. Die Vorschriften des § 5 gelten auch für die eingeführten Erzeugnisse der im § 1 Abs. 1 bezeichneten Art sowie für eingeführte Zigarettenhülsen und -blättchen. Es kann jedoch zugelassen werden, daß die Verpackung erst im Inlande vorgenommen wird.

Eingeführte Zigarettentabake und Zigaretten, auf deren Packungen die im § 5 Abs. 2 vorgeschriebenen Preisangaben fehlen, sind nach den höchsten Sätzen des § 2 Ziffer 1 und 2 zu versteuern.

Vorschriften für die Betriebe. Anmeldung des Betriebs und der Räume.

§ 7. Wer gewerbsmäßig Zigarettentabak, Zigaretten, Zigarettenhülsen oder -blättchen herstellen will, hat dies vor der Eröffnung des Betriebs unter Bezeichnung der Erzeugnisse, deren Herstellung beabsichtigt ist, der Steuerbehörde schriftlich anzuzeigen und gleichzeitig eine Beschreibung der Betriebs- und Lagerräume sowie der damit in Verbindung stehenden oder unmittelbar daran angrenzenden Räume vorzulegen.

Die gewerbsmäßige Herstellung von Zigarettentabak und Zigaretten darf nur in den angemeldeten Betriebsräumen erfolgen.

§ 8. Die Steuerbehörde ist ermächtigt, auch Angaben über die Verpackungsart der Waren sowie gegen entsprechende Entschädigung die Hinterlegung von Proben der einzelnen Packungen zu verlangen.

Bei jeder Änderung der angemeldeten Verhältnisse (§§ 7, 8) hat alsbald eine Berichtigung oder Ergänzung der Angaben zu erfolgen.

Kleinverkauf der tabakverarbeitenden Betriebe und der Hersteller von Zigarettenhülsen und -blättchen.

§ 9. Inhaber tabakverarbeitender Betriebe jeder Art, die neben der Anfertigung von Tabackerzeugnissen den Kleinverkauf von Zigarettentabak oder von Zigaretten betreiben wollen, sowie Hersteller von Zigarettenhülsen und -blättchen, die diese Erzeugnisse im kleinen abgeben wollen, haben dies unter genauer Beschreibung der Räume, in denen der Kleinverkauf stattfinden soll, der Steuerbehörde anzuzeigen. Die Betriebe unterliegen den von dieser Behörde zur Sicherung des Steuereinganges anzuordnenden Maßnahmen.

Bezeichnung des Besitzers und Betriebsleiters.

§ 10. Jeder Wechsel im Besitz eines mit der Herstellung von Zigarettentabak oder Zigaretten sowie von Zigarettenhülsen oder -blättchen sich befassenden Betriebs ist der Steuerbehörde binnen einer Woche vom neuen Besitzer anzuzeigen.

Wird ein Betrieb vom Besitzer nicht selbst geleitet, so hat letzterer der Steuerbehörde diejenige Person zu bezeichnen, die als Betriebsleiter in seinem Namen und Auftrage handelt.

Lagerung der fertigen Erzeugnisse; Buchführung.

§ 11. Zigarettentabak und Zigaretten sowie Zigarettenhülsen und -blättchen dürfen nur in den angemeldeten Räumen (§ 7) gelagert und verpackt werden. Über Zu- und Abgang der Erzeugnisse sind Anschreibungen zu führen, die der Bestimmung der Steuerbehörde entsprechend aufzubewahren und den Beamten zugänglich zu halten sind.

Die Bestände sind von Zeit zu Zeit amtlich festzustellen und mit den Anschreibungen zu vergleichen. Von der Erhebung der Steuer für Fehlmengen ist abzusehen, wenn und soweit dargetan wird, daß eine Steuerhinterziehung nicht stattgefunden hat, sondern daß die Fehlmengen auf andere, eine Steuerschuld nicht begründende Umstände zurückzuführen sind.

§ 12. Nach Ermessen der Steuerbehörde kann die Verpflichtung zur Führung von Anschreibungen auch auf den für die Verarbeitung bezogenen Tabak sowie auf das für die Verarbeitung bezogene Zigarettenpapier ausgedehnt werden.

Aufsichtsbefugnis der Steuerbeamten.

§ 13. Die Betriebe, die sich mit dem Schneiden von Zigarettentabak oder mit der Herstellung von Zigaretten, Zigarettenhülsen oder -blättchen befassen, unterliegen der steuerlichen Aufsicht. Die Steuerbeamten sind befugt, die Betriebs- und Lagerräume, solange sie geöffnet sind oder darin gearbeitet wird, zu jeder Zeit, andernfalls von Morgens 6 Uhr bis Abends 9 Uhr zu besuchen. Bei Fabriken erstreckt sich die Aufsichtsbefugnis auf alle Räume der Fabrik sowie auf die mit ihr in Verbindung stehenden oder unmittelbar daran grenzenden Räume. Sofern diese Räume verschlossen sein sollten, müssen sie während der angegebenen Zeit auf Verlangen der Steuerbeamten sofort geöffnet werden. Die Zeitbeschränkung fällt fort, wenn Gefahr im Verzuge liegt.

Hilfeleistung bei der Ausübung der Steueraufsicht.

§ 14. Der Betriebsinhaber hat den Steuerbeamten jede im Steuerinteresse oder zu statistischen Zwecken erforderliche Auskunft über den

Betrieb zu erteilen und bei allen zum Zwecke der Aufsicht oder Abfertigung stattfindenden Amtshandlungen die Hilfsdienste zu leisten oder leisten zu lassen, die notwendig sind, damit die Beamten die ihnen obliegenden Geschäfte in den vorgeschriebenen Grenzen vollziehen können. Insbesondere ist auch für Beleuchtung zu sorgen.

Den Oberbeamten der Steuerverwaltung sind die auf den Einkauf des Rohtabaks sowie auf die Herstellung und den Verkauf von der Zigarettensteuer unterliegenden Erzeugnissen sich beziehenden Geschäftsbücher und Geschäftspapiere auf Erfordern zu jeder Zeit zur Einsicht vorzulegen.

Handel mit der Zigarettensteuer unterliegenden Waren.

§ 15. Wer sich gewerbsmäßig mit dem Verkaufe von Zigarettentabak und Zigaretten sowie von Zigarettenhülsen und -blättchen befassen will, hat dies vorher der Steuerbehörde anzuzeigen und den Beamten der Steuerverwaltung seine Vorräte an Waren der bezeichneten Art zum Nachweise, daß sie mit den vorgeschriebenen Steuerzeichen versehen sind, zu den üblichen Geschäftsstunden auf Verlangen vorzuzeigen.

Die Steuerbehörde kann verlangen, daß Niederschriften einzelner Teile dieses Gesetzes und der Ausführungsbestimmungen in den Verkaufsstätten an in die Augen fallender Stelle ausgehängt werden.

§ 16. Die Steuerzeichen sind an den Packungen so lange zu erhalten, bis diese geöffnet werden. Geöffnete, ganz oder teilweise entleerte Packungen dürfen mit Zigaretten, Zigarettentabak, Zigarettenhülsen oder -blättchen nicht nachgefüllt werden. Der Einzelverkauf darf nur aus den zugehörigen Umschließungen erfolgen. Geleerte Umschließungen sind alsbald zu vernichten.

Wer als Verkäufer Zigarettentabak, Zigaretten, Zigarettenhülsen oder -blättchen empfängt, die nicht in der vorgeschriebenen Weise verpackt, bezeichnet und mit Steuerzeichen versehen sind, hat innerhalb einer Frist von drei Tagen der Steuerbehörde Anzeige zu erstatten.

Strafvorschriften. Defraudation.

§ 17. Wer es unternimmt, die Zigarettensteuer zu hinterziehen, macht sich der Defraudation schuldig.

Die Defraudation wird insbesondere als vollbracht angenommen:

a) wenn mit der Herstellung von der Zigarettensteuer unterliegenden Waren begonnen wird, bevor die Anzeige des Betriebs in der vorgeschriebenen Weise erfolgt ist (§ 7);

b) wenn der Zigarettensteuer unterliegende Waren vom Hersteller in anderen als den hierfür angemeldeten Räumen aufbewahrt werden (§ 11);

c) wenn die vorgeschriebenen Anschreibungen unrichtig geführt werden (§§ 11, 12);

d) wenn der Zigarettensteuer unterliegende Waren aus der Erzeugungsstätte in den Inlandsverkehr gebracht werden, ohne daß sie in der vorgeschriebenen Weise verpackt und auf den Packungen mit den im § 5 vorgeschriebenen Angaben und mit den entsprechenden Steuerzeichen versehen sind;

e) wenn Verkäufer der Zigarettensteuer unterliegende Waren in Gewahrsam haben, die der Vorschrift dieses Gesetzes zuwider mit den erforderlichen Steuerzeichen (§ 3) nicht versehen sind;

f) wenn geöffnete, mit Steuerzeichen versehene Packungen der Vorschrift des § 16 Abs. 1 Satz 2 zuwider nachgefüllt werden.

Das Dasein der Defraudation wird in den Fällen des Abs. 2 durch die daselbst bezeichneten Tatsachen begründet. Wird festgestellt, daß eine Hinterziehung nicht verübt oder nicht beabsichtigt ist, so findet nur eine Ordnungsstrafe nach § 20 statt.

Strafe der Defraudation.

§ 18. Wer eine Defraudation begeht, hat eine Geldstrafe verwirkt, die dem vierfachen Betrage der vorenthaltenen Steuer gleichkommt, mindestens aber fünfzig Mark für jeden einzelnen Fall beträgt. Außerdem ist die Steuer nachzuzahlen.

Kann der vorenthaltene Steuerbetrag nicht festgestellt werden, so tritt eine Geldstrafe von fünfzig Mark bis hunderttausend Mark ein.

Liegt eine Übertretung vor, so sind die Beihilfe und die Begünstigung mit Geldstrafe bis zu einhundertfünfzig Mark zu bestrafen.

Defraudation im Rückfalle.

§ 19. Im Falle der Wiederholung der Defraudation nach vorausgegangener Bestrafung wird die im § 18 angedrohte Strafe verdoppelt.

Jeder fernere Rückfall zieht Gefängnis bis zu drei Jahren nach sich, doch kann nach richterlichem Ermessen mit Berücksichtigung aller Umstände und der vorangegangenen Fälle auf Haft oder auf Geldstrafe nicht unter dem Doppelten der für den ersten Rückfall angedrohten Strafe erkannt werden.

Die Rückfallstrafe ist verwirkt, auch wenn die frühere Strafe nur teilweise verbüßt oder ganz oder teilweise erlassen ist, bleibt dagegen ausgeschlossen, wenn seit der Verbüßung oder dem Erlasse der früheren Strafe bis zur Begehung der neuen Straftat drei Jahre verflossen sind.

Ordnungsstrafen.

§ 20. Zuwiderhandlungen gegen die Vorschriften dieses Gesetzes und die dazu erlassenen und öffentlich oder den Beteiligten besonders bekannt gemachten Verwaltungsbestimmungen werden, sofern nicht eine schwerere Strafe verwirkt ist, mit einer Ordnungsstrafe von einer Mark bis zu dreihundert Mark geahndet.

Mit Ordnungsstrafe nach Maßgabe des Abs. 1 wird ferner belegt:

a) wer einen zur Wahrnehmung des Steuerinteresses verpflichteten Beamten oder dessen Angehörigen wegen einer auf die Erhebung oder Überwachung der Zigarettensteuer bezüglichen amtlichen Handlung oder Unterlassung einer solchen Geschenke oder andere Vorteile anbietet, verspricht oder gewährt, sofern nicht der Tatbestand des § 333 des Strafgesetzbuchs vorliegt;

b) wer sich Handlungen oder Unterlassungen zu Schulden kommen läßt, durch die ein solcher Beamter an der rechtmäßigen Ausübung seines Amtes in bezug auf die Zigarettensteuer verhindert wird, sofern nicht der Tatbestand des § 113 oder des § 114 des Strafgesetzbuchs vorliegt.

Haftung für andere Personen.

§ 21. Hersteller und Verkäufer von der Zigarettensteuer unterliegenden Waren haften für die von ihren Verwaltern, Geschäftsführern, Gehilfen und sonstigen in ihrem Dienste oder Lohne stehenden Personen sowie von ihren Familien- oder Haushaltungsmitgliedern verwirkten Geldstrafen und Prozeßkosten und für die nachzuzahlende Steuer im Falle des Unvermögens der eigentlich Schuldigen. Wird nachgewiesen, daß die Zuwiderhandlung ohne ihr Wissen verübt ist, so haften sie nur für die Steuer. Die Haftung für Geldstrafen kann nur durch richterliches Urteil ausgesprochen werden.

Ist die Geldstrafe von dem Schuldigen nicht beizutreiben, so kann die Steuerbehörde davon absehen, den für die Geldstrafe Haftenden in Anspruch zu nehmen, und die an Stelle der Geldstrafe tretende Freiheitsstrafe an dem Schuldigen vollstrecken lassen.

Zwangsmaßregeln.

§ 22. Unbeschadet der verwirkten Ordnungsstrafen kann die Steuerbehörde die Beobachtung der auf Grund dieses Gesetzes getroffenen Anordnungen durch Androhung und Einziehung von Geldstrafen bis zu fünfhundert Mark erzwingen.

Einziehung.

§ 23. Zigarettentabak und Zigaretten sowie Zigarettenhülsen und -blättchen, die nicht vorschriftsmäßig verpackt und bezeichnet oder deren Packungen mit den erforderlichen Steuerzeichen (§ 3) nicht versehen sind, unterliegen der Einziehung, gleichviel wem sie gehören und ob gegen eine bestimmte Person ein Strafverfahren eingeleitet wird.

Verschärfung der Aufsichtsmaßnahmen.

§ 24. Hersteller und Verkäufer von der Zigarettensteuer unterliegenden Waren, die selbst oder deren Betriebsleiter wegen Hinterziehung der Steuer bestraft sind, können auf ihre Kosten besonderen Aufsichtsmaßnahmen unterworfen werden.

Fälschung von Steuerzeichen.

§ 25. Mit Gefängnis nicht unter drei Monaten wird bestraft, wer unechte Steuerzeichen (§ 3) in der Absicht anfertigt, sie als echt zu verwenden, oder echte Steuerzeichen in der Absicht verfälscht, sie zu einem höheren Werte zu verwenden, oder wissentlich von falschen oder verfälschten Steuerzeichen Gebrauch macht. Neben der Strafe kann auf Verlust der bürgerlichen Ehrenrechte erkannt werden.

§ 26. Wer wissentlich schon einmal verwendete Steuerzeichen verwendet, wird mit Geldstrafe bis zu sechshundert Mark bestraft.

§ 27. Neben der in den §§ 25, 26 angedrohten Strafe kommt die durch die Hinterziehung der Steuer begründete Strafe zur Anwendung.

§ 28. Mit Geldstrafe bis zu einhundertfünfzig Mark oder mit Haft wird bestraft, wer ohne schriftlichen Auftrag einer Behörde

1. Stempel, Siegel, Stiche, Platten oder andere Formen, die zur Anfertigung von

Steuerzeichen dienen können, anfertigt oder an einen anderen als die Behörde verabfolgt;

2. den Abdruck der in Nr. 1 bezeichneten Stempel, Stiche, Platten oder Formen unternimmt oder Abdrucke an einen anderen als die Behörde verabfolgt.

Neben der Strafe kann auf Einziehung der Stempel, Siegel, Stiche, Platten oder anderen Formen sowie der Abdrucke erkannt werden, ohne Unterschied ob sie dem Verurteilten gehören oder nicht.

§ 29. Mit Geldstrafe bis zu einhundertfünfzig Mark wird bestraft, wer wissentlich schon einmal verwendete Steuerzeichen veräußert oder feilhält.

Strafverfahren und Verjährung der Strafverfolgung.

§ 30. In den Fällen der §§ 17 bis 23 kommen hinsichtlich des Strafverfahrens sowie in betreff der Strafmilderung und des Erlasses der Strafe im Gnadenwege die Vorschriften zur Anwendung, nach denen sich das Verfahren wegen Zuwiderhandlungen gegen die Zollgesetze bestimmt. Der Erlös aus eingezogenen Zigarettentabaken und Zigaretten, Zigarettenhülsen und -blättchen sowie Geldstrafen fallen dem Staate zu, von dessen Behörden die Strafentscheidung erlassen ist.

Die Strafverfolgung von Defraudationen verjährt in drei Jahren, von anderen Zuwiderhandlungen in einem Jahre.

Verwaltung der Zigarettensteuer und Ausgleichungsbeträge.

§ 31. Die Erhebung und Verwaltung der Zigarettensteuer erfolgt durch die Landesbehörden. Für die erwachsenden Kosten wird den Bundesstaaten nach Maßgabe der vom Bundesrate zu erlassenden Bestimmungen Vergütung gewährt.

Die Reichsbevollmächtigten für Zölle und Steuern und die Stationskontrolleure haben in bezug auf die Ausführung des Gesetzes dieselben Rechte und Pflichten wie bezüglich der Erhebung und Verwaltung der Zölle.

Die außerhalb der gemeinschaftlichen Zollgrenze liegenden Teile des Reichsgebiets zahlen an Stelle der Zigarettensteuer einen entsprechenden Ausgleichungsbetrag an die Reichskasse.

Der Zigarettensteuer unterliegende Waren aus Zollanschlüssen.

§ 32. Zigarettentabak und Zigaretten, die aus den dem Zollgebiet angeschlossenen Staaten und Gebietsteilen zum Verbrauch eingehen sowie aus den genannten Gebieten eingehende Zigarettenhülsen und -blättchen sind spätestens beim Eintritt in das Inland mit den nach § 3 anzubringenden Steuerzeichen zu versehen.

Der Reichskanzler kann unter Zustimmung des Bundesrats mit den fremden Regierungen wegen Herbeiführung einer den Vorschriften dieses Gesetzes entsprechenden Zigarettensteuer in den dem Zollgebiet angeschlossenen Staaten und Gebietsteilen, wegen Überweisung der Steuer für die im gegenseitigen Verkehr übergehenden, der Zigarettensteuer unterliegenden Waren oder wegen Begründung einer Steuergemeinschaft Vereinbarungen treffen.

Vergütung der auf Grund des Tabaksteuergesetzes vom 16. Juli 1879 gezahlten Abgaben.

§ 33. 1. Im Abs. 1 des § 31 des Tabaksteuergesetzes vom 16. Juli 1879 sind zu streichen:

unter I: d) für Zigaretten . . . . 66 Mark,
„ II: d) „ „ . . . . 35 „ .

2. Die Festsetzung der Vergütung der auf Grund des Tabaksteuergesetzes vom 16. Juli 1879 gezahlten Abgaben, welche bei der Ausfuhr von Zigarettentabak und Zigaretten oder bei ihrer Niederlegung in einer öffentlichen Niederlage oder in einem unter amtlichem Mitverschlusse stehenden Privatlager zu gewähren ist, erfolgt durch den Bundesrat.

Übergangsvorschriften.

§ 34. Hersteller, Verkäufer und Händler haben die am Tage des Inkrafttretens des Gesetzes in ihrem Besitze befindlichen Vorräte an Zigarettentabak und Zigaretten, Zigarettenhülsen und -blättchen unter Angabe des Kleinverkaufspreises des Zigarettentabaks und der Zigaretten sowie der Stückzahl der Hülsen und Blättchen innerhalb einer Woche dem zuständigen Steueramt anzumelden. Die angemeldeten Vorräte dürfen vom Hersteller einen Monat, vom Verkäufer und Händler zwei Monate ohne Entrichtung der Zigarettensteuer verkauft werden; nach Ablauf dieser Fristen ist der noch vorhandene Teil dieser Vorräte nach den Sätzen des § 2 zu versteuern.

Der Bundesrat ist ermächtigt, die Frist von zwei Monaten für Zigarettenblättchen bei Kleinhändlern im Bedarfsfall entsprechend zu verlängern.

Die erfolgte Versteuerung wird durch Anbringung von Steuerzeichen an den Packungen kenntlich gemacht.

Gegen Sicherheitsbestellung ist die Steuer für eine Frist von drei Monaten zu stunden.

Schlußvorschrift.

§ 35. Von den bestehenden Fabriken und Betrieben sind die nach diesem Gesetz erforderlichen Anzeigen bei Vermeidung der im § 20 angedrohten Ordnungsstrafen spätestens zwei Wochen vor dem Inkrafttreten des Gesetzes zu erstatten.

IX.

Wechselstempelgesetz.

Vom 15. Juli 1909 (RGBl. Nr. 44 S. 825).

§ 1. Gezogene und eigene Wechsel unterliegen dem Wechselstempel.

Von der Stempelabgabe befreit bleiben:

1. die vom Ausland auf das Ausland gezogenen und die im Ausland ausgestellten eigenen Wechsel, wenn sie nur im Auslande zahlbar sind;
2. die vom Inland auf das Ausland gezogenen, nur im Ausland, und zwar auf Sicht oder spätestens innerhalb zehn Tagen nach dem Tage der Ausstellung zahlbaren Wechsel, sofern sie vom Aussteller unmittelbar in das Ausland versendet werden.

§ 2. Als Wechsel im Sinne dieses Gesetzes ist auch eine Schrift anzusehen, welche nicht die sämtlichen wesentlichen Erfordernisse eines Wechsels enthält, sofern sie einem anderen unter der Vereinbarung übergeben wird, daß dieser berechtigt sein soll, die fehlenden Erfordernisse zu ergänzen. Das Bestehen einer Vereinbarung der bezeichneten Art wird vermutet, wenn die Schrift die Bezeichnung als Wechsel enthält.

§ 3. Die Stempelabgabe beträgt:
von einer Summe

von	200	Mark und weniger		. . .	0,10 Mark,
über	200	„ bis	400 Mark	. .	0,20 „
„	400	„ „	600 „	. .	0,30 „
„	600	„ „	800 „	. .	0,40 „
„	800	„ „	1 000 „	. .	0,50 „

und von jedem ferneren 1000 Mark der Summe 0,50 Mark mehr, dergestalt, daß jedes angefangene Tausend für voll gerechnet wird.

Tritt die Verfallzeit eines auf einen bestimmten Zahlungstag oder auf Sicht gestellten Wechsels später als drei Monate nach dem Ausstellungstag ein, so ist auf die Zeit bis zum Verfalltage für die nächsten neun Monate und weiterhin für je fernere sechs Monate oder den angefangenen Teil dieses Zeitraums eine weitere Abgabe in der im Abs. 1 bezeichneten Höhe zu entrichten. Die weitere Abgabepflicht tritt bei Wechseln mit bestimmtem Zahlungstage nicht ein, wenn die dreimonatige Frist um nicht mehr als fünf Tage überschritten wird. Soweit nach ausländischem Rechte Respekttage stattfinden, werden sie der dreimonatigen Frist hinzugerechnet. Die vorstehend für Sichtwechsel getroffene Vorschrift findet auch auf Wechsel Anwendung, welche bestimmte Zeit nach Sicht zahlbar sind, mit der Maßgabe, daß der Zeitraum, für den die weitere Abgabe zu entrichten ist, bei trockenen derartigen Wechseln vom Ablaufe von drei Monaten nach dem Ausstellungstage, bei gezogenen derartigen Wechseln vom Ablaufe von drei Monaten nach der Annahme des Wechsels gerechnet wird. Ist der Tag der Annahme aus dem Wechsel nicht ersichtlich, so gilt in Ansehung der Stempelpflicht der fünfzehnte Tag nach dem Ausstellungstag als Tag der Annahme, sofern nicht nachgewiesen wird, daß die Annahme zu einem anderen Zeitpunkt erfolgt ist.

Fehlt in einer Schrift der im § 2 bezeichneten Art die Angabe der zu zahlenden Geldsumme, so ist die Stempelabgabe und die weitere Abgabe von einer Summe von zehntausend Mark zu entrichten; wird später eine andere als diese Summe eingesetzt, so hat die entsprechende Ausgleichung durch Nacherhebung oder Erstattung der Steuer zu erfolgen. Fehlt in der Schrift eine Bestimmung über die Zahlungszeit, so tritt die Verpflichtung zur Entrichtung der weiteren Abgabe mit dem Ablaufe von drei Monaten nach dem Ausstellungstag ein. Fehlt die Angabe des Ausstellungstags, so gilt der Tag der Übergabe als Ausstellungstag.

§ 4. Die zum Zwecke der Berechnung der Abgabe vorzunehmende Umrechnung der in einer anderen als der Reichswährung ausgedrückten Summen erfolgt, soweit der Bundesrat nicht für gewisse Währungen allgemein zugrunde zu legende Mittelwerte festsetzt und bekannt macht, nach Maßgabe des laufenden Kurses.

§ 5. Für die Entrichtung der Abgabe sind der Reichskasse sämtliche Personen, welche an dem Umlaufe des Wechsels im Inlande teilgenommen haben, als Gesamtschuldner verhaftet.

Die Haftung für die weitere Abgabe (§ 3 Abs. 2) ist auf die Personen beschränkt, welche nach Eintritt der weiteren Abgabepflicht am Umlaufe des Wechsels teilgenommen haben.

§ 6. Als Teilnehmer an dem Umlauf eines Wechsels wird hinsichtlich der Steuerpflichtigkeit angesehen: der Aussteller, jeder Unterzeichner oder Mitunterzeichner eines Akzepts, eines Indossaments oder einer anderen Wechselerklärung, und jeder, der für eigene oder fremde Rechnung den Wechsel erwirbt, veräußert, verpfändet oder als Sicherheit annimmt, zur Zahlung präsentiert, Zahlung darauf empfängt oder leistet, oder mangels Zahlung Protest erheben läßt, ohne Unterschied, ob der Name oder die Firma auf den Wechsel gesetzt wird oder nicht.

§ 7. Die Entrichtung der Stempelabgabe (§ 3 Abs. 1) muß erfolgen, ehe ein inländischer Wechsel von dem Aussteller, ein ausländischer Wechsel von dem ersten inländischen Inhaber (§ 6) aus den Händen gegeben wird.

Die Entrichtung der weiteren Abgabe (§ 3 Abs. 2) muß innerhalb der ersten drei Tage des Zeitraums erfolgen, für den sie zu zahlen ist, und wenn sich der Wechsel zu dieser Zeit im Auslande befunden hat, innerhalb der ersten drei Tage nach der Einbringung des Wechsels ins Inland. Die Entrichtung liegt dem Inhaber des Wechsels ob.

Ist der Wechsel von dem nach Abs. 1 Steuerpflichtigen bis zu dem im Abs. 2 bezeichneten Zeitpunkte nicht aus den Händen gegeben, so ist die Stempelabgabe gleichzeitig mit der weiteren Abgabe zu entrichten.

Es ist zulässig, die weitere Abgabe für einen längeren als den neunmonatigen oder sechsmonatigen Zeitraum sowie die gesamte auf die Zeit bis zum Verfalltag entfallende Stempelabgabe im voraus zu entrichten.

§ 8. Dem Aussteller eines inländischen Wechsels und dem ersten inländischen Inhaber eines ausländischen Wechsels ist vorbehaltlich der Vorschriften des § 7 Abs. 2, 3 gestattet, den mit einem inländischen Indossamente noch nicht versehenen Wechsel vor Entrichtung der Stempelabgabe lediglich zum Zwecke der Annahme zu versenden und zur Annahme zu präsentieren. Der Akzeptant eines unversteuerten Wechsels ist verpflichtet, vor der Rückgabe oder jeder anderweiten Aushändigung des Wechsels die Versteuerung desselben zu bewirken.

Wird jedoch ein nicht zum Umlauf im Inlande bestimmtes Exemplar eines in mehreren Exemplaren ausgefertigten Wechsels zur Einholung des Akzepts benutzt, so bleibt der Akzeptant von der Verpflichtung zur Versteuerung befreit, wenn die Rückseite des akzeptierten Exemplars vor der Rückgabe dergestalt durchkreuzt wird, daß dadurch die weitere Benutzung desselben zum Indossieren ausgeschlossen wird.

§ 9. Wird derselbe Wechsel in mehreren, im Kontext als Prima, Sekunda, Tertia usw. bezeichneten Exemplaren ausgefertigt, so ist unter diesen dasjenige zu versteuern, welches zum Umlaufe bestimmt ist.

§ 10. Außerdem unterliegt der Versteuerung jedes Exemplar, auf welches eine Wechselerklärung — mit Ausnahme des Akzepts und der Notadressen — gesetzt ist, die nicht auf einem nach Vorschrift dieses Gesetzes versteuerten Exemplare sich befindet. Die Versteuerung muß erfolgen, ehe das betreffende Exemplar von dem Aussteller der die Stempelpflichtigkeit begründenden Wechselerklärung, oder, wenn letztere im Ausland abgegeben ist, von dem ersten inländischen Inhaber aus den Händen gegeben wird.

Soll ein unversteuertes Wechselduplikat ohne Auslieferung eines versteuerten Exemplars desselben Wechsels bezahlt oder mangels Zahlung protestiert werden, so ist die Versteuerung desselben zu bewirken, ehe die Zahlung oder Protestaufnahme stattfindet.

Der Beweis des Vorhandenseins eines versteuerten Wechselduplikats oder des Einwandes, daß die auf ein unversteuertes Exemplar gesetzte Wechselerklärung auf einem versteuerten Duplikat abgegeben sei, oder daß bei Bezahlung eines unversteuerten Duplikats auch ein versteuertes Exemplar ausgeliefert sei, liegt demjenigen ob, welcher wegen unterlassener Versteuerung eines Wechselexemplars in Anspruch genommen wird.

§ 11. Die Bestimmungen im § 10 finden gleichmäßig auf Wechselabschriften Anwendung, welche mit einem Originalindossament oder mit einer anderen urschriftlichen Wechselerklärung versehen sind. Jede solche Abschrift wird hinsichtlich der Besteuerung einem Duplikate desselben Wechsels gleichgeachtet.

§ 12. Ist die in den §§ 7 bis 11 vorgeschriebene Versteuerung eines Wechsels, eines Wechselduplikats oder einer Wechselabschrift unterlassen, so ist der nächste, und, solange die Versteuerung nicht bewirkt ist, auch jeder fernere inländische Inhaber verpflichtet, den Wechsel zu versteuern, ehe er denselben auf der Vorder- oder Rückseite unterzeichnet, veräußert, verpfändet, zur Zahlung präsentiert, Zahlung darauf empfängt oder leistet, eine Quittung darauf setzt, mangels Zahlung Protest erheben läßt oder den Wechsel aus den Händen gibt. Auf die von den Vordermännern verwirkten Strafen hat die Entrichtung der Abgabe durch einen späteren Inhaber keinen Einfluß.

Ist eine nach den Vorschriften dieses Gesetzes bestehende Stempelpflicht aus dem Wechsel selbst nicht zu ersehen, so besteht die im Abs. 1 bestehende Verpflichtung nur, wenn die Umstände, welche die Stempelpflicht überhaupt oder in einem höheren Umfange begründen, dem ferneren Inhaber bekannt oder infolge grober Fahrlässigkeit unbekannt sind.

§ 13. Ein zur Annahme versandtes Wechselexemplar darf vom Verwahrer gegen Vorlegung eines nicht versteuerten Exemplars oder einer nicht versteuerten Abschrift desselben Wechsels unversteuert nur ausgeliefert werden, wenn dieses unversteuerte Exemplar oder diese unversteuerte Abschrift zuvor auf der Rückseite dergestalt durchkreuzt ist, daß dadurch die Benutzung zum Indossieren ausgeschlossen wird. Ist dies nicht der Fall, so haftet der Verwahrer, der das mit dem Annahmevermerke versehene Exemplar unversteuert ausliefert, für die Stempelabgabe und verfällt, wenn sie nicht rechtzeitig entrichtet wird, in die im § 18 bestimmte Strafe.

§ 14. Die Verpflichtung zur Entrichtung der Stempelabgabe wird erfüllt:

1. durch Ausstellung des Wechsels auf einem mit dem erforderlichen Wechselstempel versehenen Vordruck,

oder

2. durch Verwendung der erforderlichen Wechselstempelmarke auf dem Wechsel, wenn hierbei die von dem Bundesrat erlassenen und bekannt gemachten Vorschriften über die Art und Weise der Verwendung beobachtet worden sind.

§ 15. Stempelmarken, welche nicht in der vorgeschriebenen Weise verwendet worden sind, werden als nicht verwendet angesehen.

§ 16. Der Anspruch auf Entrichtung des Wechselstempels verjährt in fünf Jahren.

Die Verjährung beginnt mit dem Schlusse des Jahres, in welchem der Wechsel fällig geworden ist.

Die Verjährung wird unterbrochen durch jede von der zuständigen Behörde zur Geltendmachung des Anspruchs gegen den Zahlungspflichtigen gerichtete Handlung. Wird die Verjährung unterbrochen, so beginnt eine neue Verjährung nicht vor dem Schlusse des Jahres, in welchem die Unterbrechung stattgefunden hat.

Die Unterbrechung der Verjährung wirkt nur gegen denjenigen, gegen welchen die Unterbrechungshandlung gerichtet worden ist.

Ist auf Grund des § 18 gegen eine der dort

bezeichneten Personen ein Strafverfahren wegen Hinterziehung eingeleitet, so verjährt der Anspruch auf Entrichtung des Wechselstempels gegenüber dieser Person nicht früher als die Strafverfolgung.

§ 17. In Beziehung auf die Verpflichtung zur Entrichtung des Wechselstempels ist der Rechtsweg zulässig. Die Vorschriften des § 94 des Reichsstempelgesetzes vom 15. Juli 1909 finden Anwendung.

§ 18. Die Nichterfüllung der Verpflichtung zur Entrichtung der Stempelabgabe wird mit einer Geldstrafe bestraft, welche dem fünfzigfachen Betrage der hinterzogenen Abgabe gleichkommt.

Diese Strafe ist besonders und ganz zu entrichten von jedem, welcher der nach den §§ 5 bis 13 ihm obliegenden Verpflichtung zur Entrichtung der Stempelabgabe nicht rechtzeitig genügt hat, ingleichen von inländischen Maklern und Unterhändlern, welche wissentlich unversteuerte Wechsel verhandelt haben.

Kann der Betrag der hinterzogenen Abgabe nicht festgestellt werden, so tritt statt der vorstehend bestimmten Strafe eine Geldstrafe von fünfundzwanzig bis zu zehntausend Mark ein.

§ 19. Der Akzeptant eines gezogenen und der Aussteller eines trockenen Wechsels können daraus, daß der Wechsel zur Zeit der Annahmeerklärung beziehungsweise der Aushändigung mangelhaft gewesen sei, keinen Einwand gegen die gesetzlichen Folgen der Nichtversteuerung desselben entnehmen.

§ 20. Ergibt sich in den Fällen der §§ 18, 19 aus den Umständen, daß eine Hinterziehung der Stempelabgabe nicht hat verübt werden können oder nicht beabsichtigt worden ist, so tritt eine Ordnungsstrafe bis zu einhundertfünfzig Mark ein.

§ 21. Die auf Grund dieses Gesetzes zu verhängenden Strafen sind bei offenen Handelsgesellschaften, Kommanditgesellschaften und Kommanditgesellschaften auf Aktien gegen die zur Vertretung der Gesellschaft berechtigten Gesellschafter, bei Gesellschaften mit beschränkter Haftung gegen die Geschäftsführer, bei Genossenschaften, Aktiengesellschaften und sonstigen rechtsfähigen Vereinen gegen die Vorstandsmitglieder nur im einmaligen Betrage, jedoch unter Haftbarkeit jedes einzelnen als Gesamtschuldner festzusetzen. Ebenso ist in anderen Fällen zu verfahren, in denen mehrere Personen gemeinschaftlich oder als Vertreter desselben Teilnehmers am Umlaufe des Wechsels beteiligt sind.

Die Vorschrift des Abs. 1 Satz 1 findet entsprechende Anwendung im Verhältnisse des Vollmachtgebers zu dem Bevollmächtigten, welcher innerhalb der ihm zustehenden Vertretungsmacht im Namen des Vollmachtgebers eine der in den §§ 7 bis 13 bezeichneten Handlungen vornimmt, bevor der Verpflichtung zur Entrichtung des Stempels genügt ist.

§ 22. Die Umwandelung einer nicht beizutreibenden Geldstrafe in eine Freiheitsstrafe findet nicht statt. Auch ist, wenn der Verurteilte ein Deutscher ist, die Zwangsversteigerung eines Grundstücks ohne seine Zustimmung nicht zulässig.

§ 23. Die Strafverfolgung von Hinterziehungen des Wechselstempels (§ 18) verjährt in fünf Jahren, von anderen Zuwiderhandlungen (§ 20) in einem Jahre.

Die Verjährung beginnt mit dem Schlusse des Jahres, in welchem der Wechsel fällig geworden ist.

Wird die Verjährung unterbrochen, so beginnt eine neue Verjährung nicht vor dem Schlusse des Jahres, in welchem die Unterbrechung stattgefunden hat.

§ 24. Hinsichtlich des Verwaltungsstrafverfahrens, der Strafmilderung und des Erlasses der Strafe im Gnadenwege sowie hinsichtlich der Strafvollstreckung kommen die Vorschriften zur Anwendung, nach welchen sich das Verfahren wegen Vergehen gegen die Zollgesetze — in den von der gemeinschaftlichen Zollgrenze ausgeschlossenen Bezirken aber das Verfahren wegen Vergehen gegen die Stempelgesetze — bestimmt.

Die in den §§ 18, 20 vorgeschriebenen Geldstrafen fallen dem Fiskus desjenigen Staates zu, von dessen Behörden die Strafentscheidung erlassen ist.

§ 25. Die in den einzelnen Bundesstaaten mit der Beaufsichtigung des Stempelwesens beauftragten Behörden und Beamten haben die ihnen obliegenden Verpflichtungen mit gleichen Befugnissen, wie sie ihnen hinsichtlich der nach den Landesgesetzen zu entrichtenden Stempelabgaben zustehen, auch hinsichtlich des Wechselstempels wahrzunehmen.

§ 26. Außer den Steuerbehörden haben alle diejenigen Staats- oder Kommunalbehörden und Beamten, denen eine richterliche oder Polizeigewalt anvertraut ist, sowie die Notare, die Postbeamten und andere Beamte, welche Wechselproteste ausfertigen, die Verpflichtung, die Besteuerung der bei ihnen vorkommenden Wechsel und Anweisungen von Amts wegen zu prüfen und die zu ihrer Kenntnis kommenden Zuwiderhandlungen gegen dieses Gesetz bei der nach § 24 zuständigen Behörde zur Anzeige zu bringen.

Auf der nach der Wechselordnung zurückzubehaltenden Abschrift des Protestes ist ausdrücklich zu bemerken, mit welchem Wechselstempel die protestierte Urkunde versehen oder daß sie mit einem Wechselstempel nicht versehen ist.

§ 27. Die Vorschriften dieses Gesetzes finden entsprechende Anwendung:

1. auf Verpflichtungsscheine über die Zahlung

von Geld, sofern sie durch Indossament übertragen werden können,

2. auf Anweisungen über die Zahlung von Geld, sofern sie durch Indossament übertragen werden können oder auf den Inhaber lauten oder sofern die Zahlung an jeden Inhaber bewirkt werden kann.

Es macht keinen Unterschied, ob die im Abs. 1 bezeichneten Urkunden in Form von Briefen oder in anderer Form ausgestellt werden.

Befreit von der Stempelabgabe sind Schecks, mit der im § 29 Abs. 2 des Scheckgesetzes vorgesehenen Ausnahme sowie die statt der Barzahlung dienenden auf Sicht zahlbaren Platzanweisungen, die nicht Schecks sind. Eine auf die Urkunde gesetzte Annahmeerklärung macht den Scheck oder die Platzanweisung steuerpflichtig, sofern der Annahmeerklärung rechtliche Wirkung zukommt. Die Versteuerung muß erfolgen, ehe der Akzeptant den Scheck oder die Platzanweisung aus den Händen gibt.

In welchen Fällen Anweisungen, die an einem Nachbarorte des Ausstellungsorts zahlbar sind, den Platzanweisungen gleichzuachten sind, bestimmt der Bundesrat nach Maßgabe der örtlichen Verhältnisse.

§ 28. Urkunden, welche nach diesem Gesetze stempelpflichtig sind oder auf welche die in diesem Gesetze vorgesehenen Stempelbefreiungen Anwendung finden, sind in den einzelnen Bundesstaaten keiner Abgabe unterworfen.

Auch von den auf derartige Urkunden gesetzten Übertragungsvermerken, Quittungen und sonstigen auf die Leistungen aus diesen Papieren bezüglichen Vermerken dürfen landesgesetzliche Abgaben nicht erhoben werden. Auf Proteste findet diese Vorschrift keine Anwendung.

§ 29. Der Ertrag des Wechselstempels fließt in die Reichskasse.

Jedem Bundesstaate wird von der jährlichen Einnahme, welche in seinem Gebiet aus dem Verkaufe von Stempelmarken oder gestempelten Vordrucken erzielt wird, der Betrag von zwei vom Hundert aus der Reichskasse gewährt.

§ 30. Die zur Ausführung dieses Gesetzes nötigen Bestimmungen werden vom Bundesrate getroffen.

Der Bundesrat erläßt insbesondere die Anordnungen wegen der Anfertigung und des Vertriebs der nach Maßgabe dieses Gesetzes zu verwendenden Stempelmarken und gestempelten Vordrucke sowie die Vorschriften über die Art der Verwendung der Marken. Er stellt die Bedingungen fest, unter welchen für verdorbene Marken und Vordrucke Erstattung zulässig ist.

§ 31. Dieses Gesetz tritt mit dem 1. August 1909 in Kraft.

Auf die vor dem 1. April 1909 ausgestellten inländischen oder von dem ersten inländischen Inhaber aus den Händen gegebenen ausländischen Wechsel finden die Vorschriften des § 16 mit der Maßgabe Anwendung, daß die Verjährungsfrist von dem Tage des Inkrafttretens des Gesetzes vom 4. März 1909 an gerechnet wird, falls die Wechsel vor diesem Zeitpunkte fällig waren.

In diesem Gesetze für stempelpflichtig erklärte inländische Urkunden und Schriften, welche vor dem im Abs. 1 bezeichneten Zeitpunkt ausgestellt oder unter der im § 2 bezeichneten Vereinbarung übergeben worden sind, sowie ausländische derartige Urkunden und Schriften, die vor jenem Zeitpunkt ins Inland eingebracht worden sind, unterliegen der weiteren Abgabe (§ 3 Abs. 2), sofern sie zu jenem Zeitpunkte noch nicht zahlbar waren. Die Verpflichtung zur Entrichtung der weiteren Abgabe tritt mit dem angegebenen Zeitpunkt ein, sofern nicht nach den sonstigen Vorschriften dieses Gesetzes ein späterer Zeitpunkt maßgebend ist. Mit der weiteren Abgabe ist gleichzeitig die im § 3 Abs. 1 angeordnete Stempelabgabe zu entrichten, sofern ihre Entrichtung nicht bereits erfolgt ist.

Für das Gebiet der Insel Helgoland wird der Zeitpunkt des Inkrafttretens des Gesetzes durch Kaiserliche Verordnung unter Zustimmung des Bundesrats festgesetzt.

X.

Reichsstempelgesetz.

Vom 15. Juli 1909 (RGBl. Nr. 45 S. 833).

I. Aktien, Kuxe, Renten- und Schuldverschreibungen, Gewinnanteilschein- und Zinsbogen.

(Tarifnummer 1 bis 3A.)

§ 1. Die Verpflichtung zur Entrichtung der unter Nummer 1 bis 3A des anliegenden Tarifs bezeichneten Stempelabgabe wird erfüllt durch Zahlung des Abgabebetrags an eine zuständige Steuerstelle, welche auf dem vorzulegenden Wertpapiere Reichsstempelmarken zum entsprechenden Betrage zu verwenden oder die Aufdrückung des Stempels zu veranlassen hat.

In welchen Fällen und unter welchen Bedingungen der Verpflichtung zur Versteuerung durch rechtzeitige Verwendung von Stempelmarken ohne amtliche Mitwirkung einer Steuerstelle genügt werden kann, bestimmt der Bundesrat.

§ 2. Ausländische Wertpapiere, welche durch ein im Ausland abgeschlossenes Geschäft von einem zur Zeit des Geschäftsabschlusses im Inlande wohnhaften Kontrahenten angeschafft sind und ihm aus dem Ausland übersandt oder von ihm oder einem Vertreter aus dem Ausland abgeholt werden, sind von dem Erwerber binnen vierzehn Tagen nach der Einbringung der Wertpapiere in das Inland zur Versteuerung anzumelden. Wer dieses unterläßt oder wer Wertpapiere der unter den Tarifnummern 1 bis 3 bezeichneten Art im Inland ausgibt, veräußert, verpfändet oder ein anderes Geschäft unter Lebenden damit macht oder Zahlung darauf leistet, bevor die Verpflichtung zur Versteuerung erfüllt oder den Kontrollvorschriften des Bundesrats genügt ist, verfällt in eine Geldstrafe, welche dem fünfundzwanzigfachen Betrage der hinterzogenen Abgabe gleichkommt, mindestens aber zwanzig Mark für jedes Wertpapier beträgt.

Diese Strafen treffen besonders und zum vollen Betrage jeden, der als Kontrahent oder in anderer Eigenschaft an der Ausgabe, Veräußerung, Verpfändung oder an dem sonstigen Geschäfte teilgenommen hat.

Dieselben Personen sind für die Entrichtung der Steuer solidarisch verhaftet.

Die Nichterfüllung der Verpflichtung zur Entrichtung der in Nr. 1d Abs. 2 des Tarifs vorgeschriebenen Abgabe wird mit einer Geldstrafe bestraft, welche dem fünfundzwanzigfachen Betrage der hinterzogenen Abgabe gleichkommt, mindestens aber zweihundertfünfzig Mark für die auf den einzelnen Anteil ausgeschriebene Einzahlung beträgt.

§ 3. Bevor stempelpflichtige inländische Wertpapiere zur Zeichnung aufgelegt werden, oder zu weiteren Einzahlungen auf solche aufgefordert wird, hat der Emittent hiervon der zuständigen Steuerstelle unter Angabe der Zahl, der Gattung und des Nennwerts der Stücke oder des Betrags der zu leistenden Einzahlungen nach Maßgabe eines von dem Bundesrate zu bestimmenden Formulars Anzeige zu erstatten.

Die Zuwiderhandlung gegen diese Vorschrift zieht Geldstrafe im Betrage von fünfzig bis fünfhundert Mark nach sich.

§ 4. Die der Reichsstempelsteuer unterworfenen Wertpapiere unterliegen in den einzelnen Bundesstaaten keiner weiteren Stempelabgabe (Taxe, Sportel usw.).

Auch ist von der Umschreibung solcher Wertpapiere in den Büchern und Registern der Gesellschaft usw. sowie von den auf die Wertpapiere selbst gesetzten Übertragungsvermerken (Indossamenten, Zessionen usw.) eine Abgabe nicht zu entrichten.

Im übrigen, insbesondere hinsichtlich der Urkunden über Eintragungen in dem Hypothekenbuche (Grundbuche), bleiben die landesgesetzlichen Vorschriften unberührt.

§ 5. Bezüglich der vor dem 1. August 1909 ausgegebenen inländischen und mit dem Reichsstempel versehenen ausländischen Wertpapiere bewendet es bei den bisherigen Vorschriften. Dasselbe gilt für die nach dem genannten Zeitpunkt ausgegebenen inländischen Wertpapiere in Ansehung der vorher geleisteten Zahlungen.

Wertpapiere, welche lediglich zum Zwecke des Umtausches, das heißt behufs Erneuerung der Urkunde ohne Veränderung des ursprünglichen Rechtsverhältnisses, ausgestellt worden sind, bleiben steuerfrei, wenn die zum Umtausche gelangenden Stücke ordnungsmäßig versteuert oder steuerfrei sind und den vom Bundesrate zu erlassenden Kontrollvorschriften genügt worden ist.

§ 6. Insoweit von einer inländischen Aktiengesellschaft oder Kommanditgesellschaft auf Aktien innerhalb eines Jahres nach Eintragung der Gesellschaft ins Handelsregister Aktien oder Aktienanteilscheine (Interimsscheine) nicht ausgegeben worden sind, ist die im Tarif unter Nr. 1 a vorgesehene Stempelabgabe vom Betrage der Einlagen auf das in Aktien zerlegte Grundkapital der Gesellschaft auf Grund einer spätestens zwei Wochen nach Ablauf des genannten Zeitraums beziehungsweise für die bei Inkrafttreten des Gesetzes vom 3. Juni 1906 bereits bestehenden Aktiengesellschaften oder Kommanditgesellschaften auf Aktien spätestens bis zum 1. März 1907 bei der

Steuerstelle einzureichenden Anmeldung zu entrichten. Das Gleiche gilt, wenn eine Gesellschaft der bezeichneten Art das Grundkapital erhöht und innerhalb eines Jahres nach Eintragung der erfolgten Erhöhung ins Handelsregister die Ausgabe der neuen Aktien oder Aktienanteilscheine (Interimsscheine) nicht erfolgt ist. Zur Entrichtung der Abgabe ist die Gesellschaft verpflichtet.

Die Anmeldung zur Versteuerung muß die Firma und den Sitz der Gesellschaft, den Tag der Eintragung ins Handelsregister sowie die zur Berechnung der Stempelabgabe erforderlichen Angaben enthalten.

Werden von der Gesellschaft nachträglich Urkunden der gedachten Art ausgegeben, so ist von diesen in Höhe des gemäß Abs. 1 versteuerten Betrags eine Abgabe nicht zu erheben.

Für die vor dem 14. Juni 1900 in das Handelsregister eingetragenen Aktiengesellschaften oder Kommanditgesellschaften auf Aktien ist die Stempelabgabe nur in der zur Zeit der Eintragung in das Handelsregister geltenden Höhe zu entrichten. Das Gleiche gilt für die vor dem 14. Juni 1900 erfolgten Erhöhungen des Grundkapitals.

Soweit das Aktienkapital vor Ablauf der Anmeldungsfrist herabgesetzt worden ist, ist die Stempelabgabe nur von dem nach der Herabsetzung verbleibenden Betrage des Aktienkapitals zu entrichten und soweit das ursprüngliche Aktienkapital nach Abs. 4 verschiedenen Steuersätzen unterliegt, ermäßigt sich der Stempelbetrag im Verhältnisse des ursprünglichen zum steuerpflichtigen Kapitale.

§ 7. Sind bei Einreichung der Anmeldung in dem Falle des § 6 Abs. 1 die Einlagen nicht voll gezahlt, so erfolgt die Versteuerung nur nach Maßgabe der geleisteten Einzahlungen. Die Entrichtung der Abgabe von den weiteren Einzahlungen hat spätestens zwei Wochen nach Ablauf des für die Einzahlung bestimmten Zeitpunkts in der im § 6 bezeichneten Weise zu erfolgen. Die Vorschriften des § 3 über die vorläufige Anmeldung finden Anwendung.

§ 8. Auf die in der Tarifnummer 3A bezeichneten Urkunden finden die vorstehenden Vorschriften nach näherer Bestimmung des Bundesrats entsprechende Anwendung, soweit nicht nachstehend ein anderes bestimmt ist.

§ 9. Werden bei inländischen Aktiengesellschaften und Kommanditgesellschaften auf Aktien in der Zeit bis zum 1. Oktober 1914 neue Gewinnanteilscheinbogen ausgegeben, so kann seitens des Bundesrats, sofern die sofortige Einziehung der Steuer mit erheblichen Härten für den Steuerpflichtigen verbunden sein würde, Stundung der Abgabe bis zur Dauer von drei Jahren bewilligt werden.

Wird bei der Ausgabe neuer Gewinnanteilscheinbogen der Nachweis geführt, daß in dem vorhergehenden zehnjährigen Zeitraume für ein oder mehrere Jahre ein Gewinnanteil nicht gezahlt ist, so tritt eine entsprechende Kürzung der Abgabe ein, es sei denn, daß der im Durchschnitte der zehn Jahre verteilte Gewinnanteil mindestens vier vom Hundert betragen hat.

§ 10. Inländische Aktiengesellschaften und Kommanditgesellschaften auf Aktien, die keine Gewinnanteilscheine ausgeben, werden hinsichtlich der Verpflichtung zur Entrichtung der in Tarifnummer 3A unter a bezeichneten Stempelabgabe so behandelt, als wenn sie von dem Zeitpunkte der Eintragung der Gesellschaft oder der Eintragung der Erhöhung des Grundkapitals in das Handelsregister für je zehnjährige Zeiträume Gewinnanteilscheinbogen ausgegeben hätten. Die Stempelabgabe ist von dem Betrage der Einlagen auf das in Aktien zerlegte Grundkapital zu berechnen und auf Grund einer binnen dreimonatiger Frist an die Steuerbehörde einzureichenden Anmeldung zu entrichten.

§ 11. Zuwiderhandlungen gegen die Vorschrift des § 6 Abs. 1 und § 7 Satz 2 werden mit Geldstrafe von fünfzig bis fünftausend Mark bestraft.

Die landesgesetzliche Besteuerung von Gesellschaftsverträgen wird durch die genannte Vorschrift nicht berührt.

II. Kauf- und sonstige Anschaffungsgeschäfte.
(Tarifnummer 4.)

§ 12. Die unter Tarifnummer 4 angeordnete Abgabe ist von allen im Inland abgeschlossenen Geschäften der bezeichneten Art zu erheben.

Im Ausland abgeschlossene Geschäfte unterliegen der Abgabe, wenn beide Kontrahenten im Inlande wohnhaft sind; ist nur der eine Kontrahent im Inlande wohnhaft, so ist die Abgabe nur im halben Betrage zu entrichten. Bei kaufmännischen Firmen entscheidet für die Frage des Wohnorts der Sitz der Handelsniederlassung, welche das Geschäft abgeschlossen hat.

Als im Ausland abgeschlossen gelten auch solche Geschäfte, welche durch briefliche oder telegraphische Korrespondenz zwischen einem Orte des Inlandes und einem Orte des Auslandes zustande gekommen sind.

§ 13. Bedingte Geschäfte gelten in betreff der Abgabepflicht als unbedingte. Ist einem Kontrahenten ein Wahlrecht eingeräumt, oder die Befugnis, innerhalb bestimmter Grenzen den Umfang der Lieferung zu bestimmen, so wird die Abgabe nach dem höchstmöglichen Werte des Gegenstandes des Geschäfts berechnet.

Jede Verabredung, durch welche die Erfüllung des Geschäfts unter veränderten Vertragsbestimmungen oder gegen Entgelt unter denselben Vertragsbestimmungen auf einen späteren Termin verschoben wird, gilt als neues abgabepflichtiges Geschäft.

Ist das Geschäft von einem Kommissionär (§ 383 des Handelsgesetzbuchs) abgeschlossen, so ist die Abgabe sowohl für das Geschäft zwischen dem Kommissionär und dem Dritten, als auch für das Abwickelungsgeschäft zwischen dem Kommissionär und dem Kommittenten zu entrichten, sofern nicht die Bestimmung des § 17 Abs. 2 eintritt.

Geschäfte, welche vorbehaltlich der Aufgabe („an Aufgabe") abgeschlossen werden, sind abgabepflichtig. Die Bezeichnung des definitiven Gegenkontrahenten (die Aufgabe) ist steuerfrei, wenn dieselbe spätestens am folgenden Werktage gemacht wird; wird dieselbe später gemacht, so gilt sie als ein neues abgabepflichtiges Geschäft.

§ 14. Zur Entrichtung der Abgabe ist zunächst verpflichtet:

1. wenn das Geschäft durch einen im Inlande wohnhaften Vermittler abgeschlossen ist, dieser,

   anderenfalls:

2. wenn nur einer der Kontrahenten im Inlande wohnhaft ist, dieser,
3. wenn von den Kontrahenten nur der eine ein im Inlande wohnhafter nach § 38 des Handelsgesetzbuchs zur Führung von Handelsbüchern verpflichteter Kaufmann ist, der letztere,

4. wenn es sich um das Abwickelungsgeschäft zwischen dem Kommissionär und dem Kommittenten handelt (§ 13 Abs. 3), der Kommissionär,

5. in allen übrigen Fällen der Veräußerer.

Die im Inlande wohnhaften Vermittler und die Kontrahenten haften für die Abgabe als Gesamtschuldner; indessen ist bei Geschäften, für welche die Abgabe nur im halben Betrage zu entrichten ist (§ 12 Abs. 2), der nicht im Inlande wohnhafte Kontrahent für die Entrichtung der Abgabe nicht verhaftet.

Der Vermittler ist berechtigt, den Ersatz der entrichteten Abgabe von jedem für die Abgabe verhafteten Kontrahenten zu fordern.

§ 15. Der zur Entrichtung der Abgabe zunächst Verpflichtete hat über das abgabepflichtige Geschäft spätestens am dritten Tage nach dem Tage des Geschäftsabschlusses eine Schlußnote auszustellen, welche den Namen und den Wohnort des Vermittlers und der Kontrahenten, den Gegenstand und die Bedingungen des Geschäfts, insbesondere den Preis sowie die Zeit der Lieferung ergeben muß. Die Unterschrift des Ausstellers ist nicht erforderlich.

Die Schlußnote ist doppelt auf einem vorher gestempelten oder mit den erforderlichen Stempelmarken zu versehenden Formular auszustellen, von dem je eine Hälfte für jeden der beiden Kontrahenten bestimmt ist. Innerhalb der im Abs. 1 bezeichneten Frist hat der Aussteller der Schlußnote die nicht für ihn bestimmte Hälfte der letzteren, wenn derselbe die Schlußnote aber als Vermittler ausgestellt hat (§ 14 Ziffer 1), deren beide Hälften abzusenden.

Vermittler haben diese Absendung und den verwendeten Stempelbetrag in ihren Geschäftsbüchern zu vermerken.

Der zur Entrichtung der Abgabe zunächst Verpflichtete darf unversteuerte Schlußnoten über das abgabepflichtige Geschäft nicht ausstellen und aus der Hand geben.

§ 16. Ist einem für die Entrichtung der Abgabe verhafteten Kontrahenten (§ 14 Abs. 2) eine zu niedrig versteuerte Schlußnote zugestellt worden, so hat derselbe binnen vierzehn Tagen nach dem Tage des Geschäftsabschlusses den fehlenden Stempelbetrag auf der Schlußnote nachträglich zu verwenden; ist einem solchen Kontrahenten eine versteuerte Schlußnote überhaupt nicht zugegangen, so hat derselbe seinerseits binnen der bezeichneten Frist nach Maßgabe der im § 15 Abs. 1 und 2 gegebenen Bestimmungen zu verfahren.

Sind bei einem durch einen Vermittler abgeschlossenen Geschäfte (§ 14 Ziffer 1) zwei derartige Kontrahenten beteiligt, so hat jeder von ihnen nur die Hälfte des auf der zugestellten Schlußnote fehlenden Betrags nachträglich zu verwenden, im Falle des Nichteinganges der Schlußnote aber zu der von ihm auszustellenden Schlußnote nur die Hälfte des tarifmäßigen Stempels zu verwenden.

Die nach den vorstehenden Bestimmungen mangels des Empfanges der Schlußnote entrichtete Abgabe ist zurückzuerstatten, wenn nachgewiesen wird, daß der zunächst Verpflichtete die ihm nach § 15 obliegenden Verpflichtungen rechtzeitig erfüllt hat. Die Entscheidung erfolgt im Verwaltungswege.

§ 17. Eine Schlußnote kann mehrere abgabepflichtige Geschäfte umfassen, insofern letztere an demselben Tage und unter denselben Kontrahenten, welche in gleicher Eigenschaft gehandelt haben, abgeschlossen worden sind.

Wird bei Kommissionsgeschäften für einen auswärtigen Kommittenten, welcher seinerseits als Kommissionär eines Dritten handelt, die Schlußnote mit dem Zusatze „in Kommission" ausgestellt, so bleibt das Abwickelungsgeschäft zwischen ihm und seinem Kommittenten von der Abgabe befreit, wenn er die Schlußnote mit dem Vermerke versieht, daß sich eine versteuerte, über denselben Betrag oder dieselbe Menge und denselben Preis lautende Schlußnote mit zu bezeichnender Nummer (§ 20) in seinen Händen befindet.

Umfaßt eine Schlußnote ein Kaufgeschäft und gleichzeitig ein zu einer späteren Zeit zu erfüllendes Rückkaufgeschäft über in der Tarifnummer 4 bezeichnete Gegenstände derselben Art und in demselben Betrage beziehungsweise derselben Menge (Report-, Deport-, Kostgeschäft), so ist die Abgabe nur für das dem Werte nach höhere dieser beiden Geschäfte zu berechnen.

§ 18. Führt der Kommissionär an demselben Tage eine Einkaufskommission und eine Verkaufskommission über Wertpapiere derselben Gattung durch Eintritt als Selbstkontrahent aus, so ist für jedes der beiden Geschäfte, insoweit sie sich ausgleichen, neben der tarifmäßigen Abgabe eine weitere Abgabe in Höhe der Hälfte des Tarifsatzes zu entrichten, es sei denn, daß der Kommissionär zur Deckung eines der beiden Aufträge ein abgabepflichtiges Geschäft mit einem Dritten abgeschlossen hat. Die Bestimmungen über die Erhebung der weiteren Abgabe und über die zur Sicherung dieser Erhebung erforderlichen Maßregeln, insbesondere über die Art der Buchführung, werden vom Bundesrate getroffen.

§ 19. Tauschgeschäfte, bei welchen verschiedene Abschnitte oder Stücke mit verschiedenen Zinsterminen von Wertpapieren derselben Gattung ohne anderweite Gegenleistung Zug um Zug ausgetauscht werden, sind steuerfrei.

Uneigentliche Leihgeschäfte, das heißt solche, bei denen der Empfänger befugt ist, an Stelle der empfangenen Wertpapiere andere Stücke gleicher

Gattung zurückzugeben, bleiben steuerfrei, wenn diese Geschäfte ohne Ausbedingung oder Gewährung eines Leihgeldes, Entgelts, Aufgeldes oder einer sonstigen Leistung und unter Festsetzung einer Frist von längstens einer Woche für die Rücklieferung der Wertpapiere abgeschlossen werden. Die darüber auszufertigenden Schlußnoten müssen diese Festsetzung sowie den Vermerk „Unentgeltliches Leihgeschäft" enthalten.

§ 20. Die Schlußnoten sind nach der Zeitfolge numeriert von denjenigen Anstalten und Personen, welche gewerbsmäßig abgabepflichtige Kauf- und sonstige Anschaffungsgeschäfte betreiben oder vermitteln, fünf Jahre lang, von anderen Personen ein Jahr lang aufzubewahren.

§ 21. Ist bei dem Abschluß eines abgabepflichtigen Geschäfts zwischen zwei Kontrahenten, welche nicht nach § 38 des Handelsgesetzbuchs zur Führung von Handelsbüchern verpflichtet sind, eine beiderseits unterschriebene Vertragsurkunde aufgestellt worden, so bleiben die §§ 14, 15, 16, 17, 20 außer Anwendung. Die Kontrahenten sind verpflichtet, die Vertragsurkunde binnen vierzehn Tagen nach dem Geschäftsabschlusse der Steuerbehörde zur Abstempelung vorzulegen; diese Verpflichtung erstreckt sich bei Geschäften, für welche die Abgabe nur im halben Betrage zu erheben ist (§ 12 Abs. 2), nicht auf den nicht im Inlande wohnhaften Kontrahenten.

§ 22. Bei Geschäften, für welche eine rechtzeitige Berechnung der Steuer nicht möglich ist, bleibt die Besteuerung unter den vom Bundesrate festzusetzenden Maßgaben so lange ausgesetzt, bis die Berechnung möglich wird. Der Bundesrat bestimmt ferner, unter welchen Umständen außerhalb dieses Falles, insbesondere bei im Ausland abgeschlossenen Geschäften, eine andere Frist zur Ausstellung der Schlußnoten eintreten kann.

§ 23. Nach der näheren Bestimmung des Bundesrats dürfen Stempelzeichen zur Entrichtung der in der Tarifnummer 4 angeordneten Abgabe auf Kredit verabfolgt werden.

§ 24. Geschäfte, welche nach Tarifnummer 4 abgabepflichtig sind, oder auf welche die Vorschrift unter „Befreiungen" zu dieser Tarifnummer Anwendung findet, sowie Schriftstücke über solche Geschäfte sind in den einzelnen Bundesstaaten keinen Stempelabgaben (Taxen, Sporteln usw.) unterworfen. Werden diese Schriftstücke indessen gerichtlich oder notariell aufgenommen oder beglaubigt, so unterliegen sie, neben der in Tarifnummer 4 für das Geschäft vorgeschriebenen Abgabe, den in den Landesgesetzen für gerichtliche oder notarielle Aufnahmen und Beglaubigungen etwa vorgeschriebenen Stempeln (Taxen, Sporteln usw.).

§ 25. Wer den Vorschriften im § 15 Abs. 1 und 2, § 16 Abs. 1 und 2 und § 21 zuwiderhandelt oder eine Schlußnote wahrheitswidrig mit dem im § 17 Abs. 2 oder § 19 bezeichneten Vermerke versieht, oder im Falle der Tarifnummer 4a behufs Erlangung einer Steuerermäßigung unrichtige Angaben macht, hat eine Geldstrafe verwirkt, welche dem fünfzigfachen Betrage der hinterzogenen Abgabe oder der beanspruchten Steuerermäßigung gleichkommt, mindestens aber zwanzig Mark beträgt.

Kann der Betrag der hinterzogenen Abgabe nicht festgestellt werden, so tritt statt der vorstehend bestimmten Strafe eine Geldstrafe von zwanzig bis fünftausend Mark ein.

§ 26. Wer, nachdem er auf Grund des § 25 bestraft worden, von neuem den dortselbst bezeichneten Vorschriften zuwiderhandelt, hat neben der im § 25 vorgesehenen Strafe eine Geldstrafe von einhundertfünfzig bis fünftausend Mark verwirkt.

Diese Rückfallsstrafe tritt ein ohne Rücksicht darauf, ob die frühere Bestrafung in demselben oder in einem anderen Bundesstaat erfolgt ist. Sie ist verwirkt, auch wenn die frühere Strafe nur teilweise entrichtet oder ganz oder teilweise erlassen ist.

Dieselbe ist ausgeschlossen, wenn seit der Entrichtung oder dem Erlasse der letzten Strafe bis zur Begehung der neuen Zuwiderhandlung fünf Jahre verflossen sind.

§ 27. Wer gegen die Vorschriften im § 15

Abs. 3 und § 20 verstößt, ist mit Geldstrafe von drei Mark bis fünftausend Mark zu bestrafen.

III. Spiel und Wette.
(Tarifnummer 5.)

§ 28. Wer im Bundesgebiete Lotterien und Ausspielungen veranstalten will, hat die Stempelabgabe für die gesamte planmäßige Anzahl der Lose oder Ausweise über Spieleinlagen im voraus zu entrichten.

Inwieweit Ausspielungen, bei welchen keine Spielausweise ausgegeben werden, zur Steuer heranzuziehen sind, ist vom Bundesrate zu bestimmen und öffentlich bekannt zu machen.

§ 29. Den Spieleinlagen stehen im Sinne der Tarifnummer 5 die Wetteinsätze bei öffentlich veranstalteten Rennen und ähnlichen öffentlichen Veranstaltungen gleich.

Wer im Inlande solche Wetteinsätze entgegennimmt, ist verpflichtet, versteuerte Ausweise hierüber auszustellen.

§ 30. Vor der Entrichtung der Abgabe darf ohne Genehmigung der zuständigen Steuerstelle mit dem Losabsatze nicht begonnen werden. Die Genehmigung kann von vorgängiger Sicherstellung der Abgabe abhängig gemacht werden.

§ 31. Wer ausländische Lose oder Ausweise über Spieleinlagen in das Bundesgebiet einführt oder daselbst empfängt, hat dieselben, bevor mit dem Vertriebe begonnen wird, spätestens binnen drei Tagen nach dem Tage der Einführung oder des Empfanges der zuständigen Behörde anzumelden und davon die Stempelabgabe zu entrichten.

Den ausländischen Losen oder Ausweisen über Spieleinlagen stehen Ausweise über Einsätze bei ausländischen Wettunternehmungen für öffentlich veranstaltete Rennen und ähnliche öffentliche Veranstaltungen gleich. Wer, ohne solche Ausweise vom Ausland einzuführen, Wetten der bezeichneten Art vermittelt, ist, sofern er diese Vermittelung gewerbsmäßig betreibt, verpflichtet, versteuerte Ausweise über die Wetteinsätze auszustellen.

Gewerbsmäßige Vermittler von Wetten der vorbezeichneten sowie der im § 29 bezeichneten Art unterstehen der Aufsicht der Steuerbehörden nach näherer Bestimmung des Bundesrats.

§ 32. Die Verpflichtung zur Entrichtung der Stempelabgabe wird erfüllt durch Zahlung des Abgabebetrags bei der zuständigen Behörde.

Ob und in welcher Weise eine Verwendung von Stempelzeichen stattzufinden hat, bestimmt der Bundesrat.

§ 33. Die Nichterfüllung der in den §§ 28, 29, 30 und 31 bezeichneten Verpflichtungen wird mit einer dem fünffachen Betrage der hinterzogenen Abgabe gleichkommenden Geldstrafe geahndet. Dieselbe ist jedoch gegen den Unternehmer inländischer

Lotterien oder Ausspielungen sowie gegen jeden, welcher den Vertrieb ausländischer Lose oder Ausweise über Ausspielungen im Bundesgebiete besorgt, nicht unter dem Betrage von zweihundertundfünfzig Mark festzusetzen.

Ist die Zahl der abgesetzten Lose oder die Gesamthöhe der Wetteinsätze nicht zu ermitteln, so tritt Geldstrafe von zweihundertundfünfzig bis fünftausend Mark ein.

§ 34. Ein Anspruch auf Rückerstattung des eingezahlten Abgabebetrags ist ausgeschlossen; eine solche kann von der obersten Landesfinanzbehörde nur dann zugestanden werden, wenn eine beabsichtigte Ausspielung erweislich nicht zustande gekommen ist.

§ 35. Die §§ 28 bis 34 leiden auf Staatslotterien deutscher Bundesstaaten keine Anwendung.

Die Stempelsteuer für die Lose der letzteren wird durch die Lotterieverwaltung eingezogen und in einer Summe für die Gesamtzahl der von ihr abgesetzten Lose zur Reichskasse abgeführt.

Eine Abstempelung der Lose findet nicht statt.

§ 36. Öffentliche Ausspielungen, Verlosungen und Lotterien, für welche die Reichsstempelabgabe zu entrichten ist, unterliegen in den einzelnen Bundesstaaten keiner weiteren Stempelabgabe (Taxe, Sportel usw.).

IV. Frachturkunden.

(Tarifnummer 6.)

§ 37. Die Verpflichtung zur Entrichtung der in Nummer 6 des Tarifs bezeichneten Stempelabgabe liegt bei Urkunden, welche im Inland ausgestellt werden, im Seeverkehre dem Ablader, im sonstigen Verkehre dem Aussteller des stempelpflichtigen Schriftstücks und bei den im Ausland ausgestellten Urkunden dem Empfänger der Sendung ob.

Im Eisenbahnverkehr ist für die Entrichtung der Abgabe der Frachtführer verantwortlich, welcher den Betrag von dem Absender oder Empfänger einzieht.

§ 38. Die Beförderung von Gütern im Schiffsverkehre der Tarifnummer 6a, b und, sofern es sich um Schiffe mit einem Raumgehalte von über 250 Tonnen handelt, auch im sonstigen Schiffsverkehre (Tarifnummer 6c) darf nur erfolgen, wenn eine Urkunde der im Tarife bezeichneten Art ausgestellt wird. Die Ablieferung von Gütern, die im Schiffsverkehre vom Auslande nach dem Inlande befördert sind, darf nur erfolgen, wenn eine Urkunde der bezeichneten Art ausgehändigt wird.

Auf die Beförderung der Postsendungen und des Gepäcks der Reisenden im Schiffsverkehre mit dem Auslande findet die Vorschrift des Abs. 1 keine Anwendung.

§ 39. Wird im Seeverkehre eine Urkunde der bezeichneten Art im Inland ausgestellt, so ist die Abgabe von einer Abschrift zu entrichten, die dem Reeder auszuhändigen, oder, falls diesem selbst die Verpflichtung zur Entrichtung der Abgabe obliegt, von ihm zurückzubehalten ist.

Hat der Reeder seine Niederlassung im Auslande, so tritt an seine Stelle der inländische Vertreter.

§ 40. Die Abgabe muß entrichtet werden bei im Inland ausgestellten Schriftstücken, bevor die Aushändigung der Urkunde durch den Ablader oder Aussteller erfolgt, bei im Ausland ausgestellten Schriftstücken binnen drei Tagen, nachdem die Urkunde in den Besitz des Empfängers der Sendung gelangt ist. Die Schriftstücke, von welchen die Abgabe nach Tarifnummer 6a, b, c zu entrichten ist, sind während der Dauer eines Jahres aufzubewahren.

Im Eisenbahnverkehre hat die Entrichtung der Abgabe spätestens vor Aushändigung der Sendung an den Empfänger und, wenn die Sendung nach dem Auslande bestimmt ist, spätestens vor der Aushändigung an den ausländischen Frachtführer zu erfolgen.

§ 41. Ist die Entrichtung der Abgabe von den dazu verpflichteten Personen unterlassen worden, so ist sie von jedem ferneren Inhaber des nicht gestempelten Schriftstücks binnen drei Tagen nach dem Tage des Empfanges und jedenfalls vor der weiteren Aushändigung des Schriftstücks zu bewirken.

§ 42. Die im § 37 gedachte Verpflichtung wird erfüllt durch Verwendung von Vordrucken, die vor dem Gebrauch vorschriftsmäßig abgestempelt sind, oder von Stempelmarken nach näherer Anordnung des Bundesrats.

Dem Bundesrate steht auch die Bestimmung darüber zu, ob und in welchen Fällen die Entrichtung der Abgabe ohne Verwendung von Stempelzeichen erfolgen darf.

§ 43. Die Nichterfüllung der Steuerpflicht wird mit einer Geldstrafe bestraft, welche dem fünfundzwanzigfachen Betrage der vorenthaltenen Abgabe gleichkommt, mindestens aber zwanzig Mark beträgt.

Diese Strafe trifft besonders und zum vollen Betrage jeden, der die ihm obliegende Verpflichtung zur Entrichtung der Abgabe nicht rechtzeitig erfüllt.

Die gleiche Strafe trifft denjenigen, welcher der Vorschrift des § 38 Abs. 1 zuwider Güter befördert oder ausliefert, ohne daß eine der vorgeschriebenen Urkunden ausgestellt oder ausgehändigt wird.

Kann der Betrag der hinterzogenen Abgabe nicht festgestellt werden, so tritt statt der im Abs. 1

gedachten Strafe eine Geldstrafe von zwanzig bis fünftausend Mark ein.

§ 44. Wer die Beförderung von Gütern als Gewerbe betreibt, hat, wenn er nach erfolgter Bestrafung auf Grund des § 43 von neuem der dort bezeichneten Vorschrift zuwiderhandelt, neben der Strafe des § 43 die im § 26 vorgesehene Rückfallsstrafe verwirkt.

§ 45. Enthält ein Schriftstück außer der Beurkundung eines Frachtvertrags noch eine andere, einer landesgesetzlichen Stempelabgabe unterliegende Beurkundung, so finden die landesgesetzlichen Vorschriften neben den Bestimmungen dieses Gesetzes Anwendung.

Im übrigen unterliegen die Schriftstücke keiner weiteren Stempelabgabe (Taxe, Sportel usw.) in den einzelnen Bundesstaaten.

V. Personenfahrkarten.

(Tarifnummer 7.)

§ 46. Die Verpflichtung zur Entrichtung der in Nr. 7 des Tarifs bezeichneten Stempelabgabe liegt bei Fahrkarten, die im Inland ausgestellt werden, den Eisenbahnverwaltungen und den Dampfschiffahrtsunternehmungen ob, welche den Betrag von dem Erwerber der Karten einzuziehen berechtigt sind.

§ 47. Die Verwaltungen der Eisenbahnen und Dampfschiffe, welche vom Reiche oder einem

Bundesstaate betrieben werden, haben der zuständigen Steuerstelle in vom Bundesrate zu bestimmenden Zeitabschnitten Nachweisungen über die Anzahl der steuerpflichtigen Fahrkarten nebst den für die Berechnung des Stempelbetrags erforderlichen Angaben einzureichen.

Auf Grund dieser Nachweisungen wird der zu entrichtende Betrag von der Steuerstelle festgesetzt und eingezogen.

§ 48. Andere als die im § 47 bezeichneten Eisenbahn- und Dampfschiffahrtsverwaltungen haben den Abgabebetrag für die auszugebenden Fahrkarten im voraus zu entrichten.

Die Verpflichtung zur Entrichtung der Abgabe wird erfüllt durch Zahlung des Abgabebetrags an die zuständige Steuerstelle gegen Abstempelung der vorzulegenden Fahrkarten.

§ 49. Der Bundesrat ist befugt, unter Anordnung der erforderlichen Verwaltungsmaßregeln zu bestimmen, daß im Falle des § 48 eine Abstempelung der Karten ohne vorgängige Abgabenentrichtung bewirkt, sowie daß von einer Abstempelung abgesehen wird und die Entrichtung der Abgabe erst nach Veräußerung der Fahrkarten in der im § 47 vorgeschriebenen Weise erfolgt.

Dem Reisenden gegenüber ist der Stempelbetrag (§§ 47 und 48) in jedem Falle mit dem Fahrpreis in einer Summe zu berechnen und einzuziehen.

§ 50. Für im Ausland ausgegebene Fahrkarten, welche zur Fahrt auf inländischen Eisenbahnstrecken oder zur Dampfschiffahrt auf inländischen Wasserstraßen berechtigen, hat die Erfüllung der Verpflichtung zur Entrichtung der Abgabe nach näherer Bestimmung des Bundesrats zu erfolgen.

§ 51. Wenn ein Angestellter einer nicht staatlichen Eisenbahnverwaltung oder einer Dampfschiffahrtsunternehmung Fahrkarten, welche der Vorschrift des § 48 unterliegen, aber mit dem vorgeschriebenen Stempelzeichen nicht versehen sind, veräußert, so wird er mit einer Geldstrafe von hundert Mark für jeden einzelnen Fall bestraft.

§ 52. Wer nach erfolgter Bestrafung auf Grund des § 51 der gleichen Vorschrift von neuem zuwiderhandelt, unterliegt neben der Strafe des § 51 der im § 26 vorgesehenen Rückfallsstrafe.

§ 53. Eine Erstattung der für eine Fahrkarte gezahlten Stempelabgabe findet nur statt, wenn der volle Preis der Fahrkarte von der Eisenbahnverwaltung oder der Dampfschiffahrtsunternehmung nachweislich zurückgewährt worden ist.

§ 54. Die Fahrkarten unterliegen in den einzelnen Bundesstaaten keiner weiteren Stempelabgabe (Taxe, Sportel usw.).

§ 55. Der Bundesrat ist befugt, während

einer längstens auf ein Jahr zu bemessenden Übergangszeit das Verfahren bei der Stempelerhebung abweichend von den vorstehenden Vorschriften zu regeln.

VI. Erlaubniskarten für Kraftfahrzeuge.

(Tarifnummer 8.)

§ 56. Der Beförderung von Personen dienende Kraftfahrzeuge dürfen zum Befahren öffentlicher Wege und Plätze nur in Gebrauch genommen werden, wenn zuvor bei der zuständigen Behörde gegen Zahlung des Abgabebetrags eine Erlaubniskarte der im Tarife bezeichneten Art gelöst worden ist. Probefahrten gelten nicht als Ingebrauchnahme im Sinne dieser Vorschrift.

Welche Behörden zur Erteilung der Erlaubniskarten zuständig sind, wird hinsichtlich der das Reichsgebiet berührenden ausländischen Kraftfahrzeuge vom Bundesrat, im übrigen von den Landesregierungen bestimmt.

Auf die nach dem Tarife befreiten Kraftfahrzeuge findet die Vorschrift des Abs. 1 keine Anwendung. Die verkehrspolizeilichen Vorschriften der Landesgesetze werden hierdurch nicht berührt.

§ 57. Die Verpflichtung zur Lösung einer nach Tarifnummer 8 versteuerten Erlaubniskarte liegt dem Eigenbesitzer des Kraftfahrzeugs, und wenn ihm gegenüber auf Zeit ein anderer zum Besitze berechtigt ist, auf diese Zeit dem anderen ob. Die Verpflichtung des letzteren fällt weg, wenn ihm das Kraftfahrzeug nur zum vorübergehenden Gebrauch unentgeltlich überlassen worden und die Abgabe für die Ingebrauchnahme des Fahrzeugs bereits anderweit entrichtet ist.

Bei aus dem Ausland eingehenden Kraftfahrzeugen, für welche ein im Inlande wohnhafter oder sich daselbst dauernd aufhaltender Steuerpflichtiger nicht vorhanden ist, ist die Erlaubniskarte von demjenigen zu lösen, der das Kraftfahrzeug im Inland in Gebrauch nimmt.

§ 58. Die Erlaubniskarte wird auf ein Jahr ausgestellt, soweit nicht die Ausstellung auf einen kürzeren Zeitraum beantragt worden ist.

§ 59. Bei gleichzeitigem Besitze mehrerer Kraftfahrzeuge ist für jedes der Fahrzeuge eine besondere Erlaubniskarte zu lösen.

Stellt der Steuerpflichtige während der Gültigkeitsdauer der Erlaubniskarte an Stelle des bisherigen ein anderes Kraftfahrzeug ein, so ist er zur Entrichtung einer weiteren Stempelabgabe nur insoweit verpflichtet, als die Abgabe hinsichtlich des neuen Fahrzeugs sich höher als die Abgabe für das bisherige Fahrzeug berechnet. Der hiernach sich ergebende Betrag ist nur zur Hälfte zu erheben, wenn der Rest der Gültigkeitsdauer einer gelösten Jahreskarte vier Monate oder weniger beträgt.

Im Falle der Veräußerung eines Kraftfahrzeugs

während der Gültigkeitsdauer der Erlaubniskarte kann die Karte auf den Namen des Erwerbers umgeschrieben werden. Letzterer hat alsdann bis zum Ablaufe der Gültigkeitsdauer eine Abgabe nicht zu entrichten. Die Vorschriften des Abs. 2 finden in diesem Falle keine Anwendung.

§ 60. Die Ausstellung der Erlaubniskarte ist spätestens drei Tage vor Ingebrauchnahme des Kraftfahrzeugs, bei im Gebrauche befindlichen Kraftfahrzeugen spätestens am dritten Tage vor Ablauf der Gültigkeitsdauer der alten Erlaubniskarte, die Umschreibung der Erlaubniskarte im Falle des § 59 Abs. 2 spätestens drei Tage vor Ingebrauchnahme des neuen Fahrzeugs bei der für den Wohn- oder Aufenthaltsort des Steuerpflichtigen zuständigen Behörde zu beantragen. Die Landesregierungen sind ermächtigt, andere Fristen vorzuschreiben.

Für aus dem Ausland eingehende Fahrzeuge (§ 57 Abs. 2) ist die Ausstellung der Erlaubniskarte alsbald nach dem Grenzübertritte bei der nächsten zuständigen Behörde zu beantragen.

Der Antrag hat zu enthalten:

1. den Namen, Stand und Wohnort des Steuerpflichtigen,
2. die Bezeichnung des Kraftfahrzeugs nach den für die Erhebung der Abgabe wesentlichen Merkmalen,

3. den Zeitraum, für den die Ausstellung der Erlaubniskarte begehrt wird.

Gleichzeitig mit dem Antrag ist der erforderliche Stempelbetrag einzuzahlen.

§ 61. Die zur Ausstellung der Erlaubniskarte zuständige Behörde hat Stempelmarken im entsprechenden Betrage zu der Erlaubniskarte zu verwenden und die Stempelmarken zu entwerten.

Die Aushändigung der Erlaubniskarte darf nicht vor Einzahlung des Abgabenbetrags erfolgen.

Die näheren Bestimmungen über Form und Inhalt der Erlaubniskarten trifft der Bundesrat. Er kann anordnen, daß die Entrichtung der Abgabe ohne Verwendung von Stempelmarken zu erfolgen hat.

§ 62. Soweit nach den verkehrspolizeilichen Bestimmungen für Kraftfahrzeuge die Führung polizeilicher Kennzeichen vorgeschrieben ist, darf die Zuteilung oder die Ausgabe der Kennzeichen nur gegen Vorlegung der ordnungsmäßig versteuerten Erlaubniskarte erfolgen.

Im Falle nicht rechtzeitiger Lösung einer neuen Erlaubniskarte hat die Polizeibehörde, und zwar, wenn sie nicht selbst die zur Ausstellung der Erlaubniskarte zuständige Behörde ist, auf Antrag der letzteren, die Beschlagnahme des für das im Gebrauche befindliche Kraftfahrzeug amtlich ausgegebenen Kennzeichens zu bewirken.

§ 63. Der Führer des Kraftfahrzeugs hat die Erlaubniskarte unterwegs stets bei sich zu führen. Er ist verpflichtet, sie auf Verlangen den sich durch ihre Dienstkleidung oder sonst ausweisenden Grenz- und Steueraufsichtsbeamten sowie den Aufsichtsbeamten der Polizeiverwaltung zum Nachweise der Erfüllung der Stempelpflicht vorzuzeigen und nötigenfalls die erforderliche Auskunft zu geben. Ein in der Fahrt begriffenes Kraftfahrzeug darf indessen lediglich aus diesem Anlaß außer im Grenzbezirke nicht angehalten werden.

§ 64. Die Nichterfüllung der Steuerpflicht wird mit einer Geldstrafe bestraft, welche dem fünf- bis zehnfachen Betrage der Abgabe für eine Jahreskarte gleichkommt.

Die Strafe trifft besonders und zum vollen Betrage jeden, der die ihm obliegende Verpflichtung zur Entrichtung der Abgabe nicht rechtzeitig erfüllt.

Kann der Betrag der hinterzogenen Abgabe nicht festgestellt werden, so tritt statt der im Abs. 1 bezeichneten Strafe eine Geldstrafe von einhundertfünfzig bis viertausend Mark für den einzelnen Fall ein.

Zur Sicherstellung der vorenthaltenen Abgabe, der Strafe und der Kosten kann das Kraftfahrzeug in Beschlag genommen werden.

§ 65. Durch die Vorschriften dieses Gesetzes wird die Erhebung landesgesetzlicher Gebühren für die Feststellung der Verkehrstauglichkeit des Kraftfahrzeugs und für die amtliche Kennzeichnung der Kraftfahrzeuge nicht ausgeschlossen. Der Bundesrat ist ermächtigt, für die hiernach zulässigen Gebühren Höchstsätze vorzuschreiben.

Im übrigen unterliegen Erlaubniskarten für Kraftfahrzeuge, für welche eine Reichsstempelabgabe nach den Vorschriften dieses Gesetzes zu entrichten ist, keiner weiteren Stempelabgabe (Taxe, Sportel usw.) in den einzelnen Bundesstaaten.

VII. Vergütungen.

(Tarifnummmer 9.)

§ 66. Die Aktiengesellschaften, Kommanditgesellschaften auf Aktien und Gesellschaften mit beschränkter Haftung haben bei Aufstellung der Jahresbilanz eine besondere Aufstellung anzufertigen, aus der zu ersehen ist die Summe der gesamten Vergütungen (Gewinnanteile, Tantiemen, Gehälter, Tagegelder, Reisegelder usw. [Abs. 3 Tarifnummer 9]), die den zur Überwachung der Geschäftsführung bestellten Personen (Mitgliedern des Aufsichtsrats) seit der letzten Bilanzaufstellung gewährt worden sind.

§ 67. Die Verpflichtung zur Entrichtung der Abgabe liegt dem Vorstande, den persönlich haftenden Gesellschaftern beziehungsweise den Geschäftsführern der im § 66 genannten Gesellschaften ob.

Die Abgabe ist von der Gesellschaft zu Lasten der zum Bezuge der Vergütungen berechtigten Personen zu entrichten.

§ 68. Die Verpflichtung zur Stempelentrichtung wird erfüllt durch Verwendung von Vordrucken, die vor dem Gebrauche vorschriftsmäßig abgestempelt sind, oder von Stempelmarken nach näherer Anordnung des Bundesrats. Dem Bundesrate steht auch die Bestimmung darüber zu, ob und in welchen Fällen die Entrichtung der Abgabe ohne Verwendung von Stempelzeichen erfolgen darf.

§ 69. Bei Nichterfüllung der vorbezeichneten Verpflichtung werden die Mitglieder des Vorstandes, die persönlich haftenden Gesellschafter beziehungsweise die Geschäftsführer der Gesellschaft mit einer Geldstrafe belegt, welche das Zwanzigfache des hinterzogenen Stempels beträgt.

VIII. Schecks.

(Tarifnummer 10.)

§ 70. Die Entrichtung der in Nr. 10 des Tarifs bezeichneten Stempelabgabe muß erfolgen, ehe ein im Inland ausgestellter Scheck vom Aussteller, ein im Ausland auf das Inland ausgestellter Scheck, der nicht schon im Auslande mit dem Reichsstempel versehen ist, von dem ersten inländischen Inhaber aus den Händen gegeben wird.

Die Entrichtung der Stempelabgabe von den

den Schecks gleichgestellten Quittungen liegt dem Aussteller des stempelpflichtigen Schriftstücks und, wenn dieses im Ausland ausgestellt ist, demjenigen ob, der es im Inland aushändigt. Die Entrichtung muß erfolgen, bevor das Schriftstück ausgehändigt wird.

§ 71. Kommt der Annahmeerklärung, die auf einen auf das Ausland ausgestellten Scheck gesetzt wird, rechtliche Wirkung zu, so ist dem inländischen Aussteller gestattet, den mit einem Indossamente noch nicht versehenen Scheck ohne Entrichtung der Stempelabgabe lediglich zum Zwecke der Annahme zu versenden und zur Annahme vorzulegen. Im übrigen begründet die Verwendung des Wechselstempels zu einem angenommenen derartigen Scheck nicht den Anspruch auf Erstattung des zur Urkunde nach Tarifnummer 10 bereits entrichteten Stempels.

§ 72. Wird ein Scheck, der auf einen bestimmten Zahlungsempfänger gestellt und im Auslande zahlbar ist, in mehreren, im Texte mit der Bezeichnung „Erste, zweite, dritte usw. Ausfertigung" oder mit einer gleichbedeutenden Bezeichnung versehenen Ausfertigungen ausgestellt, so genügt die Versteuerung einer dieser Ausfertigungen. Ist jedoch auf eine der nicht versteuerten Ausfertigungen ein Indossament gesetzt, das sich auf der versteuerten Ausfertigung nicht befindet, so unterliegt diese Ausfertigung gleichfalls der Versteuerung. Die Versteuerung muß erfolgen, ehe der Indossant oder, wenn das Indossament im Ausland ausgestellt ist, der erste inländische Inhaber die Ausfertigung aus den Händen gibt.

Der Beweis des Vorhandenseins einer versteuerten Ausfertigung oder des Einwandes, daß das auf eine unversteuerte Ausfertigung gesetzte Indossament auch auf einer versteuerten Ausfertigung abgegeben sei, liegt demjenigen ob, welcher wegen Unterlassung der Versteuerung einer Ausfertigung des Schecks in Anspruch genommen wird.

§ 73. Ist die in den §§ 70, 72 vorgeschriebene Versteuerung unterlassen, so ist der nächste und, so lange die Versteuerung nicht bewirkt ist, jeder fernere inländische Inhaber verpflichtet, den Scheck zu versteuern, ehe er ihn auf der Vorder- oder Rückseite unterzeichnet, veräußert, zur Zahlung oder zur Verrechnung vorlegt, Zahlung darauf empfängt oder leistet, eine Quittung darauf setzt, mangels Zahlung Protest erheben läßt oder den Scheck aus den Händen gibt. Auf die von den Vordermännern verwirkten Strafen hat die Entrichtung der Abgabe durch den späteren Inhaber keinen Einfluß.

Hat eine der im § 70 Abs. 2 bezeichneten Personen die Entrichtung der Abgabe von den den Schecks gleichgestellten Quittungen unterlassen, so ist die Entrichtung vom Empfänger des Schriftstücks binnen drei Tagen nach dem Tage des Empfanges und jedenfalls vor der weiteren Aushändigung des Schriftstücks zu bewirken.

§ 74. Die Verpflichtung zur Entrichtung der Stempelabgabe wird erfüllt:

1. durch Ausstellung der stempelpflichtigen Urkunde auf einem mit dem Reichsstempel versehenen Vordruck
   oder
2. durch Verwendung der erforderlichen Stempelmarke auf der Urkunde, wenn hierbei die vom Bundesrat erlassenen und bekannt gemachten Vorschriften über die Art und Weise der Verwendung beobachtet worden sind.

§ 75. Die Nichterfüllung der Verpflichtung zur Entrichtung der Stempelabgabe wird mit einer Geldstrafe von zwanzig Mark für jedes Schriftstück bestraft.

Die Strafe trifft besonders und zum vollen Betrage jeden, der der ihm obliegenden Verpflichtung zur Entrichtung der Stempelabgabe nicht rechtzeitig genügt hat.

§ 76. Ist die Urkunde von einer im Inlande wohnhaften Person ausgestellt worden, so wird vermutet, daß die Ausstellung im Inland erfolgt ist, bis Tatsachen erwiesen werden, welche geeignet sind, die Unrichtigkeit dieser Vermutung darzutun.

§ 77. Urkunden, die nach diesem Abschnitte stempelpflichtig sind oder auf welche die in diesem Abschnitte vorgesehenen Stempelbefreiungen Anwendung finden, sind in den einzelnen Bundesstaaten keiner Abgabe unterworfen.

Auch von den auf derartige Schecks gesetzten Übertragungsvermerken, Quittungen und sonstigen auf Leistungen aus diesen Papieren bezüglichen Vermerken dürfen landesgesetzliche Abgaben nicht erhoben werden. Auf Proteste findet diese Vorschrift keine Anwendung.

IX. Grundstücksübertragungen.

(Tarifnummer 11.)

§ 78. Die Verpflichtung zur Entrichtung der in der Tarifnummer 11 bezeichneten Abgabe tritt ein bei der Zwangsversteigerung mit Erteilung des Zuschlags, bei freiwilliger Veräußerung in den Fällen a, b, c mit der rechtswirksamen Beurkundung des der Übertragung zugrunde liegenden Rechtsgeschäfts und im Falle zu d mit der Eintragung der Rechtsänderung in das Grundbuch oder, wenn das Grundstück im Grundbuche nicht eingetragen ist und nicht eingetragen zu werden braucht, mit der rechtswirksamen Beurkundung.

§ 79. Für die Steuerpflichtigkeit ist die Hinzufügung von Bedingungen, die unterbliebene Ausführung und die Wiederaufhebung des Geschäfts oder Rechtsvorganges sowie die Vernichtung der Urkunde ohne Bedeutung.

Der Bundesrat bestimmt, ob und inwieweit der Abgabenbetrag auf Antrag zu erstatten ist.

§ 80. Die Entrichtung der Abgabe geschieht durch Verwendung von Stempelmarken nach näherer Anordnung des Bundesrats.

Dem Bundesrate steht auch die Bestimmung darüber zu, ob und unter welchen Voraussetzungen die Entrichtung der Abgabe ohne Verwendung von Stempelmarken zu erfolgen hat.

§ 81. Von mehreren über denselben Rechtsvorgang lautenden Urkunden ist nur eine stempelpflichtig.

Die Verwendung des Stempels zu dieser ist auf den übrigen Urkunden zu vermerken.

§ 82. Enthält eine Urkunde mehrere steuerpflichtige Rechtsvorgänge der zu a bis d der Tarifnummer 11 bezeichneten Art, so ist der Betrag des Stempels für einen jeden besonders zu berechnen und die Urkunde mit der Summe dieser Stempelbeträge zu belegen.

§ 83. Die Stempelabgabe ist binnen zwei Wochen nach Eintritt der Steuerpflicht zu entrichten:

a) bei den von Behörden oder Beamten einschließlich der Notare vorgenommenen Verhandlungen und Beurkundungen von denjenigen, auf deren Veranlassung die Schriftstücke aufgenommen sind;

b) in den übrigen Fällen von den Teilnehmern am Rechtsgeschäfte.

Mehrere zur Zahlung der Abgabe verpflichtete Personen haften als Gesamtschuldner.

§ 84. Von der Entrichtung der Abgabe befreit sind der Landesfürst und die Landesfürstin.

§ 85. Soweit eine steuerpflichtige Beurkundung von Behörden oder Beamten einschließlich der Notare, vorgenommen ist, haben diese den Stempel vor Aushändigung der Urkunde, spätestens aber binnen zweier Wochen nach Eintritt der Steuerpflicht zu verwenden.

Ist der Stempel innerhalb dieser Frist von den Verpflichteten nicht beigebracht, so ist die zwangsweise Einziehung des Stempels binnen einer Woche bei der zuständigen Steuerstelle von den vorbezeichneten Behörden und Beamten zu beantragen oder, wenn sie selbst zur zwangsweisen Einziehung von Geldern befugt sind, die zwangsweise Einziehung innerhalb der gleichen Frist anzuordnen. Dieser Bestimmung unterliegen auch diejenigen Urkunden, bei denen ein Notar den Entwurf anfertigt und nach Vollziehung durch die Beteiligten die Unterschriften oder Handzeichen beglaubigt.

Die Eintragung des neuen Eigentümers in das Grundbuch ist davon abhängig zu machen, daß für den Abgabenbetrag Sicherheit geleistet wird, sofern nicht nach dem Ermessen des Grundbuchamts zu besorgen ist, daß einem der Beteiligten aus der Ablehnung der Eintragung ein schwer zu ersetzender Nachteil erwächst.

§ 86. Für die Entrichtung der Stempelabgabe haften unter Vorbehalt des Rückgriffs gegen den nach § 83 zur Zahlung der Steuer Verpflichteten:

a) Aktiengesellschaften, Kommanditgesellschaften auf Aktien, eingetragene Genossenschaften, Gewerkschaften und Gesellschaften mit beschränkter Haftung für die Stempelbeträge zu den von ihren Vorständen oder Geschäftsführern in ihrem Auftrag oder Namen errichteten Verhandlungen;

b) jeder Inhaber oder Vorzeiger einer mit dem gesetzlichen Stempel nicht oder nicht ausreichend versehenen Urkunde, welcher ein rechtliches Interesse an dem Gegenstande der Beurkundung hat;

c) Beamte einschließlich der Notare, welche die von ihnen aufgenommenen Urkunden vor erfolgter oder nicht ausreichend erfolgter Stempelverwendung aushändigen oder Ausfertigungen oder Abschriften erteilen oder wegen der Einziehung des Stempels die ihnen nach § 85 obliegenden Pflichten verabsäumen, soweit ihnen ein Verschulden zur Last fällt und die Steuer von dem Steuerpflichtigen nicht zu erlangen ist.

Diese Vorschrift kommt auch dann zur Anwendung, wenn ein Notar den Entwurf einer Urkunde anfertigt und nach Vollziehung durch die Beteiligten die Unterschriften oder Handzeichen beglaubigt.

§ 87. Die Wertermittelung ist in denjenigen Fällen, in denen die Steuer vom Werte zu berechnen ist, auf den gemeinen Wert des Gegenstandes zur Zeit des Eintritts der Steuerpflicht zu richten.

Der Wert dauernder Nutzungen oder Leistungen bestimmt sich nach den Vorschriften des Erbschaftssteuergesetzes.

Ist einem der Vertragschließenden ein Wahlrecht oder die Befugnis eingeräumt, innerhalb gewisser Grenzen den Umfang der Leistung zu bestimmen, so wird die Stempelsteuer nach dem höchsten möglichen Werte des Gegenstandes des Geschäfts berechnet.

Soweit in Landesgesetzen für die Wertermittelung bei Erhebung einer Abgabe von der Übertragung des Eigentums an Grundstücken oder ihnen gleichgeachteter Rechte von den vorstehenden Vorschriften Abweichungen getroffen sind, können diese nach näherer Bestimmung des

Bundesrats der Bemessung der Reichsabgabe zugrunde gelegt werden.

§ 88. Die Nichterfüllung der Steuerpflicht seitens des nach § 83 zur Zahlung der Abgabe Verpflichteten wird mit einer Geldstrafe bestraft, welche dem zehnfachen Betrage der vorenthaltenen Abgabe gleichkommt, mindestens aber zwanzig Mark beträgt.

Kann der Betrag der hinterzogenen Steuer nicht ermittelt werden, so tritt eine Geldstrafe bis zu zehntausend Mark ein.

Die Strafe trifft besonders und zum vollen Betrage jeden, der die ihm obliegende Verpflichtung zur Entrichtung der Abgabe nicht rechtzeitig erfüllt.

Die gleiche Strafe tritt ein, wenn bei Auflassungserklärungen und Umschreibungsanträgen ein geringerer Wert angegeben wird als der nach den Vorschriften der Spalte 4 der Tarifnummer 11 berechnete Betrag der Gegenleistung oder wenn behufs Erlangung der Steuerfreiheit unrichtige Angaben gemacht werden.

§ 89. Von einem Grundstücke, das auf Grund der landesgesetzlichen Vorschriften über Familienfideikommisse, Lehn- und Stammgüter (Artikel 59 des Einführungsgesetzes zum Bürgerlichen Gesetzbuche) gebunden ist, ist im voraus in Zeitabschnitten von dreißig Jahren eine Abgabe von $^1/_3$ vom Hundert des zur Zeit der Fälligkeit nach den Bestimmungen des § 16 des Erbschaftssteuergesetzes vom 3. Juni 1906 (Reichs-Gesetzbl. S. 620) zu ermittelnden Wertes zu entrichten.

Der erste dreißigjährige Abschnitt beginnt mit dem Zeitpunkt, in welchem das Grundstück der Bindung unterworfen wird, und sofern dieser vor dem Inkrafttreten des Gesetzes liegt, mit dem 1. Oktober 1909.

Wird das Grundstück vor Ablauf des dreißigjährigen Zeitabschnitts veräußert, so ist ein entsprechender Teil der Abgabe zu erstatten.

Die Abgabe ruht auf dem Grundstück und gilt als öffentliche Last im Sinne des § 10 Ziffer 3 des Gesetzes über die Zwangsversteigerung und Zwangsverwaltung.

Die Steuerbehörde hat auf Antrag des Besitzers zu gestatten, daß die Abgabe während des dreißigjährigen Zeitraums in jährlichen Geldbeträgen von gleicher Höhe entrichtet wird. Die Jahresbeträge sind so zu bemessen, daß die Steuerschuld bei einer Verzinsung von vier vom Hundert innerhalb des vorbezeichneten Zeitabschnitts getilgt wird.

Bis zum Inkrafttreten des Reichsgesetzes über die Erhebung einer Zuwachssteuer wird zu der im Abs. 1 vorgesehenen Abgabe ein Zuschlag von einhundert vom Hundert erhoben.

Die Vorschriften des Abs. 4 Satz 2 und 3 des § 90 dieses Gesetzes finden entsprechende Anwendung.

Grundstücke oder Teile von Grundstücken, deren Veräußerung zu ihrer rechtlichen Gültigkeit weder der landesherrlichen Genehmigung noch der Zustimmung Dritter bedarf, unterliegen nicht der im Abs. 1 vorgesehenen Abgabe.

§ 90. Bis zum 1. April 1912 soll eine Reichsabgabe von der unverdienten Wertsteigerung bei Grundstücken (Zuwachssteuer) eingeführt werden, welche so zu bemessen ist, daß sie einen Jahresertrag von mindestens 20 Millionen Mark erwarten läßt.

Über diese ist durch besonderes Gesetz mit der Maßgabe Bestimmung zu treffen, daß denjenigen Gemeinden und Gemeindeverbänden, in denen eine Zuwachssteuer am 1. April 1909 in Geltung war, der bis zu diesem Zeitpunkt erreichte jährliche Durchschnittsertrag dieser Abgabe für einen Zeitraum von mindestens fünf Jahren nach dem Inkrafttreten der Reichsabgabe belassen wird.

Dieses Gesetz ist dem Reichstage bis zum 1. April 1911 vorzulegen.

Bis zum Inkrafttreten dieses Gesetzes wird zu der in Tarifnummer 11 vorgesehenen Abgabe ein Zuschlag von einhundert vom Hundert erhoben. Nach dem Inkrafttreten des Gesetzes wird der Steuersatz in Nummer 11 von sechs zu sechs Jahren durch den Bundesrat einer Nachprüfung unterzogen. Übersteigt innerhalb des sechsjährigen Zeitraums der durchschnittliche Jahresertrag der

Zuwachssteuer den Betrag von 20 Millionen, so ist der Steuersatz in Tarifnummer 11 mit Wirkung vom Beginne des der Feststellung folgenden Rechnungsjahrs für die folgenden sechs Jahre nach näherer Bestimmung des Bundesrats entsprechend herabzusetzen.

X. Allgemeine Bestimmungen.

§ 91. Der Bundesrat erläßt die Anordnungen wegen der Anfertigung und des Vertriebs der nach Maßgabe dieses Gesetzes zu verwendenden Stempelmarken und gestempelten Formulare sowie die Vorschriften über die Form der Schlußnoten und über die Art der Verwendung der Marken. Er stellt die Bedingungen fest, unter welchen für verdorbene Marken und gestempelte Vordrucke, für abhandengekommene oder vernichtete Scheckvordrucke sowie für Stempel auf verdorbenen Wertpapieren Erstattung zulässig ist.

§ 92. Stempelmarken, welche nicht in der vorgeschriebenen Weise verwendet worden sind, werden als nicht verwendet angesehen.

§ 93. Der Anspruch auf Zahlung der nach diesem Gesetze zu entrichtenden Abgaben unterliegt der Verjährung.

Auf die Verjährung finden die Vorschriften des Bürgerlichen Gesetzbuchs und des Artikel 169 des Einführungsgesetzes zum Bürgerlichen Gesetzbuche mit folgenden Maßgaben Anwendung:

Die Verjährungsfrist beträgt fünf Jahre.

Die Verjährung beginnt, unbeschadet der Vorschrift des § 201 Satz 2 des Bürgerlichen Gesetzbuchs, in dem Falle des § 1 Abs. 1 mit dem Schlusse des Jahres, in dem die Vorlegung der Wertpapiere bei der Steuerstelle erfolgt, in den übrigen Fällen mit dem Schlusse des Jahres, in dem der Anspruch fällig wird.

Die Verjährung wird auch unterbrochen durch eine an den Zahlungspflichtigen erlassene Aufforderung zur Zahlung oder durch die Bewilligung einer von ihm nachgesuchten Stundung. Wird die Verjährung unterbrochen, so beginnt eine neue Verjährung nicht vor dem Schlusse des Jahres, in welchem der für die Beendigung der Unterbrechung maßgebende Zeitpunkt eintritt, und im Falle der Bewilligung einer Stundung nicht vor dem Schlusse des Jahres, in welchem die bewilligte Frist abläuft.

§ 94. In Beziehung auf die Verpflichtung zur Entrichtung der in diesem Gesetze festgestellten Abgaben ist der Rechtsweg zulässig. Die Klage ist bei Verlust des Klagerechts binnen sechs Monaten nach erfolgter Beitreibung oder mit Vorbehalt geleisteter Zahlung zu erheben. Für die Berechnung dieser Frist sind die Bestimmungen der Zivilprozeßordnung maßgebend. Zuständig sind ohne Rücksicht auf den Wert des Streitgegenstandes die Landgerichte. Soweit bei denselben

Kammern für Handelssachen bestehen, gehört der Rechtsstreit vor diese. Die Revision sowie die Beschwerde gegen Entscheidungen der Oberlandesgerichte geht an das Reichsgericht.

§ 95. Zuwiderhandlungen gegen die Vorschriften dieses Gesetzes oder gegen die zu dessen Ausführung erlassenen Vorschriften, die im Gesetze mit keiner besonderen Strafe belegt sind, ziehen eine Ordnungsstrafe bis zu einhundertfünfzig Mark nach sich.

Dieselbe Strafe tritt ein, wenn in den Fällen der §§ 2, 25, 33, 43, 51, 64, 69, 75 und 88 aus den Umständen sich ergibt, daß eine Steuerhinterziehung nicht hat verübt werden können oder nicht beabsichtigt worden ist.

§ 96. Die auf Grund dieses Gesetzes zu verhängenden Strafen sind bei Genossenschaften und Aktiengesellschaften gegen die Vorstandsmitglieder, bei Kommanditgesellschaften gegen die persönlich haftenden Gesellschafter, bei offenen Handelsgesellschaften gegen die Gesellschafter nur im einmaligen Betrage, jedoch unter Haftbarkeit jedes einzelnen als Gesamtschuldner festzusetzen. Ebenso ist in anderen Fällen zu verfahren, in denen bei einem Geschäfte mehrere Personen als Vertreter desselben Kontrahenten oder als gemeinschaftliche Kontrahenten beteiligt sind.

Auf die Verhängung der im § 26 vorgeschriebenen Rückfallsstrafe finden diese Bestimmungen keine Anwendung.

§ 97. Hinsichtlich des administrativen Strafverfahrens wegen der Zuwiderhandlungen gegen dieses Gesetz, der Strafmilderung und des Erlasses der Strafe im Gnadenwege, der Vollstreckung der Strafe sowie der Verjährung der Strafverfolgung finden die Vorschriften in § 17 Satz 1, §§ 18 und 19 des Gesetzes vom 10. Juni 1869, betreffend die Wechselstempelsteuer*), sinngemäße Anwendung. Die auf Grund des gegenwärtigen Gesetzes erkannten Geldstrafen fallen dem Fiskus desjenigen Staates zu, von dessen Behörden die Strafentscheidung erlassen ist.

§ 98. Die Verwandlung einer Geldstrafe, zu deren Zahlung der Verpflichtete unvermögend ist, in eine Freiheitsstrafe findet nicht statt. Auch darf zur Beitreibung von Geldstrafen ohne Zustimmung des Verurteilten, wenn dieser ein Deutscher ist, kein Grundstück subhastiert werden.

§ 99. Unter den in diesem Gesetz erwähnten Behörden und Beamten sind, soweit das Gesetz nichts anderes bestimmt, die betreffenden Landesbehörden und Landesbeamten verstanden.

Welche dieser Behörden und Beamten die in dem Gesetz als zuständig bezeichneten sind, be-

*) An die Stelle der § 17 Satz 1, § 18 sind die § 23 Abs. 1, § 24 des Wechselstempelgesetzes vom 15. Juli 1909 getreten. Der § 19 ist weggefallen.

stimmen, sofern das Gesetz nichts anderes verfügt, die Landesregierungen.

Den letzteren liegt auch die Kontrolle über die betreffenden Behörden und Beamten ob.

§ 100. Die in den einzelnen Bundesstaaten mit der Beaufsichtigung des Stempelwesens beauftragten Behörden und Beamten haben die ihnen obliegenden Verpflichtungen mit den gleichen Befugnissen, wie sie ihnen hinsichtlich der nach den Landesgesetzen zu entrichtenden Stempelabgaben zustehen, auch hinsichtlich der in diesem Gesetze bestimmten Abgaben wahrzunehmen.

Der Prüfung in bezug auf die Abgabenentrichtung unterliegen alle diejenigen, welche abgabepflichtige Geschäfte der in Nummer 4 des Tarifs bezeichneten Art oder die Beförderung von Gütern oder Personen (Nummer 6 und 7 des Tarifs) gewerbsmäßig betreiben oder vermitteln. Das Gleiche gilt in Ansehung der in Tarifnummer 10 bezeichneten Abgabe von den im § 2 des Scheckgesetzes vom 11. März 1908 (Reichs-Gesetzbl. S. 71) aufgeführten Anstalten, Genossenschaften, Kassen und Handelsfirmen, welche sich nach den für ihren Geschäftsbetrieb maßgebenden Bestimmungen oder gewerbsmäßig mit der Annahme von Geld und der Leistung von Zahlungen für fremde Rechnung im Wege des Scheckverkehrs befassen.

Den revidierenden Beamten sind alle bezüglichen

Schriftstücke und erforderlichenfalls auch die Geschäftsbücher zur Einsicht vorzulegen.

Von anderen als den im Abs. 2 bezeichneten Personen kann die Steuerdirektivbehörde die Einreichung der auf bestimmt zu bezeichnende abgabepflichtige Geschäfte bezüglichen Schriftstücke verlangen.

§ 101. Außerdem haben die Reichsbehörden, die Behörden und Beamten der Bundesstaaten und Kommunen, die von Handelsvorständen eingesetzten Sachverständigenkommissionen und Schiedsgerichte sowie die Notare die Verpflichtung, die Besteuerung der ihnen vorkommenden Urkunden zu prüfen und die zu ihrer Kenntnis gelangenden Zuwiderhandlungen gegen dieses Gesetz bei der zuständigen Behörde zur Anzeige zu bringen.

Die Vorschrift des § 26 Abs. 2 des Wechselstempelgesetzes vom 15. Juli 1909 (Reichs-Gesetzbl. S. 825) findet auf die Abschrift von Scheckprotesten entsprechende Anwendung.

§ 102. Der Bundesrat ordnet an, in welchen Fällen bei administrativen Straffestsetzungen Sachverständige zu hören sind; solche sind, wo Handelsvorstände bestehen, von diesen zu bezeichnen.

Die Handelsvorstände können unter Berücksichtigung der besonderen Verhältnisse und Gewohnheiten ihres Bezirkes zum Zwecke der Durchführung des Gesetzes und Sicherung der Entrichtung der Abgaben reglementarische Anordnungen erlassen;

letztere bedürfen der Zustimmung der Landesregierungen.

§ 103. Bezüglich der Vollstreckbarkeit und des Vollstreckungsverfahrens werden die Reichsstempelabgaben den Landesabgaben gleichgeachtet.

§ 104. Die Kassen des Reichs sind von der Entrichtung der durch dieses Gesetz unter Tarifnummer 1, 2, 3 angeordneten Abgaben befreit.

Andere subjektive Befreiungen finden, soweit nicht ausdrücklich Ausnahmen angeordnet sind, nicht statt.

Wegen der Entschädigung für die Aufhebung solcher Befreiungen, welche etwa auf lästigen Privatrechtstiteln beruhen, sowie wegen der Erstattung der von solchen Berechtigten entrichteten Stempelbeträge, kommen die entsprechenden Bestimmungen des Gesetzes, betreffend die Wechselstempelsteuer (§ 26 Abs. 2 bis 4), zur Anwendung.

§ 105. Jedem Bundesstaate wird von der jährlichen Einnahme, welche in seinem Gebiet aus dem Verkaufe von Stempelmarken oder gestempelten Blanketts oder durch bare Einzahlung von Reichsstempelabgaben erzielt wird, mit Ausnahme der Steuer von Losen der Staatslotterien, der Betrag von zwei Prozent aus der Reichskasse gewährt.

§ 106. Der Ertrag der Abgaben fließt nach Abzug

1. der auf dem Gesetz oder auf allgemeinen

Verwaltungsvorschriften beruhenden Steuererlasse und Steuererstattungen,

2. der nach Vorschrift des § 105 zu berechnenden Erhebungs- und Verwaltungskosten

in die Reichskasse.

XI. Schlußbestimmungen.

§ 107. Dieses Gesetz tritt mit dem 1. August 1909, in Ansehung des Scheckstempels mit dem 1. Oktober 1909 in Kraft.

Auf die vor dem Inkrafttreten dieses Gesetzes ausgestellten Schecks finden die Vorschriften dieses Gesetzes keine Anwendung.

Für das Gebiet der Insel Helgoland wird der Zeitpunkt des Inkrafttretens des Gesetzes durch Kaiserliche Verordnung unter Zustimmung des Bundesrats festgesetzt.

Tarif.

1	2
Nr.	Gegenstand der Besteuerung
	Aktien, Anteilscheine, Kuxe, Renten- und Schuldverschreibungen.
1.	a) Inländische Aktien, Aktienanteilscheine und Reichsbankanteilscheine sowie Interimsscheine über Einzahlungen auf diese Wertpapiere . . .
	b) Anteilscheine der deutschen Kolonialgesellschaften und der ihnen gleichgestellten deutschen Gesellschaften sowie Interimsscheine über Einzahlungen auf diese Wertpapiere . . . .
	c) Ausländische Aktien und Aktienanteilscheine, wenn sie im Inland ausgehändigt, veräußert, verpfändet oder wenn daselbst andere Geschäfte unter Lebenden damit gemacht oder Zahlungen darauf geleistet werden, unter der gleichen Voraussetzung auch Interimsscheine über Einzahlungen auf diese Wertpapiere . . . .
	Die Abgabe ist von jedem Stücke nur einmal zu entrichten.

3				4
Steuersatz vom Hundert	Tausend	Mk.	Pf.	Berechnung der Stempelabgabe
3	—	—	—	vom Nennwerte, bei Interimsscheinen sowie nicht voll gezahlten Namensaktien und Anteilscheinen vom Betrage der bescheinigten Einzahlungen, und zwar in Abstufungen von 60 Pf. für je 20 Mark; überschießende Bruchteile werden, soweit sie nicht unter dem Betrage von 1 Mark zurückbleiben, für volle 20 Mark gerechnet. Bei den Wertpapieren zu 1 a und b erfolgt die Versteuerung zuzüglich des Betrags, zu welchem sie höher, als der Nennwert lautet, ausgegeben werden.
3	—	—	—	
3	—	—	—	Der nachweislich versteuerte Betrag der Interimsscheine wird auf den Betrag der demnächst etwa zu versteuernden Aktien usw. angerechnet. Das Gleiche gilt von dem versteuerten Betrage nicht voll gezahlter Aktien und Anteilscheine bei späteren Einzahlungen. Ausländische Werte werden nach den Vorschriften wegen Erhebung des Wechselstempels umgerechnet.

1	2
Nr.	Gegenstand der Besteuerung
(1.)	d) Anteilscheine gewerkschaftlich betriebener Bergwerke (Kuxe, Kuxscheine) . . . . Außerdem für alle nach dem 1. August 1909 auf Werte der angegebenen Art ausgeschriebenen Einzahlungen, soweit solche nicht zur Deckung von Betriebsverlusten dienen oder zur Erhaltung des Betriebs in seinem bisherigen Umfange bestimmt sind und verwendet werden Zur Entrichtung des Stempels für die Einzahlungen ist die Gewerkschaft verpflichtet, und zwar spätestens zwei Wochen nach dem von der Gewerkschaftsvertretung festgesetzten Einzahlungstag oder, sofern die Zahlung zu diesem Zeitpunkte nicht eingegangen ist, spätestens zwei Wochen nach dem Eingange der Zahlung. **Befreit sind:** Inländische Aktien und Aktienanteilscheine sowie Interimsscheine über Einzahlungen auf diese Wertpapiere, sofern sie von Aktiengesellschaften ausgegeben werden, welche a) nach der Entscheidung des Bundesrats ausschließlich gemeinnützigen Zwecken dienen, den zur Verteilung gelangenden Reingewinn

3				4
Steuersatz				Berechnung der Stempelabgabe
vom Hundert	Tausend	Mk.	Pf.	
—	—	5	—	von jeder einzelnen Urkunde.
3	—	—	—	vom Betrage der Einzahlung, und zwar in Abstufungen von 3 Mark für je 100 Mark oder einen Bruchteil dieses Betrags.

1 Nr.	2 Gegenstand der Besteuerung
(1.)	satzungsmäßig auf eine höchstens vierprozentige Verzinsung der Kapitaleinlagen beschränken, auch bei Auslosungen oder für den Fall der Auflösung nicht mehr als den Nennwert ihrer Anteile zusichern und bei der Auflösung den etwaigen Rest des Gesellschaftsvermögens für gemeinnützige Zwecke bestimmen, — Die von solchen Aktiengesellschaften beabsichtigten Veranstaltungen müssen auch für die minder begüterten Volksklassen bestimmt sein. oder welche b) die Herstellung von inländischen Eisenbahnen unter Beteiligung oder Zinsgarantie des Reichs, der Bundesstaaten, der Provinzen, Gemeinden oder Kreise zum Zwecke haben.
2.	a) Inländische, für den Handelsverkehr bestimmte Renten- und Schuldverschreibungen (auch Teilschuldverschreibungen), sofern sie nicht unter Nr. 3 fallen, sowie Interimsscheine über Einzahlungen auf diese Wertpapiere . . . . b) Renten- und Schuldverschreibungen ausländischer Staaten, Kommunalverbände, Kommunen und Eisenbahngesellschaften, wenn sie im Inland ausgehändigt, veräußert, verpfändet oder wenn daselbst andere Geschäfte unter Lebenden damit

3				4
Steuersatz von				Berechnung der Stempelabgabe
Hundert	Tausend	Mk	Pf.	
2	—	—	—	vom Nennwerte, bei Interimsscheinen vom Betrage der bescheinigten Einzahlungen, und zwar: zu 2a und c in Abstufungen von 40 Pf., zu 2b in Abstufungen von 20 Pf. für je 20 Mark; überschießende

1 Nr.	2 Gegenstand der Besteuerung
(2.)	gemacht oder Zahlungen darauf geleistet werden, unter der gleichen Voraussetzung auch Interimsscheine über Einzahlungen auf diese Wertpapiere . . . . Die Abgabe ist von jedem Stücke nur einmal zu entrichten. c) Renten- und Schuldverschreibungen ausländischer Korporationen, Aktiengesellschaften oder industrieller Unternehmungen und sonstige für den Handelsverkehr bestimmte ausländische Renten- und Schuldverschreibungen, sofern sie nicht unter 2b fallen, wenn sie im Inland ausgehändigt, veräußert, verpfändet oder wenn daselbst andere Geschäfte unter Lebenden damit gemacht oder Zahlungen darauf geleistet werden, unter der gleichen Voraussetzung auch Interimsscheine über Einzahlungen auf diese Wertpapiere Die Abgabe ist von jedem Stücke nur einmal zu entrichten. Befreit sind: 1. Renten- und Schuldverschreibungen des Reichs und der Bundesstaaten sowie Interimsscheine über Einzahlungen auf diese Wertpapiere; 2. die auf Grund des Reichsgesetzes vom 8. Juni 1871 abgestempelten ausländischen Inhaberpapiere mit Prämien.

3				4
Steuersatz vom				Berechnung der Stempelabgabe
Hundert	Tausend	Mk.	Pf.	
1	—	—	—	Bruchteile werden, soweit sie nicht unter dem Betrage von 1 Mark zurückbleiben, für volle 20 Mark gerechnet. Der nachweislich versteuerte Betrag der Interimsscheine wird auf den Betrag der demnächst etwa zu versteuernden Rentenverschreibungen usw. angerechnet. Ist der Kapitalwert von Rentenverschreibungen aus diesen selbst nicht ersichtlich, so gilt als solcher der 25 fache Betrag der einjährigen Rente. Ausländische Werte werden nach den Vorschriften wegen Erhebung des Wechselstempels umgerechnet.
2	—	—	—	

1	2
Nr.	Gegenstand der Besteuerung
(2)	Anmerkung zu Tarifnummer 1 und 2. Der Aushändigung ausländischer Wertpapiere im Inlande wird es gleichgeachtet, wenn solche Wertpapiere, welche durch ein im Ausland abgeschlossenes Geschäft von einem zur Zeit des Geschäftsabschlusses im Inlande wohnhaften Kontrahenten angeschafft sind, diesem aus dem Ausland übersandt oder von ihm oder einem Vertreter aus dem Ausland abgeholt werden. Genußscheine und ähnliche zum Bezug eines Anteils an dem Gewinn einer Aktienunternehmung oder einer unter Nr. 1 b des Tarifs fallenden Gesellschaft berechtigende Wertpapiere, sofern sie sich nicht als Aktien oder Aktienanteilscheine oder sonstige Gesellschaftsanteile (Tarifnummer 1) oder als Renten- oder Schuldverschreibungen (Tarifnummer 2) darstellen, unterliegen einer festen Abgabe, die für a) solche, welche als Ersatz an Stelle erloschener Aktien ausgegeben werden . . . . b) alle übrigen, und zwar: 1. inländische . . . . 2. ausländische . . . . beträgt
3.	Inländische auf den Inhaber lautende und auf Grund staatlicher Genehmigung ausgegebene Renten- und Schuldverschreibungen der Kommunalverbände, Kommunen und Kommunal-Kreditanstalten, der Korporationen ländlicher oder städtischer Grundbesitzer, der Grundkredit- und Hypothekenbanken oder der Eisenbahngesellschaften sowie Interimsscheine über Einzahlungen auf diese Wertpapiere . . . .

3				4
Steuersatz				Berechnung der Stempelabgabe
vom Hundert	vom Tausend	Mk.	Pf.	
—	—	1	—	von jeder einzelnen Urkunde.
—	—	30	—	
—	—	40	—	
—	5	—	—	vom Nennwerte beziehungsweise vom Betrage der bescheinigten Einzahlungen nach Maßgabe der Vorschriften für die Abgabenberechnung bei inländischen Wertpapieren der unter Nr. 2 bezeichneten Art, und zwar in Abstufungen von 50 Pf. für je 100 Mark oder einen Bruchteil dieses Betrags.

1	2
Nr.	Gegenstand der Besteuerung
3 A.	**Gewinnanteilschein- und Zinsbogen.**
	a) Gewinnanteilscheinbogen von inländischen Aktien, Aktienanteilscheinen, Reichsbankanteilscheinen, Anteilscheinen von Kolonialgesellschaften und den ihnen gleichgestellten Gesellschaften . . . .
	b) Gewinnanteilscheinbogen von ausländischen Aktien und Aktienanteilscheinen, sofern die Bogen im Inland ausgegeben werden . . . .

3				4
Steuersatz vom				Berechnung der Stempelabgabe
Hundert	Tausend	Mk.	Pf.	
1		—	—	vom Nennwerte der Wertpapiere, für welche die Bogen ausgegeben werden, in Abstufungen von 1 Mark für je 100 Mark; überschießende Bruchteile werden für volle 100 Mark gerechnet. Sofern die Einzahlungen auf die Wertpapiere nicht voll geleistet sind, ist die Abgabe vom Betrage der geleisteten Einzahlungen, jedoch höchstens vom Betrage des Nennwertes der Wertpapiere zu entrichten. Wird während der Zeit, für welche die Gewinnanteilscheine laufen, eine weitere Einzahlung geleistet, so
1	—	—	—	ist vom Betrage der Einzahlung, soweit sie zusammen mit der früheren Einzahlung den Nennwert des Wertpapiers nicht übersteigt, eine weitere Abgabe nach dem Verhältnisse der abgelaufenen Zeit zu der Zeit zu entrichten, für welche die Gewinnanteilscheine noch laufen. Für Bogen, die Anteilscheine für einen längeren als zehnjährigen Zeitraum enthalten, er-

1	2
Nr.	Gegenstand der Besteuerung
(3 A.)	
	c) Zinsbogen (Rentenbogen) von inländischen für den Handelsverkehr bestimmten Renten- und Schuldverschreibungen (auch Teilschuldverschreibungen), sofern sie nicht unter Nr. 3 A f fallen . . . .
	d) Zinsbogen von Renten- und Schuldverschreibungen ausländischer Staaten, Kommunalverbände, Kommunen und Eisenbahngesellschaften, sofern die Bogen im Inland ausgegeben werden . . . .
	e) Zinsbogen von Renten- und Schuldverschreibungen ausländischer Korporationen, Aktiengesellschaften oder industrieller Unternehmungen und sonstigen für den Handelsverkehr bestimmten ausländischen Renten- und Schuldverschreibungen, sofern die Bogen im Inland ausgegeben werden . . . .
	f) Zinsbogen von inländischen auf den Inhaber lautenden und auf Grund staatlicher Genehmigung ausgegebenen Renten- und Schuldverschreibungen der Kommunalverbände, Kommunen und Kommunalkreditanstalten, der Korporationen ländlicher oder städtischer Grund-

3				4
Steuersatz				Berechnung der Stempelabgabe
vom Hundert	Tausend	Mk.	Pf.	
				höht sich die Abgabe für jedes fernere Jahr um ein Zehntel.
—	[illegible]	—	—	vom Nennwerte der Wertpapiere, für welche die Bogen ausgegeben werden, in Abstufungen von 50 Pf. für je 100 Mark; überschießende Bruchteile werden für volle 100 Mark gerechnet.
—	[illegible]	—	—	Für Bogen, die Zinsscheine für einen längeren als zehnjährigen Zeitraum enthalten, erhöht sich die Abgabe für jedes fernere Jahr um ein Zehntel.
—	[illegible]	—	—	

1	2
Nr.	Gegenstand der Besteuerung
(3A.)	besitzer, der Grundkredit- und Hypothekenbanken oder der Eisenbahngesellschaften . . . Befreit sind: 1. Zinsbogen von Renten und Schuldverschreibungen des Reichs und der Bundesstaaten; 2. Gewinnanteilscheinbogen von Aktien der in der Befreiungsvorschrift der Tarifnummer 1 bezeichneten Aktiengesellschaften; 3. Gewinnanteilschein- und Zinsbogen, die bei der ersten Ausgabe der Wertpapiere mit diesen in Verkehr gesetzt werden. Die Befreiung greift nicht Platz, soweit die Bogen für einen längeren als zehnjährigen Zeitraum ausgegeben werden; 4. Gewinnanteilschein- und Zinsbogen, die vor dem Inkrafttreten dieser Vorschriften ausgegeben sind.

3				4
Steuersatz vom				Berechnung der Stempelabgabe
Hundert	Tausend	Mk.	Pf.	
—	2	—	—	vom Nennwerte der Wertpapiere, für welche die Bogen ausgegeben werden, in Abstufungen von 20 Pf. für je 100 Mark; überschießende Bruchteile werden für volle 100 Mark gerechnet. Für Bogen, die Zinsscheine für einen längeren als zehnjährigen Zeitraum enthalten, erhöht sich die Abgabe für jedes fernere Jahr um ein Zehntel.

1 Nr.	2 Gegenstand der Besteuerung
	Kauf- und sonstige Anschaffungsgeschäfte.
4.	a) Kauf- und sonstige Anschaffungsgeschäfte über: 1. Wertpapiere der unter 2a, 2b und 3 des Tarifs bezeichneten Art . . . . 2. Anteile von bergrechtlichen Gewerkschaften oder die darüber ausgestellten Urkunden (Kurscheine, Bezugsscheine, Abtretungsscheine) . . . . 3. sonstige Wertpapiere der unter 1 bis 3 des Tarifs bezeichneten Art einschließlich der Genußscheine . . . . 4. ausländische Banknoten, ausländisches Papiergeld, ausländische Geldsorten . . . . Den Kauf- und sonstigen Anschaffungsgeschäften steht gleich die bei Errichtung einer Aktiengesellschaft, einer Kommanditgesellschaft auf Aktien, einer Kolonialgesellschaft oder einer dieser gleichgestellten Gesellschaft erfolgende Zuteilung der Aktien oder Anteilscheine auf Grund vorhergehender Zeichnung, die bei Errichtung einer Aktiengesellschaft oder Kolonialgesellschaft oder einer dieser gleichgestellten Gesellschaft stattfindende Übernahme der Aktien oder Anteilscheine durch die Gründer und die Ausreichung von Wertpapieren an den ersten Erwerber.

3				4
Steuersatz				Berechnung der Stempelabgabe
vom Hundert	vom Tausend	Mk.	Pf.	
—	2/10	—	—	
—	1	—	—	
—	3/10	—	—	
—	2/10	—	—	

1	2
Nr.	Gegenstand der Besteuerung
(4.)	Ermäßigung. Hat jemand nachweislich im Arbitrierverkehr unter Ziffer 1, 3 oder 4 der Tarifnummer 4a fallende Gegenstände derselben Gattung im Inlande gekauft und im Auslande verkauft, oder umgekehrt, oder an dem einen Börsenplatze des Auslandes gekauft und an dem andern verkauft, so ermäßigt sich für ihn die Stempelabgabe von jedem dieser Geschäfte, soweit deren Wertbeträge sich decken, und zwar für die Gegenstände unter Ziffer 1 und 4 um $^{3}/_{40}$ vom Tausend und für die Gegenstände unter Ziffer 3 um $^{5}/_{40}$ vom Tausend, wenn die beiden einander gegenüberstehenden Geschäfte zu festen Kursen an demselben Tage oder an zwei unmittelbar aufeinander folgenden Börsentagen abgeschlossen sind. Es macht keinen Unterschied, ob der Beteiligte die Geschäfte im Auslande selbst oder durch eine Metaverbindung abgeschlossen hat. Unter den gleichen Voraussetzungen tritt die Steuerermäßigung (um $^{3}/_{40}$ vom Tausend) ein, wenn An- und Verkäufen von ausländischen Banknoten oder ausländischem Papier-

3				4
Steuersatz				Berechnung der Stempelabgabe
vom Hundert	vom Tausend	Mk.	Pf.	
				vom Werte des Gegenstandes des Geschäfts, und zwar in Abstufungen von zu 4a 1: 0,20 Mark, „ 4a 2: 1,00 „ „ 4a 3: 0,30 „ „ 4a 4: 0,20 „ „ 4b 0,40 „ für je 1000 Mark oder einen Bruchteil dieses Betrags. Bei Berechnung der Abgabe im einzelnen Falle sind mindestens 10 Pf. in Ansatz zu bringen und höhere Pfennigbeträge derart nach oben hin abzurunden, daß sie durch 10 teilbar sind. Der Wert des Gegenstandes wird nach dem vereinbarten Kauf- oder Lieferungspreise, sonst durch den mittleren Börsen- oder Marktpreis am Tage des Abschlusses bestimmt. Die zu den Wertpapieren gehörigen Zins- und Gewinnanteilscheine bleiben bei Berechnung der Abgabe außer Betracht.

1	2
Nr.	Gegenstand der Besteuerung
(4.)	gelde Geschäfte über Geldsorten oder Wechsel gegenüberstehen. Eine einmalige, längstens halbmonatige Verlängerung im Ausland abgeschlossener Geschäfte der in Rede stehenden Art bleibt steuerfrei. Für Kostgeschäfte (§ 17 Abs. 3 des Gesetzes über Gegenstände der vorstehend im Abs. 1 bezeichneten Art ermäßigt sich die Stempelabgabe um die Hälfte der tarifmäßigen Sätze. Die gleichen Vorschriften finden statt für den Arbitrierverkehr zwischen inländischen Börsenplätzen. Die näheren Vorschriften über die Entrichtung der Abgabe erläßt der Bundesrat.
	b) Kauf- und sonstige Anschaffungsgeschäfte, welche unter Zugrundelegung von Usancen einer Börse geschlossen werden (Loko-, Zeit-, Fix-, Termin-, Prämien- usw. Geschäfte), über Mengen von Waren, die börsenmäßig gehandelt werden . . Als börsenmäßig gehandelt gelten diejenigen Waren, für welche an der Börse, deren Usancen für das Geschäft maßgebend sind, Terminpreise notiert werden, und bei Waren, in denen der Börsenterminhandel

3				4
Steuersatz von				Berechnung der Stempelabgabe
Hundert	Tausend	Mk.	Pf.	
				Ausländische Werte sind nach den Vorschriften wegen Erhebung des Wechselstempels umzurechnen.
—	[4] 10	—	—	

1 Nr.	2 Gegenstand der Besteuerung
(4.)	untersagt ist, diejenigen, für welche an der in Betracht kommenden Börse Preise für Zeitgeschäfte notiert werden. Befreiungen. Die vorbestimmte Abgabe wird nicht erhoben: 1. falls die Waren, welche Gegenstand eines nach Nummer 4b stempelpflichtigen Geschäfts sind, von einem der Vertragschließenden im Inland erzeugt oder hergestellt sind; 2. für die Ausreichung der von den Pfandbriefinstituten und Hypothekenbanken ausgegebenen, auf den Inhaber lautenden Schuldverschreibungen als Dahrlehnsvaluta an den kreditnehmenden Grundbesitzer; 3. für sogenannte Kontantgeschäfte über die unter Nummer 4a 4 bezeichneten Gegenstände sowie über ungemünztes Gold oder Silber. Als Kontantgeschäfte gelten solche Geschäfte, welche vertragsmäßig durch Lieferung des Gegenstandes seitens des Verpflichteten an dem Tage des Geschäftsabschlusses zu erfüllen sind;

3				4
Steuersatz				Berechnung der Stempelabgabe
vom Hundert	vom Tausend	Mk.	Pf.	

1	2
Nr.	Gegenstand der Besteuerung
(4.)	4. von den zur Versicherung von Wertpapieren gegen Verlosung geschlossenen Geschäften, unbeschadet der Stempelpflicht der nach erfolgter Verlosung stattfindenden Kauf- oder sonstigen Anschaffungsgeschäfte; 5. für Kauf- oder sonstige Anschaffungsgeschäfte über Renten- und Schuldverschreibungen des Reichs oder der Bundesstaaten, sowie Interimsscheine über Einzahlungen auf diese Wertpapiere.
	Lotterielose.
5.	Lose öffentlicher Lotterien sowie Ausweise über Spieleinlagen bei öffentlich veranstalteten Ausspielungen von Geld- oder anderen Gewinnen a) inländische . . . . b) ausländische . . . .
	Befreit sind: Lose der von den zuständigen Behörden genehmigten Ausspielungen und Lotterien, sofern der Gesamtpreis der Lose einer Ausspielung die Summe von einhundert Mark und bei Ausspielungen zu ausschließlich mildtätigen Zwecken die Summe von fünfundzwanzigtausend Mark nicht übersteigt.

3				4
Steuersatz vom Hundert	Tausend	Mk.	Pf.	Berechnung der Stempelabgabe
20	—	—	—	bei inländischen Losen vom planmäßigen Preise (Nennwerte) sämtlicher Lose oder Ausweise mit Ausschluß des auf die Reichsstempelabgabe entfallenden Betrags; bei ausländischen Losen von dem Preise der einzelnen Lose in Abstufungen von 1 Mark für je 4 Mark oder einen Bruchteil des Betrags.
25	—	—	—	

1	2
Nr.	Gegenstand der Besteuerung

Frachturkunden.

6\. Frachturkunden, wenn sie im Inland ausgestellt oder behufs Empfangnahme oder Ablieferung der darin bezeichneten Sendung im Inlande vorgelegt oder ausgehändigt werden, und zwar:

a) Konnossemente und Frachtbriefe im Schiffsverkehre zwischen inländischen und ausländischen Seehäfen oder zwischen Häfen an inländischen Wasserstraßen und ausländischen Seehäfen, soweit sie nicht unter b fallen . . . .

b) Konnossemente und Frachtbriefe im Schiffsverkehre zwischen inländischen Häfen und ausländischen Häfen der Nord- und Ostsee, des Kanals oder der norwegischen Küste .

Wenn eine Urkunde über die Ladung eines ganzen Schiffsgefäßes lautet, wird bei einem Frachtbetrage von nicht mehr 25 Mark das Doppelte, bei höheren Beträgen das Fünffache und, sofern es sich um Schiffe mit einem Reinraumgehalte von über 200 Kubikmeter handelt, bei einem Frachtbetrage von nicht mehr als 25 Mark das Fünffache, bei höheren Beträgen das Zehnfache der zu a und b bezeichneten Sätze erhoben.

3				4
Steuersatz				Berechnung der Stempelabgabe
vom Hundert	vom Tausend	Mk.	Pf.	
—	—	1	—	
—	—	—	10	
				von der einzelnen Urkunde; falls diese jedoch über die Ladung mehrerer Schiffsgefäße oder Eisenbahnwagen lautet, von jeder Schiffs- oder Eisenbahnwagenladung. Je zwei Schmalspurwagen, die auf ein Frachtpapier abgefertigt sind, sind als eine Eisenbahn-

1	2
Nr.	Gegenstand der Besteuerung
(6.)	c) Konnossemente, Frachtbriefe, Ladescheine, Einlieferungsscheine im Schiffsverkehre, so weit sie nicht unter a und b fallen, wenn die Urkunde über die Ladung eines ganzen Schiffsgefäßes lautet,
	bei einem Frachtbetrage von nicht mehr als 25 Mark . . . .
	bei höheren Beträgen . . . .
	und sofern es sich um Schiffe mit einem Raumgehalte von über 150 Tonnen handelt
	bei einem Frachtbetrage von nicht mehr als 25 Mark . . . .
	bei höheren Beträgen . . . .
	Dem Frachtbetrag im Sinne dieser Vorschrift ist der Schlepplohn hinzuzurechnen, sofern er neben der Fracht zu zahlen ist.
	d) Frachtbriefe im inländischen Eisenbahnverkehre, wenn die Urkunde über die Ladung eines ganzen Eisenbahnwagens lautet
	bei einem Frachtbetrage von nicht mehr als 25 Mark . . . .
	bei höheren Beträgen . . . .

3				4
Steuersatz vom				Berechnung der Stempelabgabe
Hundert	Tausend	Mk.	Pf.	
				wagenladung zu rechnen; ebenso sind, wenn die Eisenbahnverwaltung statt eines Wagens mehrere zur Verfügung stellt, diese mehreren Wagen einer Eisenbahnwagenladung gleichzuachten. Die Abgabe ist für jede Sendung nur einmal zu entrichten.
—	—	—	20	
—	—	—	50	
—	—	—	50	
—	—	1	—	
—	—	—	20	
—	—	—	50	

1	2
Nr.	**Gegenstand der Besteuerung**

(6.) Der Steuersatz vermindert sich auf die Hälfte dieser Sätze, wenn das Ladegewicht des Wagens 5 Tonnen nicht übersteigt. Er erhöht sich auf das Einundeinhalbfache, wenn das Ladegewicht über 10 Tonnen, aber nicht mehr als 15 Tonnen beträgt. Für je weitere 5 Tonnen Ladegewicht tritt die Hälfte des Satzes hinzu.

Personenfahrkarten.

7. a) Fahrkarten, Fahrscheine und sonstige Ausweise über die erfolgte Zahlung des Personenfahrgeldes im Eisenbahnverkehr auf inländischen Bahnlinien

bei einem Fahrpreise von:	in III. Wagenklasse Pf.	in II. Wagenklasse Pf.	in I. Wagenklasse Pf.
0,60 Mark bis 2 Mark	5	10	20
mehr als 2 " " 5 "	10	20	40
" " 5 " " 10 "	20	40	80
" " 10 " " 20 "	40	80	160
" " 20 " " 30 "	60	120	240
" " 30 " " 40 "	90	180	360
" " 40 " " 50 "	140	270	540
" " 50 "	200	400	800

Fahrkarten von Straßen- und ähnlichen Bahnen, welche getrennte Wagenklassen nicht führen, werden wie Fahrkarten dritter Klasse behandelt.

3				4
Steuersatz				Berechnung der Stempelabgabe
vom				
Hundert	Tausend	Mk.	Pf.	
				vom einzelnen Fahrtausweise.

1 Nr.	2 Gegenstand der Besteuerung
(7.)	b) Fahrkarten, Fahrscheine und sonstige Ausweise über die erfolgte Zahlung des Personenfahrgeldes im Dampfschiffsverkehr auf inländischen Wasserstraßen und Seen sowie im Dampfschiffsverkehre der Nord- und Ostsee zwischen inländischen Orten unterliegen den unter a für die dritte Wagenklasse festgesetzten Steuersätzen. Wenn das Dampfschiff verschiedene Fahrklassen führt, gelten die unter a für die III. Wagenklasse festgesetzten Steuersätze für die niedrigste Fahrklasse, die unter a für die II. Wagenklasse festgesetzten Steuersätze gleichmäßig für die höheren Fahrklassen. Befreit sind: 1. Fahrkarten usw., wenn deren tarifmäßiger Fahrpreis, bei Zeitkarten der Gesamtpreis der Zeitkarte, bei Fahrkarten von und nach ausländischen Orten der Fahrpreis für die im Inlande zurückzulegende Strecke den Betrag von 0,60 Mark nicht erreicht; 2. die zu ermäßigten Preisen ausgegebenen Militär-, Schüler- und Arbeiterfahrkarten; 3. Fahrkarten der dritten Wagenklasse, soweit im Eisenbahnverkehr eine vierte Wagenklasse nicht geführt wird und der Fahrpreis der dritten Wagenklasse den Satz von

3				4
Steuersatz				Berechnung der Stempelabgabe
vom Hundert	vom Tausend	Mk.	Pf.	

1	2
Nr.	Gegenstand der Besteuerung
(7.)	2 Pfennig für das Kilometer nicht übersteigt. Anmerkung zu Tarifnummer 7. Von Zusatzkarten, die zur Fahrt in einer anderen Zuggattung oder auf einem Dampfschiff anderer Gattung (Eil-, Luxusdampfer) berechtigen, ist eine besondere Abgabe nicht zu entrichten. Von Zusatzkarten, die zur Fahrt in einer höheren Fahrklasse berechtigen, ist die Stempelabgabe in Höhe des Unterschieds zwischen dem Stempelbetrage für diese Fahrklasse und dem zur Hauptkarte geschuldeten Stempelbetrage zu entrichten. Berechtigt eine Fahrkarte nach Wahl des Reisenden zur Benutzung der Eisenbahn oder des Dampfschiffs, so hat die Stempelberechnung unter Berücksichtigung derjenigen Beförderungsweise zu erfolgen, die den höheren Stempelbetrag ergibt. Die Vorschrift findet entsprechende Anwendung, wenn eine Fahrkarte (Fahrscheinheft) zum Teil zur Benutzung einer niedrigeren, zum Teil zur Benutzung einer höheren Wagenklasse berechtigt. Für Fahrkarten, welche zum halben Betrage des auf die Karte aufgedruckten Fahrpreises ausgegeben werden (Kinderkarten), ist die Hälfte der für den vollen Fahrpreis festgesetzten Stempelabgabe, jedoch mindestens fünf Pfennig, zu entrichten. Bei Sonderfahrten usw., für deren Benutzung keine Fahrkarten ausgegeben werden, sondern der Preis in anderer Weise berechnet wird, ist ein Stempel in Höhe von zehn vom Hundert des gesamten Beförderungspreises zu entrichten.
	Erlaubniskarten für Kraftfahrzeuge.
8.	a) Erlaubniskarten für Kraftfahrzeuge zur Personenbeförderung auf öffentlichen Wegen und Plätzen, und zwar:

3				4
Steuersatz				Berechnung der Stempelabgabe
vom Hundert	vom Tausend	Mk.	Pf.	

1	2
Nr.	Gegenstand der Besteuerung
(8.)	1. für Krafträder . . . .
	2. für Kraftwagen
	a) von nicht mehr als 6 Pferdekräften . .
	b) von über 6, jedoch nicht mehr als 10 Pferdekräften . . . .
	c) von über 10, jedoch nicht mehr als 25 Pferdekräften . . . .
	d) von über 25 Pferdekräften . . . . . .
	als Grundbetrag;
	außerdem zu 2: von jeder Pferdekraft oder einem Teile einer Pferdekraft
	falls das Fahrzeug nicht mehr als 6 Pferdekräfte hat . . . .
	falls dasselbe über 6, jedoch nicht mehr als 10 Pferdekräfte hat . . . .
	falls dasselbe über 10, jedoch nicht mehr als 25 Pferdekräfte hat . . . .
	im übrigen . . . .
	Die Abgabe ermäßigt sich um die Hälfte, wenn die Ausstellung der Erlaubniskarte für einen vier Monate nicht übersteigenden Zeitraum beantragt wird.
	b) Erlaubniskarten für Kraftfahrzeuge von im Auslande wohnenden Besitzern (§ 57 Abs. 2) zur Personenbeförderung auf öffentlichen Wegen

3				4
Steuersatz				Berechnung der Stempelabgabe
vom Hundert	Tausend	Mk.	Pf.	
—	—	10	—	
—	—	25	—	
—	—	50	—	
—		100	—	
—		150	—	
				von jeder einzelnen Karte.
	—	2	—	
—	—	3	—	
—	—	5	—	
—	—	10	—	

1 Nr.	2 Gegenstand der Besteuerung
(8.)	und Plätzen bei vorübergehender Benutzung des Kraftfahrzeugs im Inland, und zwar bei Benutzung: 1. während eines nicht mehr als dreißig Tage im Jahre betragenden Aufenthalts im Inlande für Krafträder . . . . 2. a) während eines nicht mehr als fünf Tage im Jahre betragenden Aufenthalts im Inlande für Kraftwagen . . b) während eines mehr als fünf Tage bis zu höchstens dreißig Tagen im Jahre betragenden Aufenthalts im Inlande für Kraftwagen . . . . Eine Befreiung von der Stempelabgabe findet statt: 1. hinsichtlich derjenigen Kraftfahrzeuge, welche zur ausschließlichen Benutzung im Dienste des Reichs, eines Bundesstaats oder einer Behörde bestimmt sind; 2. hinsichtlich solcher Kraftfahrzeuge, die ausschließlich der gewerbsmäßigen Personenbeförderung dienen.
	Vergütungen.
9.	Die Aufstellungen der Aktiengesellschaften, Kommanditgesellschaften auf Aktien und Gesellschaften mit beschränkter Haftung über die

3				4
Steuersatz				Berechnung der Stempelabgabe
vom Hundert	vom Tausend	Mk.	Pf.	
—	—	3	—	von der einzelnen Karte. Bei mehr als dreißigtägigem Aufenthalt ist eine Karte der zu a bezeichneten Art zu lösen, für die der gezahlte Stempelbetrag in Anrechnung gebracht wird.
—	—	15	—	
—	—	40	—	

1	2
Nr.	Gegenstand der Besteuerung
(9.)	Höhe der gesamten Vergütungen (Gewinnanteile, Tantiemen, Gehälter usw.), die den zur Überwachung der Geschäftsführung bestellten Personen (Mitgliedern des Aufsichtsrats) seit der letzten Bilanzaufstellung gewährt worden sind . . . .
	Befreit sind Aufstellungen, nach denen die Summe der sämtlichen an die Mitglieder des Aufsichtsrats gemachten Vergütungen (§ 66) nicht mehr als 5000 Mark ausmacht. Übersteigt die Gesamtsumme der Vergütungen 5000 Mark, so wird die Abgabe nur insoweit erhoben, als sie aus der Hälfte des 5000 Mark übersteigenden Betrags gedeckt werden kann.
	Werden Tagegelder im Betrage von mehr als fünfzig Mark für den Tag gezahlt, so ist der Mehrbetrag als versteuerbare Tantieme zu betrachten. Reisegelder, die den Betrag der baren Auslagen übersteigen, werden ebenfalls als Tantiemen betrachtet.
	Schecks.
10.	Im Inland ausgestellte Schecks und Schecks, welche im Ausland auf das Inland ausgestellt sind . . . .
	Den Schecks stehen gleich die Quittungen über Geldsummen, die aus Guthaben des Aus-

3				4
Steuersatz				Berechnung der Stempelabgabe
vom Hundert	Tausend	Mk.	Pf.	
8	—	—	—	von der Gesamtsumme der Vergütungen.
—	—	—	10	vom einzelnen Scheck. Ist ein Scheck in mehreren Ausfertigungen ausgestellt, so ist

1	2
Nr.	Gegenstand der Besteuerung
(10.)	stellers bei den im § 2 des Scheckgesetzes vom 11. März 1908 (Reichs-Gesetzbl. S. 71) bezeichneten Anstalten oder Firmen gezahlt werden, sofern die Quittung im Inland ausgestellt oder ausgehändigt wird. Befreit sind: 1. im inländischen Postscheckverkehr ausgestellte Schecks; 2. Schecks, die dem Wechselstempel unterliegen.
	Grundstücksübertragungen.
11.	Beurkundungen der Übertragung des Eigentums an im Inlande gelegenen Grundstücken und der Übertragung von Berechtigungen, für welche die sich auf Grundstücke beziehenden Vorschriften gelten, soweit sie zum Gegenstande haben: a) Kauf- und Tauschverträge und andere entgeltliche Veräußerungsverträge, einschließlich der gerichtlichen Zwangsversteigerungen, sowie der Abtretung der Rechte aus dem Meistgebot und der Erklärung des Meistbietenden, daß er für einen anderen geboten habe . . . . Beurkundungen von Übertragungen der Rechte der Erwerber aus Veräußerungsgeschäften sowie Beurkundungen nachträglicher

3				4
Steuersatz vom				Berechnung der Stempelabgabe
Hundert	Tausend	Mk.	Pf.	
				die Abgabe auch von jeder weiteren Ausfertigung zu entrichten, sofern diese nach gesetzlicher Vorschrift als ein für sich bestehender Scheck gilt. Im übrigen ist die Abgabe von der einzelnen Urkunde nur einmal zu entrichten.
1/3	—	—	—	und zwar: 1. bei Kaufverträgen vom Kaufpreis unter Hinzurechnung des Wertes der ausbedungenen

1	2
Nr.	Gegenstand der Besteuerung
(11.)	Erklärungen der aus einem Veräußerungsgeschäfte berechtigten Erwerber, die Rechte für einen Dritten erworben oder die Pflichten für einen Dritten übernommen zu haben, werden in betreff der Stempelpflichtigkeit wie Beurkundungen der Veräußerungen behandelt, sofern nicht der erste Erwerber das Veräußerungsgeschäft erweislich auf Grund eines Vollmachtsauftrags oder einer Geschäftsführung ohne Auftrag für einen Dritten abgeschlossen hat und die Übertragung der Rechte dieses ersten Erwerbers an den Dritten erfolgt. Dasselbe gilt von Übertragungen der Rechte aus Anträgen zur Schließung eines entgeltlichen Veräußerungsgeschäfts, die den Veräußerer binden, sowie aus Verträgen, durch die nur der Veräußerer zur Schließung eines solchen Veräußerungsgeschäfts verpflichtet wird. Befreit sind: 1. Kauf- und Tauschverträge und andere entgeltliche Veräußerungsverträge zwischen Teilnehmern an einer Erbschaft zum Zwecke der Teilung der zu letzterer gehörigen Gegenstände. Zu den Teilnehmern an einer Erbschaft wird auch der überlebende Ehegatte gerechnet, der mit den Erben des verstorbenen

3				4
Steuersatz von				Berechnung der Stempelabgabe
Hundert	Tausend	Mk.	Pf.	
				Leistungen und vorbehaltenen Nutzungen; 2. bei Tauschverträgen vom Werte der von einem der Vertragschließenden in Tausch gegebenen Gegenstände, und zwar derjenigen, welche den höheren Wert haben; beim Tausche inländischer gegen ausländische Grundstücke vom Werte der ersteren; 3. bei anderen Verträgen vom Gesamtwerte der Gegenleistung unter Hinzurechnung des Wertes der vorbehaltenen Nutzungen oder, wenn der Wert der Gegenleistung aus dem Vertrage nicht hervorgeht, von dem Werte des veräußerten Gegenstandes; 4. bei Zwangsversteigerungen vom Betrage des Meistgebots, zu dem der Zuschlag erteilt wird, unter Hinzurechnung der vom Ersteher übernommenen Leistungen, und wenn das Meistgebot den Wert des Gegenstandes nicht erreicht, von diesem. Im Falle der Abtretung der Rechte aus

1	2
Nr.	Gegenstand der Besteuerung
(11.)	Ehegatten gütergemeinschaftliches Vermögen zu teilen hat. 2. Überlassungsverträge zwischen Eltern und Kindern, auch eingekindschafteten, oder deren Abkömmlingen. Auf Beurkundungen von Übertragungen der Rechte des Erwerbers aus Verträgen der bezeichneten Art an andere Personen als an Abkömmlinge des ersten Veräußerers finden die unter a Abs. 2 Satz 1 dieser Tarifnummer vorgesehenen Einschränkungen der Stempelpflicht keine Anwendung. 3. Die Abtretung der Rechte aus dem Meistgebot und die Erklärung, für einen anderen geboten zu haben, sofern die Abtretung oder die Erklärung in dem Versteigerungstermin erfolgt oder sofern ein Gläubiger Meistbietender war, dem eine durch ein geringeres Gebot nicht oder nicht völlig gedeckte Hypothek, Grundschuld oder Rentenschuld zustand;

3				4
Steuersatz von				Berechnung der Stempelabgabe
Hundert	Tausend	Mk.	Pf.	
				dem Meistgebot und der Erklärung des Meistbietenden, daß er für einen anderen geboten habe, tritt an die Stelle des Meistgebots der Wert der Gegenleistung, sofern eine solche in der Urkunde enthalten ist.

Anmerkungen:

a) Bei Verträgen über Leistung an Erfüllungsstatt berechnet sich die Stempelabgabe nach dem Werte, zu dem die Gegenstände an Erfüllungsstatt angenommen werden. Wird in einem Kaufvertrage hinsichtlich des Kaufpreises eine Leistung an Erfüllungsstatt vereinbart, so ist der Vertrag wie ein Tauschvertrag zu versteuern.

b) Wenn auf dem veräußerten Gegenstand ein Nießbrauchsrecht lastet, zu dessen Beseitigung der Veräußerer nicht verpflichtet ist, so ist der Steuerbemessung der Wert des veräußerten Gegenstandes zugrunde zu legen, sofern dieser Wert den Betrag der Gegenleistung (Ziffer 1 und 3 dieser Spalte) übersteigt.

c) Wenn der Ersteher zur Zeit der Einleitung der Zwangsversteigerung Hypotheken- oder Grundschuldgläubiger ist, so tritt an die Stelle des Meistgebots, falls dieses hinter dem Gesamtbetrage der Hypotheken- und Grundschuldforderungen des Erstehers und der diesen vorgehenden Forderungen zurückbleibt, dieser Gesamtbetrag, sofern er

1	2
Nr.	Gegenstand der Besteuerung
(11.)	b) das Einbringen in eine Aktiengesellschaft, Kommanditgesellschaft auf Aktien oder Gesellschaft mit beschränkter Haftung . . . . Dem Einbringen von unbeweglichen Gegenständen steht gleich das Einbringen des Rechtes auf Auflassung sowie der Rechte aus Veräußerungsgeschäften der unter a Abs. 2 dieser Tarifnummer bezeichneten Art. Befreit ist: das Einbringen von Nachlaßgegenständen in eine ausschließlich von den Teilnehmern an einer Erbschaft gebildete Gesellschaft mit beschränkter Haftung. Zu den Teilnehmern einer Erbschaft wird auch der überlebende

3				4
Steuersatz vom Hundert	Tausend	Mk.	Pf.	Berechnung der Stempelabgabe
				nicht den Wert des Gegenstandes übersteigt. d) Wird bei einer Versteigerung, welche zum Zwecke der Auseinandersetzung unter Miteigentümern erfolgt, der Zuschlag einem Miteigentümer erteilt, so bleibt bei Berechnung des Stempels derjenige Teil des Meistgebots außer Betracht, welcher auf den dem Ersteher bereits zustehenden Anteil an den versteigerten Gegenständen fällt. Im Falle der Gemeinschaft unter Miterben gilt im Sinne dieser Vorschrift jeder Miterbe als Miteigentümer nach Verhältnis seines ideellen Anteils am Nachlasse.
$^1/_3$	—	—	—	des Entgelts einschließlich der auf der Einlage ruhenden, auf die Gesellschaft übergehenden Verbindlichkeiten und des Wertes aller sonstigen ausbedungenen Leistungen und vorbehaltenen Nutzungen oder, wenn das Entgelt aus dem Vertrage nicht hervorgeht, des Wertes des eingebrachten Vermögens.

1	2
Nr.	**Gegenstand der Besteuerung**
(11.)	Ehegatte gerechnet, welcher mit den Erben des verstorbenen Ehegatten gütergemeinschaftliches Vermögen zu teilen hat;
	c) die Überlassung von Gesellschaftsvermögen an einen Gesellschafter oder dessen Erben zum Sondereigentume seitens einer Aktiengesellschaft, Kommanditgesellschaft auf Aktien, Gewerkschaft, Gesellschaft mit beschränkter Haftung, offenen Handelsgesellschaft, Kommanditgesellschaft, Kolonialgesellschaft oder einer dieser gleichgestellten Gesellschaft, seitens einer Gesellschaft oder eines Vereins des bürgerlichen Rechtes sowie seitens einer Genossenschaft . . . .
	Der Überlassung von Grundstücken steht gleich die Überlassung des Rechtes auf Auflassung sowie der Rechte aus Veräußerungsverträgen der unter a Abs. 2 dieser Tarifnummer bezeichneten Art.
	Befreit ist:
	die Rückgewähr der von einem Gesellschafter eingebrachten Vermögensgegenstände an diesen Gesellschafter oder dessen Erben oder dessen Ehefrau, welche mit ihm in Gütergemeinschaft gestanden hat;
	d) Auflassungen und Anträge auf Eintragung der Begründung oder Übertragung von Erb-

3				4
Steuersatz				Berechnung der Stempelabgabe
vom Hundert	Tausend	Mk.	Pf.	
1/3	—	—	—	des Entgelts einschließlich des Wertes der ausbedungenen Leistungen und vorbehaltenen Nutzungen oder, wenn das Entgelt nicht aus dem Vertrage hervorgeht, des Wertes der überlassenen Rechte. Bei Berechnung des Stempels bleibt derjenige Teil der zum Sondereigentum überlassenen Vermögensgegenstände außer Betracht, der auf den erwerbenden Gesellschafter nach der Kopfzahl der Gesellschafter entfällt.

1	2
Nr.	Gegenstand der Besteuerung
(11.)	baurechten oder sonstigen Rechten, die ein Grundbuchblatt erhalten können, in Fällen der freiwilligen Veräußerung . . . . . . Der Antrag auf Umschreibung von Gesellschaftseigentum auf den Namen eines Gesellschafters unterliegt dem Auflassungsstempel auch dann, wenn nach den Vorschriften des Bürgerlichen Rechtes eine Auflassung nicht erforderlich ist. Der Auflassungsstempel ist nicht zu erheben, wenn die das Veräußerungsgeschäft enthaltende, in an sich stempelpflichtiger Form ausgestellte Urkunde in Urschrift, Ausfertigung oder beglaubigter Abschrift vorgelegt wird. Eine das Veräußerungsgeschäft enthaltende Urkunde im Sinne dieser Vorschrift gilt als nicht vorhanden, wenn die Urkunde 1. das Rechtsgeschäft nicht so enthält, wie es unter den Beteiligten hinsichtlich des Wertes der Gegenleistung verabredet ist, 2. die Veräußerung eines Grundstücks durch einen Bevollmächtigten enthält, sofern die Veräußerung erweislich für Rechnung des Bevollmächtigten erfolgt ist, 3. die Überlassung der Rechte an dem Vermögen einer Gesellschaft seitens eines Gesellschafters oder dessen Erben an die Gesellschaft, an einen anderen Gesellschafter

3				4
Steuersatz vom				Berechnung der Stempelabgabe
Hundert	Tausend	Mk.	Pf.	
1/3	—	—	—	des Wertes des veräußerten Gegenstandes.

Anmerkung zu Tarifnummer 11:

Bei Berechnung der Abgabe sind Pfennigbeträge derart nach oben abzurunden, daß sie durch 10 teilbar sind.

Ausländische Werte sind nach den Vorschriften wegen Erhebung des Wechselstempels umzurechnen.

1	2
Nr.	Gegenstand der Besteuerung
(11.)	oder einen Dritten enthält, sofern nicht diese Personen Abkömmlinge des überlassenden Teiles sind, 4. die Überlassung von Vermögensgegenständen seitens der Gesellschaft zum Sondereigentum an einen Gesellschafter oder dessen Erben enthält, soweit nicht der Stempel zu c dieser Tarifnummer in voller Höhe zu entrichten ist oder die Befreiungsvorschrift zu c dieser Tarifnummer Anwendung findet. Wird nach der Zahlung des Auflassungsstempels die Urkunde über das zugrunde liegende Veräußerungsgeschäft errichtet, so ist auf den zu dieser Urkunde nach a bis c dieser Tarifnummer erforderlichen Stempel der gezahlte Auflassungsstempel anzurechnen. Die Vorschriften über den Auflassungsstempel finden entsprechende Anwendung bei Anträgen auf Umschreibungen in öffentlichen Büchern, sofern das Grundbuch noch nicht als angelegt anzusehen ist. **Befreit sind auf Antrag:** Grundstücksübertragungen der in a und d dieser Tarifnummer bezeichneten Art, wenn der stempelpflichtige Betrag bei bebauten Grundstücken 20000 Mark, bei unbebauten Grund-

3				4
Steuersatz				Berechnung der Stempelabgabe
vom Hundert	vom Tausend	Mk.	Pf.	

1	2
Nr.	Gegenstand der Besteuerung
(11.)	stücken 5000 Mark nicht überschreitet und der Erwerber weder den Grundstückshandel gewerbsmäßig betreibt noch ein Jahreseinkommen von mehr als 2000 Mark hat. Auf Beurkundungen von Übertragungen der Rechte des Erwerbers finden die unter a Abs. 2 Satz 1 dieser Tarifnummer vorgesehenen Einschränkungen der Stempelpflicht keine Anwendung.

3				4
Steuersatz				Berechnung der Stempelabgabe
vom Hundert	vom Tausend	Mk.	Pf.	

XI.

Erbschaftssteuergesetz.

Vom 3. Juni 1906 (RGBl. S. 654).

Gegenstand der Erbschaftssteuer.

§ 1. Gegenstand der Erbschaftssteuer ist der Erwerb von Todes wegen.

Als Erwerb von Todes wegen gilt, außer demjenigen, was durch Erbfolge, durch Vermächtnis oder als Pflichtteil erworben wird:

1. ein Erwerb, auf welchen die für Vermächtnisse geltenden Vorschriften des bürgerlichen Rechtes Anwendung finden, sowie dasjenige, was durch eine nach den Vorschriften des bürgerlichen Rechtes als Verfügung von Todes wegen zu beurteilende Schenkung erworben wird;
2. ein Erwerb, welcher infolge der Vollziehung einer durch Verfügung von Todes wegen angeordneten Auflage oder infolge der Bewirkung einer Leistung, von welcher der Erblasser einen Erwerb von Todes wegen abhängig gemacht hat, oder, sofern der Erwerb der Genehmigung einer Behörde be-

darf, infolge der Vollziehung einer Anordnung dieser Behörde erlangt wird.

§ 2. Als Erwerb von Todes wegen ist außerdem anzusehen:

1. was durch Rechtsgeschäft unter Lebenden mit der Bestimmung zugewendet wird, daß es auf den Pflichtteil angerechnet werden soll;
2. was als Abfindung für einen Erbverzicht (§§ 2346, 2352 des Bürgerlichen Gesetzbuchs) oder für die Ausschlagung einer Erbschaft oder eines Vermächtnisses gewährt wird.

§ 3. Als Erwerb von Todes wegen sind ferner anzusehen:

1. was durch den Eintritt eines Lehens- oder Fideikommißfalls erworben wird;
2. Bezüge aus Familienstiftungen, sofern sie infolge Todesfalls an den stiftungsmäßig oder gesetzlich dazu Berufenen gelangen, sowie der Erwerb des Vermögens einer solchen Stiftung, sofern das Vermögen infolge Erlöschens der Stiftung an den stiftungsmäßig oder gesetzlich dazu Berufenen gelangt;
3. Vermögensvorteile, die auf Grund eines von dem Erblasser geschlossenen Vertrags unter Lebenden von einem Dritten mit dem Tode des Erblassers unmittelbar erworben werden;

4. was als Abfindung für den Verzicht auf einen Erwerb der unter Nr. 1, 2 bezeichneten Art gewährt wird.

§ 4. Für die Steuerpflicht an Kindesstatt angenommener Personen und ihrer Abkömmlinge, soweit sich auf diese die Wirkungen der Annahme an Kindesstatt erstrecken, gelten außerdem folgende besondere Vorschriften:

Als Erwerb von Todes wegen ist auch anzusehen:

1. ein Erwerb, auf welchen die für den Pflichtteilsanspruch geltenden Vorschriften des bürgerlichen Rechtes Anwendung finden;
2. was durch eine Zuwendung unter Lebenden erworben wird, sofern die Zuwendung von dem Erwerber bei einer Erbauseinandersetzung mit anderen Abkömmlingen des Zuwendenden nach gesetzlicher Vorschrift oder auf Grund einer bei der Zuwendung getroffenen Anordnung des letzteren zur Ausgleichung zu bringen sein würde.

Im Falle der Fortsetzung der ehelichen Gütergemeinschaft (§§ 1483 ff. des Bürgerlichen Gesetzbuchs) ist nach der Beendigung der fortgesetzten Gütergemeinschaft der einem anteilsberechtigten Abkömmling an dem Gesamtgute der fortgesetzten Gütergemeinschaft zustehende Anteil Gegenstand der Erbschaftssteuer in gleicher Weise, wie wenn der erstverstorbene Ehegatte zur Zeit der Beendigung der Gütergemeinschaft gestorben und der Anteil an dem Gesamtgute der gesetzliche Erbteil des Abkömmlinges wäre. Als Erwerb von Todes wegen ist auch eine Zuwendung anzusehen, die einem anteilsberechtigten Abkömmling unter Lebenden gemacht wird, soweit die Zuwendung bei der Auseinandersetzung zur Ausgleichung kommen würde, sowie eine Abfindung, die einem Abkömmlinge dafür gewährt wird, daß er vor oder nach dem Eintritte der fortgesetzten Gütergemeinschaft auf seinen Anteil am Gesamtgute verzichtet.

Räumliche Herrschaft des Gesetzes.

§ 5. Bewegliches Vermögen ist der Erbschaftssteuer unterworfen, wenn derjenige, aus dessen Vermögen der Erwerb anfällt (Erblasser), zur Zeit seines Todes oder, sofern der Erwerb bei seinen Lebzeiten anfällt, zur Zeit des Anfalls an den Erwerber ein Deutscher war und zugleich einem Bundesstaat angehörte. Soweit sich das Vermögen im Auslande befindet, wird auf Antrag die in dem auswärtigen Staate erweislich gezahlte Abgabe auf die Erbschaftssteuer angerechnet; soweit es sich in einem deutschen Schutzgebiete befindet, unterliegt es der Erbschaftssteuer nicht, wenn der Erblasser zu der bezeichneten Zeit seinen Wohnsitz oder in Ermangelung eines Wohnsitzes seinen gewöhnlichen Aufenthalt in diesem Schutzgebiete hatte.

In den Fällen des § 3 Nr. 1, 2 ist im Sinne dieses Gesetzes als Erblasser der zuletzt Berechtigte anzusehen.

§ 6. Von dem Vermögen eines ausländischen Erblassers wird die Steuer erhoben, wenn er zur Zeit seines Todes oder, sofern der Erwerb bei seinen Lebzeiten anfällt, zur Zeit des Anfalls an den Erwerber seinen Wohnsitz oder in Ermangelung eines Wohnsitzes seinen gewöhnlichen Aufenthalt in einem Bundesstaate hatte, jedoch nur insoweit, als sich das Vermögen im Inlande befindet.

Das im Inlande befindliche Vermögen eines ausländischen Erblassers, welcher zu dem nach Abs. 1 maßgebenden Zeitpunkte weder seinen Wohnsitz noch seinen gewöhnlichen Aufenthalt in einem Bundesstaate hatte, unterliegt der Steuer, wenn es einem Erwerber anfällt, der zur Zeit des Anfalls im Inlande seinen Wohnsitz oder in Ermangelung eines solchen seinen gewöhnlichen Aufenthalt hat. Der Steuerpflichtige hat das Recht des Abzugs einer für denselben Erwerb im Ausland entrichteten Steuer.

Die Steuer wird insoweit nicht erhoben, als in dem Heimatstaate des Erblassers im umgekehrten Falle in Ansehung der von dem Erwerb aus dem Vermögen eines Deutschen zu entrichtenden Erbschaftssteuer Ermäßigung oder Befreiung gewährt wird.

Unter Zustimmung des Bundesrats kann der Reichskanzler zum Zwecke der Ausgleichung oder der Vermeidung einer Doppelbesteuerung Abweichungen von den Vorschriften des Abs. 1 anordnen.

Auf das Vermögen eines Deutschen, der einem Bundesstaate nicht angehörte, finden die Vorschriften der Abs. 1, 2 entsprechende Anwendung.

§ 7. Von inländischen Grundstücken ist die Erbschaftssteuer zu erheben, ohne Unterschied, ob der Erblasser Deutscher oder Ausländer war und ob er im Inlande seinen Wohnsitz oder gewöhnlichen Aufenthalt hatte oder nicht.

Grundstücke, die sich im Auslande befinden, gehören nicht zur steuerpflichtigen Masse.

Den Grundstücken stehen Berechtigungen gleich, für welche die sich auf Grundstücke beziehenden Vorschriften gelten.

§ 8. Ein Gegenstand, für den von einer deutschen Behörde ein zur Eintragung des Berechtigten bestimmtes Buch oder Register geführt wird, gilt als im Inlande befindlich. Ein Anspruch gilt als im Inlande befindlich, wenn für die Klage ein deutsches Gericht zuständig ist.

§ 9. In den Fällen der §§ 5 bis 8 kommen Schulden und Lasten, welche nur auf einem steuerfreien oder nur auf einem steuerpflichtigen Teile der Masse haften, behufs der Berechnung der

Steuer bei demjenigen Teile in Abzug, auf welchem sie haften.

Schulden und Lasten, welche sowohl auf dem steuerfreien als auf dem steuerpflichtigen Teile der Masse haften, kommen von dem letzteren nur nach dem Verhältnisse dieses Teiles zur gesamten Masse in Abzug.

In das Grundbuch eingetragene Schulden, für welche der Eigentümer zugleich persönlich haftet, gelten zunächst als Lasten des Grundstücks und kommen nur rücksichtlich des durch das Grundstück nicht gedeckten Betrags bei der übrigen Masse in Anrechnung.

Betrag der Erbschaftssteuer.

§ 10. Die Erbschaftssteuer beträgt:

I. vier vom Hundert:
   1. für leibliche Eltern;
   2. für voll- und halbbürtige Geschwister sowie für Abkömmlinge ersten Grades von Geschwistern;

II. sechs vom Hundert:
   1. für Großeltern und entferntere Voreltern;
   2. für Schwieger- und Stiefeltern;
   3. für Schwieger- und Stiefkinder;
   4. für Abkömmlinge zweiten Grades von Geschwistern;
   5. für uneheliche, von dem Vater anerkannte Kinder und deren Abkömmlinge;

6. für an Kindesstatt angenommene Personen und deren Abkömmlinge, soweit sich auf diese die Wirkungen der Annahme an Kindesstatt erstrecken;

III acht vom Hundert:

1. für Geschwister der Eltern;
2. für Verschwägerte im zweiten Grade der Seitenlinie;

IV. zehn vom Hundert in den übrigen Fällen, soweit es sich nicht um einen Erwerb der im § 12 bezeichneten Art handelt.

Übersteigt der Wert des Erwerbes den Betrag von 20 000 Mark, so wird das $1^1/_{10}$fache, übersteigt er den Betrag von

30 000 Mark,	so	wird	das	$1^2/_{10}$fache,
50 000	"	"	"	"	$1^3/_{10}$	"
75 000	"	"	"	"	$1^4/_{10}$	"
100 000	"	"	"	"	$1^5/_{10}$	"
150 000	"	"	"	"	$1^6/_{10}$	"
200 000	"	"	"	"	$1^7/_{10}$	"
300 000	"	"	"	"	$1^8/_{10}$	"
400 000	"	"	"	"	$1^9/_{10}$	"
500 000	"	"	"	"	2	"
600 000	"	"	"	"	$2^1/_{10}$	"
700 000	"	"	"	"	$2^2/_{10}$	"
800 000	"	"	"	"	$2^3/_{10}$	"
900 000	"	"	"	"	$2^4/_{10}$	"
1 000 000	"	"	"	"	$2^5/_{10}$	"

der im Abs. 1 bestimmten Sätze erhoben.

Die im Abs. 2 geregelte Steigerung beginnt bei den Steuerpflichtigen der I. Klasse erst, wenn der Wert des Erwerbes den Betrag von 50 000 Mark übersteigt, mit dem im Abs. 2 für diesen Wert bestimmten Satze.

Übersteigt der Wert des Erwerbes eine der im Abs. 2 bezeichneten Wertgrenzen, so wird der Unterschiedsbetrag zwischen dem nach Abs. 2 anzuwendenden höheren Satze und demjenigen der vorangehenden Wertklasse nur insoweit erhoben, als er aus der Hälfte des die Wertgrenze übersteigenden Betrags des Erwerbes gedeckt werden kann.

Befreiungen.

§ 11. Von der Erbschaftssteuer befreit bleiben:

1. ein Erwerb von nicht mehr als 500 Mark;
2. ein Erwerb in Gemäßheit des § 1969 des Bürgerlichen Gesetzbuchs;
3. die Befreiung von einer Schuld, sofern der Erblasser sie mit Rücksicht auf die Notlage des Schuldners angeordnet hat und eine Notlage auch durch den Erbfall im wesentlichen nicht beseitigt wird, soweit nicht die Steuer aus der Hälfte eines neben der erlassenen Forderung dem Bedachten zukommenden Anfalls gedeckt werden kann;
4. ein Erwerb, der anfällt:
   a) ehelichen Kindern und solchen Kindern, welchen die rechtliche Stellung ehelicher Kinder zukommt — jedoch mit Aus-

schluß der an Kindesstatt angenommenen Kinder —, sowie eingekindschafteten Kindern;

b) unehelichen Kindern aus dem Vermögen der Mutter oder der mütterlichen Voreltern;

c) Abkömmlingen der zu a, b bezeichneten Kinder;

d) Ehegatten;

e) den im § 10 I. 1, II. 1, 5, 6 aufgeführten Personen, sofern der Wert des Erwerbes den Betrag von 10 000 Mark nicht übersteigt;

f) den im § 10 I. 2, II. 2, 3 bezeichneten Personen, sofern er in Kleidungsstücken, Betten, Wäsche, Haus- und Küchengerät besteht, diese Gegenstände nicht zum Gewerbebetrieb oder zum Verkaufe bestimmt waren und der Wert des Erwerbes dieser Art den Betrag von 5000 Mark nicht übersteigt; auf den Abzug der Schulden und Lasten von dem Werte der bezeichneten Gegenstände finden die Vorschriften des § 9 entsprechende Anwendung;

g) leiblichen Eltern, Großeltern und entfernteren Voreltern, soweit der Erwerb in Sachen besteht, die sie ihren Abkömmlingen durch Schenkung oder Übergabevertrag zugewandt hatten;

h) **Personen, die in einem Dienst- oder Arbeitsverhältnisse zum Erblasser gestanden haben, sofern der Wert des Erwerbes den Betrag von 3000 Mark nicht übersteigt;**

5. ein Erwerb, der anfällt Familienstiftungen auf Grund eines in einer Verfügung von Todes wegen bestehenden Stiftungsgeschäfts.

§ 12. Die Erbschaftssteuer beträgt fünf vom Hundert:

1. für einen Erwerb, der anfällt inländischen Kirchen;
2. für einen Erwerb, der anfällt solchen inländischen Stiftungen, Gesellschaften, Vereinen oder Anstalten, die ausschließlich kirchliche, mildtätige oder gemeinnützige Zwecke verfolgen, sofern ihnen die Rechte juristischer Personen zustehen;
3. für Zuwendungen, die ausschließlich kirchlichen, mildtätigen oder gemeinnützigen Zwecken innerhalb des Deutschen Reichs oder der deutschen Schutzgebiete gewidmet sind, sofern die Verwendung zu dem bestimmten Zwecke gesichert und die Zuwendung nicht auf einzelne Familien oder bestimmte Personen beschränkt ist;
4. **für einen Erwerb, der anfällt Kassen oder Anstalten, welche die Unterstützung der zu dem Erblasser in einem Dienst- oder Arbeits-**

verhältnisse stehenden Personen, sowie der Familienangehörigen solcher Personen bezwecken. Das Gleiche gilt, wenn der Erwerb anfällt Kassen oder Anstalten, welche die Unterstützung von Personen sowie deren Familienangehörigen bezwecken, die zu einem wirtschaftlichen Unternehmen, bei dem der Erblasser beteiligt war, in einem Dienst- oder Arbeitsverhältnisse stehen.

Unter Kirchen (Abs. 1, Nr. 1) und kirchlichen Zwecken (Abs. 1, Nr. 2 und 3) sind alle inländischen öffentlich zugelassenen Religionsgesellschaften, denen die Rechte juristischer Personen zustehen, sowie die Zwecke solcher Religionsgesellschaften zu verstehen.

Vermögensvorteile von nicht mehr als 5000 Mark sind in den Fällen des Abs. 1 von der Erbschaftssteuer befreit.

Die in den Abs. 1, 8 bezeichneten Vergünstigungen können zugunsten ausländischer Stiftungen, Gesellschaften, Vereine und Anstalten der im Abs. 1 Nr. 2 bezeichneten Art, zugunsten solcher Zuwendungen, die den dort unter Nr. 3 bezeichneten Zwecken im Auslande zu dienen bestimmt sind, und zugunsten ausländischer Kassen und Angestellten der dort unter Nr. 4 bezeichneten Art zugestanden werden, sofern der ausländische Staat dem Deutschen Reiche gegenüber die gleiche Rücksicht übt.

Die Entscheidung darüber, ob Zwecke der in den Abs. 1 Nr. 2, 3 und im Abs. 4 bezeichneten Art vorliegen, erfolgt durch die Landesregierung.

§ 13. Von der Entrichtung der Erbschaftssteuer befreit sind der Landesfürst und die Landesfürstin.

§ 14. Im Sinne des § 10 Abs. 2, des § 11 Nr. 1, 4e, f, h und des § 12 Abs. 3 sind mehrere einem Erwerber seitens desselben Erblassers innerhalb fünf Jahren zugefallene Vermögensvorteile der in den §§ 1 bis 3 gedachten Art als ein Erwerb anzusehen, wenn anzunehmen ist, daß die Art und Weise der Zuwendung nur zur Vermeidung des höheren Steuersatzes oder zur Erlangung der Steuerfreiheit gewählt worden ist.

Übersteigt der Wert des Erwerbes die im § 11 Nr. 1, 4e, f, h und im § 12 Abs. 3 bezeichneten Beträge, so wird die Steuer nur insoweit erhoben, als sie aus der Hälfte des die Wertgrenze übersteigenden Betrags gedeckt werden kann.

§ 15. Soweit Grundstücke, die dauernd land- oder forstwirtschaftlichen Zwecken zu dienen bestimmt sind, einschließlich der dazu gehörenden, denselben Zwecken dienenden Gebäude und des Zubehörs, den Gegenstand des Erwerbes bilden, wird ein Viertel des auf diesen Teil des Erwerbes entfallenden, nach den Vorschriften dieses Gesetzes berechneten Steuerbetrags nicht erhoben.

Für Steuerpflichtige der Klasse 1 (§ 10 Abs. 1 I) tritt Befreiung von der Steuer ein, soweit im Laufe der dem Anfalle vorhergehenden fünf Jahre die Grundstücke Gegenstand eines nach diesem Gesetze steuerpflichtigen Erwerbes geworden sind. Ermäßigung der Steuer auf die Hälfte tritt ein, soweit der frühere Steuerfall zwar mehr als fünf Jahre, aber nicht über zehn Jahre zurückliegt. Die Befreiung oder Ermäßigung tritt nicht ein, wenn die Grundstücke innerhalb des bezeichneten Zeitraums gegen Entgelt an Personen veräußert worden sind, die nicht dem Veräußerer gegenüber in einem die Befreiung von der Erbschaftssteuer begründenden Verhältnisse stehen.

Auf den Abzug der Schulden und Lasten von dem Werte der Grundstücke finden die Vorschriften des § 9 entsprechende Anwendung.

Ermittelung des Wertes der Masse.

§ 16. Der Ermittelung des Betrags der Masse wird der Wert zur Zeit des Anfalls zugrunde gelegt.

Bei Grundstücken der im § 15 Abs. 1 bezeichneten Art wird der Ertragswert zugrunde gelegt. Als Ertragswert gilt das Fünfundzwanzigfache des Reinertrags, den die Grundstücke nach ihrer bisherigen wirtschaftlichen Bestimmung bei ordnungsmäßiger Bewirtschaftung nachhaltig gewähren können.

§ 17. Bei Nutzungen oder Leistungen, die entweder ausdrücklich oder durch anderweitige die Dauer begrenzende Umstände auf bestimmte Zeit beschränkt sind, ist der Gesamtwert unter Abrechnung der Zwischenzinsen durch Zusammenzählung der einzelnen Jahreswerte zu berechnen. Der Gesamtwert darf den zum gesetzlichen Zinssatze kapitalisierten Jahreswert nicht übersteigen. Bei immerwährenden Nutzungen wird das Fünfundzwanzigfache des einjährigen Betrags, bei Nutzungen von unbestimmter Dauer, sofern nicht die Vorschriften der §§ 18, 19 Anwendung finden, das Zwölfundeinhalbfache des einjährigen Betrags als Wert angenommen.

§ 18. Der Wert von Leibrenten oder anderen auf die Lebenszeit einer Person beschränkten Nutzungen, einschließlich des im § 3 Nr. 1 bezeichneten Erwerbes, wird nach dem Lebensalter der Person, mit deren Tode das Bezugsrecht erlischt, berechnet, und zwar wird als Wert bei einem Alter

1. bis zu 25 Jahren das 20 fache,
2. von mehr als 25 bis zu 35 Jahren das 18 fache,
3. von mehr als 35 bis zu 45 Jahren das 16 fache,
4. von mehr als 45 bis zu 55 Jahren das 14 fache,

5. von mehr als 55 bis zu 65 Jahren das 12 fache,
6. von mehr als 65 bis zu 70 Jahren das 10 fache,
7. von mehr als 70 bis zu 75 Jahren das 8 fache.
8. von mehr als 75 bis zu 80 Jahren das 6 fache,
9. von mehr als 80 Jahren das 4 fache des Wertes der einjährigen Nutzung angenommen.

Ist jedoch die Nutzung oder Leistung

im Falle des Abs. 1 Nr. 1 schon innerhalb eines Zeitraums von 10 Jahren,

im Falle des Abs. 1 Nr. 2 schon innerhalb eines Zeitraums von 9 Jahren,

im Falle des Abs. 1 Nr. 3 schon innerhalb eines Zeitraums von 8 Jahren,

im Falle des Abs. 1 Nr. 4 schon innerhalb eines Zeitraums von 7 Jahren,

im Falle des Abs. 1 Nr. 5 schon innerhalb eines Zeitraums von 6 Jahren,

im Falle des Abs. 1 Nr. 6 schon innerhalb eines Zeitraums von 5 Jahren,

in den Fällen des Abs. 1 Nr. 7 bis 9 schon innerhalb eines Zeitraums von 4 Jahren

nach dem Anfall erloschen, so wird ihr Wert nach Maßgabe der wirklichen Dauer bestimmt und die gezahlte Steuer bis auf den diesem Werte entsprechenden Betrag erstattet. In gleicher Weise wird, wenn die steuerpflichtige Masse um den nach Abs. 1 berechneten Wert einer Nutzung oder Leistung geringer veranlagt war, im Falle des früheren Erlöschens der Nutzung oder Leistung ein entsprechender Steuerbetrag nacherhoben.

§ 19. Hängt die Dauer der Nutzungen von der Lebenszeit mehrerer Personen ab, so ist, wenn das Bezugsrecht mit dem Tode der zuerst versterbenden Person erlischt, das Lebensalter der ältesten Person, wenn das Bezugsrecht mit dem Tode der letztversterbenden Person erlischt, das Lebensalter der jüngsten Person maßgebend.

§ 20. Der einjährige Betrag der Nutzung eines Geldbetrags ist, wenn er nicht anderweit feststeht, zu vier vom Hundert anzunehmen.

Bedingter Erwerb.

§ 21. Vermögen, dessen Erwerb von dem Eintritt einer aufschiebenden Bedingung abhängt, unterliegt der Besteuerung erst bei dem Eintritte der Bedingung; für den Steuerbetrag muß jedoch auf Verlangen des Erbschaftssteueramts (§ 34) Sicherheit geleistet werden.

Vermögen, das unter einer auflösenden Bedingung erworben ist, wird, abgesehen von den Nutzungen von unbestimmter Dauer (§§ 17 bis 19), wie unbedingt erworbenes behandelt. Tritt die Bedingung ein, so wird die gezahlte Steuer bis auf den der wirklichen Bereicherung entsprechenden Betrag erstattet.

Bedingte Belastung.

§ 22. Lasten, die den Wert der steuerpflichtigen Masse vermindern, werden, soweit sie von dem Eintrilt einer aufschiebenden Bedingung abhängen, nicht berücksichtigt. Tritt die Bedingung ein, so wird die gezahlte Steuer bis auf den der veränderten Rechtslage entsprechenden Betrag erstattet.

Lasten, deren Fortdauer von einer auflösenden Bedingung abhängt, werden, sofern sie nicht nach den in den §§ 17 bis 19 enthaltenen Grundsätzen behandelt werden können, wie unbedingte in Abzug gebracht. Tritt die Bedingung ein, so wird ein entsprechender Steuerbetrag nacherhoben. Das Erbschaftssteueramt kann Sicherheitsleistung für diesen Anspruch fordern.

Für zweifelhafte Lasten gilt das Gleiche wie für Lasten, die von einer aufschiebenden Bedingung abhängen.

§ 23. Die Vorschriften der §§ 21, 22 finden entsprechende Anwendung, wenn der Erwerb oder die Last von einem Ereignis abhängt, das nur hinsichtlich des Zeitpunkts seines Eintritts ungewiß ist.

Unsichere Rechte.

§ 24. Ungewisse oder unsichere Rechte und andere zur sofortigen Wertermittelung nicht geeignete Gegenstände kommen mit ihrem mutmaßlichen Werte in Ansatz, den der Steuerpflichtige in Vorschlag zu bringen hat. Findet keine Einigung statt, so kann das Erbschaftssteueramt von dem ihm angemessen erscheinenden Werte die Steuer einziehen und die Berichtigung des Wertansatzes sowie die entsprechende Nachforderung oder Erstattung der Steuer bis zum Ausgange derjenigen Verhandlungen vorbehalten, von welchen die Bezahlung der Forderung oder die Wertermittelung abhängt.

§ 25. Sind bei der Berechnung der Steuer unbekannte Ansprüche der Masse oder an die Masse außer Berücksichtigung geblieben, so hat, wenn sie später zur Verwirklichung gelangen, die der veränderten Sachlage entsprechende Ausgleichung durch Nacherhebung oder Erstattung der Steuer zu erfolgen.

Erwerb von Vermögen ohne die Nutzung.

§ 26. Vermögen, dessen Nutzung einem andern als dem Steuerpflichtigen zusteht, wird um den nach den Vorschriften der §§ 17 ff. berechneten Wert der Nutzung geringer veranlagt.

Der Steuerpflichtige kann verlangen, daß die Versteuerung bis zum Erlöschen des Nutzungsrechts ausgesetzt bleibt. In diesem Falle findet die Vorschrift des Abs. 1 keine Anwendung. Das Erbschaftssteueramt kann die Leistung einer

Sicherheit für die zu entrichtende Erbschaftssteuer fordern.

Wenn im Falle des Abs. 2 das mit dem Nutzungsrechte belastete Vermögen vor dem Erlöschen des Nutzungsrechts im Wege der Erbfolge auf eine andere Person übergeht, so wird die Erbschaftssteuer für diesen Übergang nicht erhoben, vielmehr tritt die gleiche Behandlung ein, wie wenn derjenige, dem das Vermögen zur Zeit des Erlöschens des Nutzungsrechts gehört, das Vermögen unmittelbar von dem ursprünglichen Erblasser erworben hätte.

§ 27. Bei der Einsetzung eines Nacherben (§§ 2100 ff. des Bürgerlichen Gesetzbuchs) wird der Vorerbe als Nießbraucher, der Nacherbe als Erbe des herauszugebenden Vermögens behandelt.

Ist die Einsetzung des Nacherben auf dasjenige beschränkt, was beim Tode des Vorerben noch vorhanden sein wird, so haben sowohl der letztere von dem vollen Betrage des Erwerbes als der Nacherbe von dem vollen Betrage des an ihn herauszugebenden Vermögens nach ihrem Verhältnisse zum Erblasser die Steuer zu entrichten. Die von dem Vorerben entrichtete Steuer wird für den Teil der Erbschaft, für den der Nacherbe steuerpflichtig ist, auf Antrag insoweit erstattet, als sie den Betrag übersteigt, den der Vorerbe als Nießbraucher geschuldet haben würde. Diese

Vorschriften finden auch Anwendung, wenn der Vorerbe zur freien Verfügung berechtigt ist.

Dem Falle der Nacherbfolge steht der Fall des Nachvermächtnisses gleich.

Berechnung der Erbschaftssteuer.

§ 28. Die Erbschaftssteuer wird nach dem ganzen Erwerbe jedes einzelnen Beteiligten für diesen besonders unter Berücksichtigung seines Verhältnisses zum Erblasser berechnet.

Der Steuerbetrag wird auf volle Mark nach unten abgerundet.

§ 29. Die Erbschaftssteuer wird von dem Betrage berechnet, um welchen der Erwerber durch den Anfall bereichert worden ist.

Die infolge des Anfalls durch Vereinigung von Recht und Verbindlichkeit oder von Recht und Belastung erloschenen Rechtsverhältnisse gelten als nicht erloschen.

Bei der Feststellung des Wertes des Nachlasses kommen behufs der Berechnung der von einem Erben zu entrichtenden Erbschaftssteuer als Nachlaßverbindlichkeiten insbesondere auch in Abzug die Kosten der Beerdigung des Erblassers einschließlich der Kosten der landesüblichen, kirchlichen und bürgerlichen Leichenfeierlichkeiten und der Kosten eines angemessenen Grabdenkmals, die gerichtlichen und außergerichtlichen Kosten der Regelung des Nachlasses und der für die Masse geführten Rechtsstreite. Die Erbschaftssteuer wird nicht in Abzug gebracht.

§ 30. Ist eine Zuwendung unter einer Auflage gemacht, die in Geld veranschlagt werden kann, so ist die Zuwendung nur insoweit steuerpflichtig, als sie den Wert der Leistung übersteigt.

Haftung für die Erbschaftssteuer.

§ 31. Die Erbschaftssteuer ist von dem Erwerber, bei einer Zuwendung der im § 12 Abs. 1 Nr. 3 bezeichneten Art jedoch von dem mit der Zuwendung Beschwerten zu entrichten. Im letzteren Falle kann die Steuer, sofern sich nicht aus der Anordnung ein anderes ergibt, auf die Zuwendung angerechnet werden. Für die Steuer haftet die ganze steuerpflichtige Masse; auf Verlangen muß aus dieser in den Fällen der §§ 21 bis 23 Sicherheit geleistet werden.

Neben dem Erwerber oder dem mit der Zuwendung Beschwerten (Abs. 1) haftet der Erbe in Höhe des Wertes des aus der Erbschaft Empfangenen für die Steuer als Gesamtschuldner. Sind mehrere Erben vorhanden, so haftet jeder in gleicher Weise auch für die von den Miterben zu entrichtende Steuer. Auf Nachforderungen erstreckt sich diese Haftung nicht.

§ 32. Gesetzliche Vertreter sowie Bevollmächtigte der Steuerpflichtigen, Testamentsvollstrecker, Nachlaßpfleger und Verwalter von Familienstiftungen haften persönlich für die Steuer, wenn sie die Erbschaft, einzelne Erbteile, Vermächtnisse, Schenkungen, Bezüge aus der Familienstiftung usw. vor der Berichtigung oder Sicherstellung der darauf entfallenden Erbschaftssteuer ausantworten und die Beitreibung von den Steuerpflichtigen nicht erfolgen kann.

Auf Nachforderungen erstreckt sich diese Haftung nicht.

Die Vorschriften der Abs. 1, 2 finden in den Fällen des § 6 auf diejenigen, in deren Gewahrsam sich das Vermögen des Erblassers befindet, entsprechende Anwendung.

Zuständigkeit für Erhebung und Verwaltung der Erbschaftssteuer.

§ 33. Für die Erhebung der Erbschaftssteuer ist der Bundesstaat zuständig, in welchem der Erblasser zur Zeit seines Todes oder, sofern der Erwerb bei seinen Lebzeiten anfällt, zur Zeit des Anfalls an den Erwerber seinen Wohnsitz gehabt hat. Hatte der Erblasser in mehreren Bundesstaaten einen Wohnsitz, so ist der Staat zuständig, in welchem der Wohnsitz liegt, an dem er sich zuletzt aufgehalten hat.

Soweit die Steuer von einem Grundstücke (§ 7 Abs. 1, 3) zu entrichten ist, ist der Bundesstaat zuständig, in welchem sich das Grundstück befindet.

Hatte der Erblasser keinen Wohnsitz im Inlande, so ist im Falle des § 5 Abs. 1 der Bundesstaat, welchem er angehört hat, in den Fällen des § 6 Abs. 1, 5 der Bundesstaat, in welchem er seinen gewöhnlichen Aufenthalt gehabt hat, für die Erhebung der Steuer zuständig. Im Falle des § 6 Abs. 2 ist für die Zuständigkeit der Wohnsitz oder der Aufenthalt des Erwerbers maßgebend.

Bestehen zwischen mehreren Bundesstaaten Meinungsverschiedenheiten über ihre Zuständigkeit, so bestimmt auf Anrufen eines dieser Bundesstaaten der Bundesrat den für die Erhebung der Steuer zuständigen Staat.

§ 34. Die Verwaltung des Erbschaftssteuerwesens wird durch die von der Landesregierung hierzu bestimmten Steuerstellen (Erbschaftssteuerämter) geführt. Diese unterstehen anderen, gleichfalls von der Landesregierung zu bestimmenden Behörden (Oberbehörden) und letztere der obersten Landesfinanzbehörde.

§ 35. Die Reichsbevollmächtigten für Zölle und Steuern haben in Ansehung der Verwaltung der Erbschaftssteuer dieselben Rechte und Pflichten, welche ihnen in Ansehung der Zölle und Verbrauchssteuern beigelegt sind.

In denjenigen Staaten, in welchen die Geschäfte der Oberbehörde für die Erbschaftssteuer anderen Behörden als den Zolldirektivbehörden übertragen sind, werden der Umfang und die Art der Tätigkeit der Reichsbevollmächtigten vom Reichskanzler im Einvernehmen mit der beteiligten Bundesregierung geregelt.

Unter Zustimmung des Bundesrats kann der Reichskanzler die Wahrnehmung der Geschäfte der Reichsbevollmächtigten, soweit das Erbschaftssteuerwesen in Betracht kommt, anderen Beamten übertragen.

Anmeldung des Erwerbes.

§ 36. Jeder, dem ein steuerpflichtiger Erwerb von Todes wegen (§§ 1 bis 4) anfällt, ist verpflichtet, ihn binnen einer Frist von drei Monaten oder, wenn er sich bei dem Beginne der Frist im Ausland aufhält, binnen einer Frist von sechs Monaten nach erlangter Kenntnis von dem Anfalle dem zuständigen Erbschaftssteueramte schriftlich anzumelden.

Einer Anmeldung bedarf es nicht, wenn der Erwerb auf einer von einem deutschen Gericht oder einem deutschen Notar eröffneten Verfügung von Todes wegen beruht.

Erbschaftssteuererklärung.

§ 37. Auf Verlangen des Erbschaftssteueramts und innerhalb einer von diesem zu bestimmenden Frist hat der zur Anmeldung eines Erwerbes von Todes wegen Verpflichtete dem Amte eine Erbschaftssteuererklärung einzureichen. Die Frist muß mindestens einen Monat betragen.

Die Erklärung muß ein vollständiges Verzeichnis der zu der steuerpflichtigen Masse gehörenden Gegenstände unter Angabe ihres Wertes und der in Abzug zu bringenden Verbindlichkeiten oder Lasten sowie eine Darlegung der für die Steuerpflicht in Betracht kommenden Verhältnisse enthalten.

Für die Erklärung kann ein besonderes Muster vorgeschrieben werden.

Die Erbschaftssteuererklärung ist unter der Versicherung zu erstatten, daß die Angaben nach bestem Wissen und Gewissen gemacht sind.

§ 38. Die in den §§ 36, 37 bezeichneten Verpflichtungen gelten auch für Testamentsvollstrecker, Nachlaßpfleger und gesetzliche Vertreter der Erwerber in Ansehung der ihrer Verwaltung unterliegenden Gegenstände. Die im § 36 bezeichneten Fristen beginnen für diese Personen nicht vor der Übernahme der Verwaltung.

§ 39. Sind mehrere Personen zur Erstattung der Anmeldung verpflichtet, so kommt die von einem Verpflichteten bewirkte Anmeldung auch den übrigen zustatten, sofern der diesen angefallene Erwerb daraus erkennbar ist.

§ 40. Den Erbschaftssteuerämtern sind seitens der nachbenannten Behörden und Beamten die folgenden Mitteilungen zu machen:

1. seitens der Standesämter
   von den eingetretenen Sterbefällen,

2. seitens der Gerichte
   von den ergangenen Todeserklärungen,
3. seitens der Gerichte und Notare
   von den von ihnen beurkundeten Schenkungen und den von ihnen eröffneten Verfügungen von Todes wegen,
4. seitens der Gerichte und Verwaltungsbehörden
   von den zu ihrer Kenntnis gelangenden Zuwiderhandlungen gegen die Vorschriften dieses Gesetzes.

§ 41. Die Gerichte und die Notare haben den Erbschaftssteuerämtern auf Verlangen die Einsicht in die den Nachlaß betreffenden Verhandlungen zu gestatten.

§ 42. Jeder, dem ein Erwerb von Todes wegen anfällt, ist zur Erteilung der von dem Erbschaftssteueramte geforderten Auskunft über die den Erwerb betreffenden tatsächlichen Verhältnisse insoweit verpflichtet, als diese für die Festsetzung der Steuer von dem an ihn selbst oder an andere Beteiligte gelangenden Erwerb erheblich sind. Diese Vorschrift findet auf die im § 38 bezeichneten Personen entsprechende Anwendung.

Auf Verlangen müssen dem Erbschaftssteueramte die sich auf den Erwerb beziehenden Urkunden zur Einsicht vorgelegt werden.

Das Erbschaftssteueramt entscheidet nach freier Überzeugung darüber, ob die von dem Steuerpflichtigen behaupteten Schulden sowie die von ihm behaupteten Umstände, auf Grund deren Abzüge von der Masse gemacht oder Teile aus der Masse ausgeschieden werden sollen, vorhanden sind.

Zur Befolgung seiner Anordnungen kann das Erbschaftssteueramt die Verpflichteten durch Ordnungsstrafen anhalten, auch kann das Amt die zur Erledigung der Anordnungen erforderlichen Maßregeln auf Kosten der Säumigen treffen. Die einzelne Ordnungsstrafe darf den Betrag von dreihundert Mark nicht übersteigen.

§ 43. Trägt das Erbschaftssteueramt Bedenken, die Wertangabe (§ 37) als richtig anzunehmen, so hat es hiervon dem Steuerpflichtigen unter Bezeichnung der beanstandeten Punkte und unter Bestimmung einer angemessenen Frist zur Gegenerklärung Mitteilung zu machen. Erfolgt innerhalb der gesetzten Frist keine Gegenerklärung oder führen die Verhandlungen nicht zu einer Einigung, so ist das Erbschaftssteueramt befugt, selbständig den Wert zu ermitteln und danach die Steuer zu erheben.

Die Kosten der Wertermittelung fallen dem Steuerpflichtigen zur Last, wenn der ermittelte Wert den von dem Steuerpflichtigen angegebenen Wert um mehr als ein Drittel übersteigt. Die etwa gezahlten Kosten werden erstattet, wenn im Verwaltungsweg oder im Rechtswege die Ermäßigung des Wertes auf einen Betrag erfolgt, bei dem die Verpflichtung zum Kostenersatze nicht begründet sein würde.

Pauschversteuerung.

§ 44. Die oberste Landesfinanzbehörde ist ermächtigt, auf Antrag des Steuerpflichtigen von der genauen Ermittelung der Masse und der Vorlegung eines Verzeichnisses (§ 37) ganz oder zum Teil abzusehen und einen Pauschbetrag für die Erbschaftssteuer anzunehmen, auch die Pauschversteuerung solcher Anfälle, deren Versteuerung sonst noch ausgesetzt bleiben müßte, zu gestatten.

Erbschaftssteuerbescheid.

§ 45. Ist die Erbschaftssteuer berechnet, so erteilt das Erbschaftssteueramt einen Erbschaftssteuerbescheid, welcher den Betrag der steuerpflichtigen Masse, die einzelnen Erwerbsanfälle, das Verhältnis der Erwerber zum Erblasser und die Beträge der von ihnen zu entrichtenden Steuer angibt und zugleich die Anweisung zur Entrichtung der Steuer innerhalb einer zu bestimmenden Frist enthält. Die Frist muß mindestens einen Monat betragen. Der Steuerbescheid muß die Punkte bezeichnen, in denen er von der Steuererklärung abweicht.

Die Verzögerung der Auseinandersetzung der Erben darf die Entrichtung der Steuer nicht aufhalten, soweit diese aus dem Nachlaß entnommen werden kann.

§ 16. Die Beschwerde gegen den Steuerbescheid ist binnen einer Frist von zwei Monaten bei dem Erbschaftssteueramt anzubringen. Es genügt auch die Einlegung bei der Oberbehörde (§ 34). Die Frist beginnt mit der Zustellung des Bescheids. Über die Beschwerde entscheidet, sofern ihr nicht das Erbschaftssteueramt abhilft, die Oberbehörde.

Gegen die Entscheidung der Oberbehörde ist das Rechtsmittel der weiteren Beschwerde zulässig. Die weitere Beschwerde ist binnen einer Frist von zwei Monaten seit der Zustellung einzulegen. Sie kann bei der Oberbehörde, bei dem Erbschaftssteueramt oder bei der obersten Landesfinanzbehörde eingelegt werden.

Über die weitere Beschwerde entscheidet, soweit ihr nicht die Oberbehörde abhilft, die oberste Landesfinanzbehörde.

Verspätete Beschwerden sind zuzulassen, wenn die Steuerbehörde zu der Annahme gelangt, daß der Beschwerdeführer ohne sein Verschulden verhindert war, die Frist einzuhalten.

Der Steuerbescheid und die auf Beschwerde ergehende Entscheidung der Oberbehörde müssen, sofern die Oberbehörde der Beschwerde nicht abhilft, eine Belehrung über das dagegen zulässige Rechtsmittel enthalten.

Die Beschwerde und die weitere Beschwerde haben keine aufschiebende Wirkung.

Stundung.

§ 47. In den Fällen, in denen die sofortige Einziehung der Steuer mit erheblichen Härten für den Steuerpflichtigen verbunden sein würde, ist die Steuer, nötigenfalls gegen Sicherheitsleistung, zu stunden, auch die Entrichtung in Teilbeträgen zu gestatten.

Soweit der Erwerb aus Grundstücken besteht, ist dem Steuerpflichtigen, nötigenfalls gegen ausreichende Sicherung, nach Maßgabe des von ihm zu stellenden Antrags die Abführung der Steuer in höchstens zehn Jahresteilbeträgen zu gestatten, sofern nicht seine Vermögensverhältnisse eine mit sofortiger Einziehung der Steuer verbundene Härte ausschließen. Die Stundungsbewilligung kann zurückgenommen werden, wenn die Voraussetzungen der Stundung wegfallen. Als ausreichende Sicherheitsleistung gilt die Eintragung einer Sicherungshypothek für die Steuerforderung auf die bezeichneten Grundstücke, sofern der Hypothek andere Rechte als die zur Zeit des Anfalls bestehenden nicht vorgehen. Soweit die Bestellung einer Hypothek an einem Grundstück in der Art zulässig ist, daß Befriedigung aus dem Grundstücke lediglich im Wege der Zwangsverwaltung gesucht werden muß, genügt die Bestellung einer solchen Hypothek.

Zwangsvollstreckung.

§ 48. Wenn der Steuerpflichtige ein Deutscher ist, so ist zum Zwecke der Einziehung der Erbschaftssteuer die Zwangsversteigerung eines Grundstücks ohne seine Zustimmung nicht zulässig.

Strafen.

§ 49. Ist die gesetzliche Verpflichtung zur Einreichung der Erbschaftssteueranmeldung oder Erbschaftssteuererklärung innerhalb der vorgeschriebenen Frist nicht erfüllt, so unterliegt der Verpflichtete einer Geldstrafe im zwei- bis vierfachen Betrage der Erbschaftssteuer von dem betreffenden Erwerb oder, wenn der Betrag der Steuer nicht ermittelt werden kann, einer Geldstrafe bis zu 20000 Mark.

Ist nach den obwaltenden Umständen anzunehmen, daß die rechtzeitige Erfüllung der Verpflichtung nicht in der Absicht, die Erbschaftssteuer zu hinterziehen, unterlassen worden ist, so tritt statt der im Abs. 1 vorgesehenen Strafe eine Ordnungsstrafe bis zu 150 Mark ein.

Die gleiche Ordnungsstrafe tritt ein für Zuwiderhandlungen gegen die Vorschriften dieses Gesetzes oder die zu seiner Ausführung erlassenen Bestimmungen, die im Gesetze mit keiner besonderen Strafe bedroht sind.

Die Einziehung der Steuer erfolgt unabhängig von der Bestrafung.

§ 50. Die Vorschriften des § 49 finden Anwendung auf denjenigen, welcher wissentlich zu einem steuerpflichtigen Erwerbe gehörende Gegenstände, zu deren Angabe er verpflichtet ist, verschweigt oder über die Tatsachen, welche die Steuerpflichtigkeit, die Höhe des Steuersatzes oder des Steuerbetrags bestimmen, wissentlich unrichtige Angaben macht.

Eine Bestrafung findet jedoch nicht statt, wenn der Verpflichtete vor erfolgter Strafanzeige oder bevor eine Untersuchung gegen ihn eingeleitet ist, aus freien Stücken seine Angaben berichtigt.

Strafverfahren.

§ 51. Hinsichtlich des Verwaltungsstrafverfahrens, der Strafmilderung und des Erlasses der Strafe im Gnadenwege sowie hinsichtlich der Strafvollstreckung und der Verjährung der Strafverfolgung kommen, auch für die von der Zollgrenze ausgeschlossenen Gebietsteile, die sich auf die Zollstrafen beziehenden Vorschriften mit der Maßgabe zur Anwendung, daß an die Stelle der Hauptzollämter und Zolldirektivbehörden die Erbschaftssteuerämter und Oberbehörden (§ 34) treten.

Die festgesetzten Geldstrafen fallen der Staatskasse des Bundesstaats zu, von dessen Behörden die Strafentscheidung getroffen ist.

Umwandlung der Geldstrafen.

§ 52. Die Umwandlung einer nicht beizutreibenden Geldstrafe in eine Freiheitsstrafe findet nicht statt. Auch ist, wenn der Verurteilte ein Deutscher ist, die Zwangsversteigerung eines Grundstücks ohne seine Zustimmung nicht zulässig.

Kosten.

§ 53. Das Verfahren in Erbschaftssteuer-angelegenheiten ist kosten-, gebühren- und stempel-frei. Für das Strafverfahren bewendet es bei den sonst geltenden Vorschriften.

Verjährung der Erbschaftssteuer.

§ 54. Der Anspruch der Staatskasse auf die Erbschaftssteuer verjährt in zehn Jahren. Die Frist beginnt mit dem Schlusse des Jahres, in welchem der Anspruch auf die Steuer entstanden ist, im Falle einer Sicherheitsleistung für die Steuer jedoch nicht vor dem Ablaufe des Jahres, in welchem die Sicherheit erlischt.

Schenkungen unter Lebenden.

§ 55. Schenkungen unter Lebenden unterliegen der gleichen Steuer wie der Erwerb von Todes wegen mit der Maßgabe, daß an Stelle der Verhältnisse des Erblassers und des Erwerbers die Verhältnisse des Schenkers und des Beschenkten berücksichtigt werden.

Als ein Erwerb durch Schenkung gilt auch ein Erwerb, der infolge der Vollziehung der einer Schenkung beigefügten Auflage oder infolge der Bewirkung einer Leistung, von welcher der Schenker eine Schenkung abhängig gemacht hat, oder, sofern die Schenkung der Genehmigung einer Behörde unterliegt, infolge der Vollziehung einer Anordnung dieser Behörde erlangt wird.

Einer Schenkung unter Lebenden steht gleich das in einem Stiftungsgeschäft unter Lebenden von dem Stifter zugesicherte und auf die Stiftung übergegangene Vermögen.

§ 56. Auf die Erhebung und Verwaltung der Steuer finden, soweit nicht nachstehend ein anderes bestimmt ist, die Vorschriften über die Erbschaftssteuer Anwendung.

Eine Befreiung von der Steuer tritt außer in den Fällen des § 11, des § 12 Abs. 3 und des § 13 bei Schenkungen an Bedürftige zum Zwecke ihres Unterhalts oder ihrer Ausbildung oder bei dem schenkungsweise erfolgten Erlasse von Forderungen, die durch Gewährung von Mitteln für solche Zwecke begründet sind, sowie dann ein, wenn durch die Schenkung einer sittlichen Pflicht oder einer auf den Anstand zu nehmenden Rücksicht entsprochen wird. Eine Befreiung tritt ferner ein bei Schenkungen beweglicher Sachen im Werte von nicht mehr als 3000 Mark an Personen der im § 10 I bis III bezeichneten Art, sofern die Sachen dem persönlichen Gebrauche des Beschenkten oder seiner Familienangehörigen zu dienen bestimmt sind. Im übrigen wird die Steuerpflicht nicht dadurch ausgeschlossen, daß die Schenkung zur Belohnung oder unter einer Auflage gemacht oder in die Form eines lästigen Vertrags gekleidet wird.

Der Anmeldung der Schenkung (§ 36) bedarf es nicht, wenn die Schenkung gerichtlich oder notariell beurkundet ist.

Die entrichtete Steuer ist zu erstatten, soweit das Geschenk wegen eines auf Gesetz beruhenden Rückforderungsrechts hat herausgegeben werden müssen, ferner wenn die Herausgabe nach Maßgabe des § 528 Abs. 1 Satz 2 des Bürgerlichen Gesetzbuchs abgewendet worden ist oder wenn der Schenker die Erfüllung des schenkweise erteilten Versprechens auf Grund des § 519 des Bürgerlichen Gesetzbuchs verweigert hat.

Rechtsweg.

§ 57. In Ansehung der nach den Vorschriften dieses Gesetzes zu entrichtenden Steuern ist der Rechtsweg zulässig; über die Frage jedoch, ob Stundung in Gemäßheit des § 47 eintreten soll, entscheidet endgültig die Steuerbehörde. Die Klage muß binnen einer Frist von sechs Monaten erhoben werden. Die Frist beginnt mit der Zahlung oder Stundung der Steuer; kann jedoch die gänzliche oder teilweise Erstattung der gezahlten oder die gänzliche oder teilweise Niederschlagung der gestundeten Steuer wegen eines nachträglich eingetretenen Ereignisses verlangt werden, so beginnt die Frist erst mit dem Eintritte dieses Ereignisses.

Auf den Lauf der im Abs. 1 bezeichneten Fristen finden die für die Verjährung geltenden

Vorschriften der §§ 203, 206, 207 des Bürgerlichen Gesetzbuchs entsprechende Anwendung.

Für die Berechnung der Fristen dieses Gesetzes sind die Vorschriften der Zivilprozeßordnung maßgebend.

Zuständig für die im Abs. 1 vorgesehene Klage sind ohne Rücksicht auf den Wert des Streitgegenstandes ausschließlich die Landgerichte. Für die Revision sowie für die Beschwerde gegen Entscheidungen der Oberlandesgerichte ist das Reichsgericht zuständig.

Zuschläge zu der Steuer.

§ 58. Den Bundesstaaten bleibt überlassen, für eigene Rechnung Zuschläge zu der nach den Vorschriften dieses Gesetzes veranlagten Steuer zu erheben.

Besondere Steuer von Abkömmlingen und Ehegatten.

§ 59. Den Bundesstaaten bleibt ferner überlassen, in Ansehung der nach § 11 Nr. 4a bis c von der Erbschaftssteuer befreiten Personen für den Erwerb von Todes wegen sowie für Schenkungen unter Lebenden Abgaben zu erheben, von Kindern, denen die rechtliche Stellung ehelicher Kinder zukommt und eingekindschafteten Kindern sowie von Abkömmlingen solcher Kinder jedoch nur insoweit, als die gleichen Abgaben auch von ehelichen Kindern erhoben werden.

Übergangsvorschriften.

§ 60. Die Vorschriften der Landesgesetze, welche die Erhebung einer Abgabe von dem den Gegenstand der Erbschaftssteuer bildenden Erwerbe von Todes wegen (§§ 1 bis 4) sowie von Schenkungen unter Lebenden (§ 55) oder den über solche Schenkungen ausgestellten Urkunden betreffen, treten insoweit außer Kraft, als den Bundesstaaten nicht die Erhebung besonderer Abgaben (§ 59) überlassen ist.

§ 61. Die Steuerpflicht für einen Erwerb, der bereits zur Zeit des Inkrafttretens dieses Gesetzes begründet ist, bestimmt sich nach den bisherigen Gesetzen.

Schlußvorschrift.

§ 62. Die Ausführungsbestimmungen zu diesem Gesetz erläßt der Bundesrat.

Sachregister.

Die Zahlen bezeichnen die Seiten.

B.

F.

J.

K.

S.

T.

U.

V.

W.

Z.

Druck von A. W. Hayn's Erben, Potsdam.

FSC
www.fsc.org
MIX
Papier | Fördert gute Waldnutzung
FSC® C083411

Kolibri 360 GmbH
Ferdinand-Jühlke-Straße 7
99095 Erfurt, Deutschland
produktsicherheit@kolibri360.de